国家社科基金
后期资助项目
GUOJIA SHEKE JIJIN HOUQI ZIZHU XIANGMU

王船山礼宜乐和的和谐社会理想

以礼之调适为中心

A Study on Wang Fuzhi's Harmony Theory：
Centralizing on Adjustment of Wang Fuzhi's Ritual Theory

陈力祥 / 著

社会科学文献出版社
SOCIAL SCIENCES ACADEMIC PRESS (CHINA)

国家社科基金后期资助项目
出版说明

　　后期资助项目是国家社科基金设立的一类重要项目，旨在鼓励广大社科研究者潜心治学，支持基础研究多出优秀成果。它是经过严格评审，从接近完成的科研成果中遴选立项的。为扩大后期资助项目的影响，更好地推动学术发展，促进成果转化，全国哲学社会科学规划办公室按照"统一设计、统一标识、统一版式、形成系列"的总体要求，组织出版国家社科基金后期资助项目成果。

全国哲学社会科学规划办公室

摘　要

和谐社会的建构，学术界见仁见智。就目前对和谐社会的研究与建构而言，学术界大多从马克思主义哲学的视角来进行研究，学术界也因此获得了马克思主义哲学视野中的和谐社会的丰硕成果。综观当前关于和谐社会建构问题的探讨，学术界鲜有以传统文化的视角建构和谐社会。在中国古代社会，和谐社会的建构一直是有识之士孜孜以求的目标，其中礼宜乐和的和谐社会理想正是古代社会仁人志士所追求的终极目标之一。中国传统社会中仁人志士所追求的小康与大同理想，是关于传统的、和谐的、理想的社会秩序蓝图。建构社会主义和谐社会，须注重从古代社会汲取营养，汲取传统文化资源以为社会主义和谐社会的建构服务。因之，该成果的问世，有助于丰富与发展船山学、丰富与发展宋明理学，拓宽宋明理学研究领域，有助于对传统礼学进行价值转换视角的研究。同时，该成果对构建社会主义和谐社会有着不可低估的价值，有助于实现社会主义的公序良俗。

明末清初王船山所处的时代为"海徙山移"（船山语）、"天崩地解"（黄宗羲言）的时代，"海徙山移"与"天崩地解"说明了当时社会的动荡与不安，不和谐系明清之际的显著特征。船山先生作为明末清初的思想巨擘，他有着知识分子的责任担当，堪称明末清初的有识之士。为挽救民族危机、社会危机，船山以为"生民立命，为万世开太平"的责任担当，力图实现其心中礼宜乐和的和谐社会理想。

在船山哲学思想体系中，"和"始终是其哲学思想的终极价值取向。船山之"和"，其形上学基础在于"太和"，"太和"也即船山所说的"气"，太和之气是和的最高境界，由太和流行生发的宇宙万物也应该是和谐的。就宇宙这个大生命场而言，"和"的一切根源在于"太和"之气，因之，落实到具体的人，"和"为性情之德。既然作为本体之气的"太和"所化生的宇宙万物是和的，那么在现实世界为何出现了不和谐境况，个中缘由是人欲失其和，人在欲望是现实世界动荡不安的表征。欲构建和谐社会，则需要以礼来调适人之心、性、情；人需要礼才能得以和立；需要以礼来调适人与人、人与社会甚至人与自然之间的关系；以礼遏欲，履（礼）以和行；因之，和谐社会才能真正得以实现。

礼是船山和谐社会建构不可或缺的工具，那么以礼调适人之心、性、情，人与人、人与社会、人与自然之间的关系何以可能？以礼之调适并建构和谐社会的基本前提在于调适对象的人性为善，因为只有调适对象是人性为善之人，礼之调适才有可能，因之，人性为善是使礼之调适的对象成为可能的前提与基础。在船山哲学思想体系中，气是宇宙万物之源，是宇宙万物的共通性质料，宇宙万物的各种面相均是气的"分殊"而已。人与其他宇宙万物所禀赋的虽然是同源之气，但气本身是有层级的，即絪缊之气、阴阳之气、良能之气。人所禀赋的气是"二气之良能"，决定了人在宇宙中的特殊地位。正是由于人与其他宇宙万物在气的层级上的差异，此乃人性为善的先决性条件。即使是气质之偏的人，人性亦可为善。人性为善使以礼之调适并建构和谐社会成为可能。以礼之调适并建构和谐社会，其价值旨归为人，使人如何成为完人、成为贤人、成为道德品质高尚之人。

人性为善，使礼调适对象成为可调适之对象，因之，人性为善是调适对象向善的方向趋近的前提与基础，为实现人与人、人与社会、人与自然之间的和谐打下坚实的基础。以礼调适所建构的和谐社会中，船山所遵循的逻辑理路是从内到外。即以礼养心、顺情、和性的内心世界的和谐，到人因礼而能和立的人之身心的和谐，以礼调适人与人、人与社会、人与自然之间的关系，并因之而实现外在的和谐。概言之，以礼之调适而实现的和谐，包含三个基本层次，即人之内心世界的和谐、人本身的身心和谐、人与外在世界的和谐三个层面。

首先，礼以养心、顺情、和性。人之内心世界的和谐，是人外在和谐的前提与基础。礼之有节以养人心之和。有礼之人，其内心世界是和谐的，《礼记》云"凡治人之心，莫急于礼"，礼是调适、治理人之内心世界和谐的最佳工具。作为遵礼之人，其行为合乎礼，则其内心世界的和谐是自然而然之事。船山说"行礼者以求遂其心之所安"，行礼之人，践行礼之人，其终极目的是求得内心世界的安定与和谐。礼的基本价值表现在两个层面：一是以礼规范人之行为以取得人之内心世界的和谐；二是对人之内心世界的调养，以取得人之内心世界的和谐，也即我们常说的礼以养人心之和。

　　人之内心世界的和谐，礼以养人心之和最为关键。在船山看来，人之情也是影响着人之内心世界和谐的不可或缺的重要因子。因为人之情将会影响到人之内心世界的和谐，进而深入影响到人与人、人与社会之间的和谐。"情"是指人之七情六欲，从人之情来说，一般认为人之情未发，不会影响自身内心世界，也不会影响到人与人之间、人与社会之间以及人与自然之间的和谐。一旦人之情"已发"，则人之情可能转换为人之欲，情可能转换人之攻取之性，则可能导致两种后果：首先，"发情"之人的内心世界处于波动与兴奋状态之中，因之，人之内心世界世界首先处于不稳定的状态之中，情已发，则由情转换为欲，有欲则可能导致人有攻取之性，有攻取之性，则导致人对外物的渴求，对外物的渴求，则可能导致人与人、人与社会之间的矛盾与冲突。此情此景，人之情已发，人之内心世界、人与外在的世界处于矛盾与冲突的境地。人之情已发，是不和谐的根源。为了求得人之内心世界、人与"我"内心世界的和谐，必然要以礼节情以去私欲，如此方能实现人之内心世界、人与外在世界的和谐，因为节情去私为礼之本，唯其如此，礼之和合价值才能得以彰显，礼与情才能相得益彰。

　　礼能节情去私以实现人与人、人与社会之间的和谐。礼之节情，可归结为礼以矫情复性。情虽已发，其终极价值目标是复性，恢复人之本然之善性。在船山哲学体系中，人之性受于天，也即受之于太和之气而成，其性本身为善，这种善性本身蕴含着中和之德，人之性本身蕴含着和。由于人之情已发，使本之于天的善性脱离了善的轨道，中和之性得以瓦解，故此，要使人恢复本然的中和之性，需要以礼矫情复性以贯中和。

从礼使人之内心世界处于和谐来看，心是主宰，故此治人之心莫急于礼。心统性情，情已发，则需要以礼节情去私，以礼矫情复性以贵中和。可见，船山之礼是人之内心世界和谐的"调节器"。

人之心、性、情是人之内心世界的重要组成部分。以礼养人心之和，以礼节情去私，以礼矫情复性是人得以和立的前提和基础。人之所以为人，除了内在的以礼调适人之心性情之外，还有一个非常重要的方面，即有礼是人之所以为人的内在根据。以礼立身，是人之所以为人的依据与基本方式：因为"以礼立身"使人动有矩度，使人之行为"束躬而不失其度"以利和。人之行为能在礼的规约之下，使人之行为能合乎礼，使人之视、听、言、动等行为均合乎礼的基本要求，进而使人之所有的行为方式均合乎礼，此乃人之所以为人的最基本的要求，也是人最基本的生存方式，是人之所以为人的内在依据与存在方式。在人们的日常生活中，要通过教、修、习等方式以达致礼而立和。推究使人和立的背后原因在于礼以敬为本则心安而身泰。礼中之敬是保持人身心和谐的必备因素。由敬达礼与礼行敬道，内敬则外必和。有礼，则心怀敬意，则外必和，礼是人之身心和谐的必备因素。

礼之和合哲学价值通过礼对个人行为的和立以及礼对人际关系的调适凸显出来。从个人角度来说，礼能养心、顺情，亦能和性；从个人立身的角度来说，敬乃礼之本，由敬达礼；礼以敬为本则心安身泰、内敬则外必和。礼之和合哲学价值不但在个人身上体现出来，还表现在礼能调适人际关系以利和。儒家哲学的一大特点即是通过内圣而外王。礼之和合哲学价值所遵循的是由个人和立到群己、群际的和处，即礼以立身而外，礼还能调适人际关系以立和。故此，礼之价值的凸显亦表现为礼以和爱，因为人间有敬，继而有仁，有仁则有礼，有礼则有爱。故此，人际和谐通过礼以实现相互之间的和爱。

在礼以和立而外，礼的基本价值在于兼爱与合宜。所谓兼爱，则以"仁"为核心，本仁行礼，实现人与人之间的代际和谐与代内和谐；爱不但表现为人世间的和爱，还表现在人对自然之间的和爱，也即以礼对待自然，实现人与自然之间的和谐；礼以兼爱，最终还要合宜，礼以和爱以利人与人、人与自然之间的和谐。

礼之调适能有效促使人与人之间的和谐，其内在因素在于礼能有效调适人与人之间的关系以立和，在于礼是以仁爱作为内在要素的，无仁爱之心的人，亦不能以礼待人。以礼调适人与人之间关系的内在因素在于礼之后的仁爱精神使然，因为仁根心之恻怛以立爱。仁与礼之间是相互关系表现为仁乃礼之本，礼则是仁之用。可见，以仁立爱，则人与人之间均能以礼待之，并因之而有效实现人与人之间的和谐，本仁行礼则致和。

以礼待人，仁在其中。如果我们也能以仁爱之精神礼待自然，则亦能实现人与自然之间的和谐。

将天人合一规约为人与自然之间的和谐，是当代社会基于人与自然之间的内在紧张而提出的、旨在解决人与自然之间的矛盾与冲突的哲学话语。将天人合一简单地规约为人与自然之间的和谐，学术界表现出怀疑论、独断论的倾向。从哲学本体论的视角来看，太和乃万物和谐之始，太和缊缊以致万物之和，并创造性地提出了宇宙万物之和的动力因在于天命之和。从本体论层面来说，人世间本应该是和谐的，但人由于智能之"巧"导致了人与自然之间的不和谐。因之，船山提出以仁爱精神礼待自然，方能实现人与自然之间的和谐。船山消解了传统关于天人合一规约为人与自然和谐的独断论、怀疑论论断，从哲学层面解答了天人合一即是人与自然之间和谐的问题。可见，船山提出以仁爱之精神礼待自然，并因此而实现人与自然之间的和谐。

以礼调适人之心性情以取得人之内心世界的和谐，无论是以礼使人得以和立，还是以礼调适人与人、人与社会、人与自然之间的和谐，关键在于合宜，也即船山所说的"义"，"义"者宜也。因为礼以义起，义以礼伸，因为义立礼行以得和。以礼之调适并实现人之内心世界、人与人、人与社会的和谐，均要以礼之调适并建立在合宜的基础之上，唯其如此，才能真正实现船山视域中的政通人和之气象。

政通人和，是船山视域中以礼之调适并实现和谐社会的最高境界。建构船山的和谐社会，总体遵循着修身、齐家、治国、平天下的逻辑顺序，即由内而外的和谐，由个人和谐到人际和谐、人际和谐到国家和谐，再到普世和谐的逻辑顺序。具体说来，也即由礼之调适人之心、性、情的和谐，到以礼立身的个人和谐，过渡到仁以行礼以致和与义立礼行的人际和谐、人与自然之间的和谐，最后到以礼治政的普世和谐。船山和谐社会的构建，主要目的在于以礼和政，并以此实现普天之下的和谐。船山强调礼政，如此则能实现政通人和。在礼之调适并化解人之内心世界、人与人、人与自然、人与社会的矛盾与冲突之后，船山凸显出以礼和政，并由此成乎平治之气象。船山和谐社会的构建于此可以说是对前文的总结，亦是和谐社会构建的较高境界：最终为实现礼宜乐和的和谐社会奠定基础。因之，以礼和政以成乎平治之气象，并因礼之调适而礼行政立无不宜和。

王船山追求"礼宜乐和"的和谐社会理想，对这种和谐社会理想的追求因礼乐价值而铸就。礼乐价值有三：礼乐养其德、礼乐为顺性饰情之美、礼乐分治身心。以礼之调适并追求的和谐社会理想，最终要以乐的形式彰显出来。船山礼宜乐和的和谐社会理想，涵盖着小康与大同两个基本阶段，以礼之调适并实现的和谐社会的最高阶段即为大同。

船山以礼之调适并建构和谐社会，船山在和谐社会的建构方面作出了极大的贡献，船山以礼之调适并建构和谐社会，不会因此而扭曲人性。船山以礼之调适并建构的和谐社会，必将为社会主义和谐的建构找到一种崭新的路径。当代和谐社会的建构，必然要从船山先生的和谐思想中汲取营养。

目　录

和谐问题的缘起

　　中国哲学与西方哲学所关注的对象有所差异：中国哲学多关注人的问题，关注的是人在这个世界如何安身立命、修道成性以成就人世间的和谐问题。欲求人世间的和谐，人之内心世界的和谐是前提，由内心世界的和谐继而求得人与人之间、人与社会、人与自然之间的和谐。为此，中国哲学家们孜孜以求，提出了诸多关于安身立命、修身养性之德目，他们希求通过道德品质的提升，通过内圣外王之路径以求得普世和谐。西方哲学家从一开始就关注自然界，关注自然界背后的动因，西方哲人的思维从一开始就在形而上的王国里自由翱翔。因此可以说，西方哲学家们所关注的是现象界背后的原因，并由此而作出形而上的哲学阐释，故此，造就了古代西方世界的自然科学成就相对发达。从中西哲学的差异可以看出，中国哲人的责任担当意识远高于西方哲人。西方哲人对自然界的问题关注较多，相对而言，对人的问题关注较少，对当下世界的复杂性问题多采取形而上的论证方式；而中国古代哲人似乎比西方古代哲人更具有人性化关怀，更体现出一种人文关怀、人本主义思想。

　　中国古代哲学一直都在孜孜以求世界的和谐之道，一方面是通过个体道德修养，以求人人能够慎独，由内圣而外王，最终达到普世和谐。另一方面，除慎独的道德修养而外，在古代社会还有具体的以礼代法的和谐治理模式，这种模式的取得主要通过规范伦理——以礼来调适人的内心世界、人与人、人与社会、人与自然之间的和谐。作为明末清初的天地大儒，船山先生对和谐社会的构建有着独到的视野，他试图以礼之调适构建心目中理想的和谐社会。故此，和谐社会的构建就与船山这位硕儒紧密联系在一起。

王夫之（1619～1692），湖南衡阳人，字而农，号姜斋，别号买姜翁、夕唐等。晚年隐居衡阳金兰乡石船山下，著书立说时自署名为船山老农、船山遗老、船山老人、船山病叟，因此，学术界尊其为船山先生。作为古代哲学的总结与开新者，船山先生对古代社会有比较深刻的考察。沿袭中国古代社会有识之士对小康与大同社会的追求，船山先生对和谐社会的渴望不亚于古代任何一位先哲。正如其他中国哲学有识之士一样，王船山乃"坐集千古"的思想巨人，时势造就了这位思想巨擘。"时势造英雄"，王船山的出现就是当时社会的时势使然。作为明末清初一名有识之士，他的出现与明末清初复杂的时代背景紧密关联，故此，明末清初时期礼宜乐和的和谐社会构建的责任担当，也就与王船山这位先哲的名字紧密地联系在一起了。

一　动荡的社会现实激起了王船山
对和谐社会的渴求

和谐社会的建构往往有其合宜的历史背景，明末清初之时势造就了船山先生对和谐社会构建之渴求，而弄清船山先生缘何渴求社会的和谐无疑具有重大的现实意义。学术界认为："提出问题往往比解决问题"更具有现实意义，因为"一个时代所提出的问题，和任何在内容上是正当的因而也是合理的问题，有着共同的命运：主要的困难不是答案，而是问题"①。如此，船山对和谐社会构建的问题的提出就显得尤为重要了。"万物昭苏天地曙，要凭南岳一声雷。"② 任何思想的产生，都是当时社会现实的客观反映。正是明末清初这个特殊的历史时代，铸就了王船山的民族解放意识、民族和谐意识。船山对和谐社会的渴求，实际上源自当时动荡的社会现实，因为思想是时代的强音。船山先生的一生可谓悲戚交加，他所生活的年代，可用动荡不安、漂浮不定来加以描述。船山

---

① 马克思：《集权问题》，《马克思恩格斯全集》第 40 卷，人民出版社，1982，第 289 页。
② 《船山全书》（第十六册），岳麓书社，1996，第 712 页。

所处的动荡社会，可以从政治、经济、文化诸多方面予以阐明。在政治上，船山所处的时代可谓是政局地震之时代，可用"天崩地解"（黄宗羲言）与"海徙山移"（船山语）来描绘。政局上的不稳定，是当时社会不和谐的最为主要的诱因。由于政局的极不稳定，导致民族矛盾和民族危机加深。明末清初这段时间，政局的主宰由华夏族逐渐过渡到"夷狄"，清朝政府夺取了大明王朝之政权。接受了儒家正统文化教育的船山（虽然船山不是大汉族主义者），认为清朝政权夺取大明政权违背了几千年来的封建传统道德，与儒家所强调的"正名"思想背道而驰，这是不可接受的。故此，清朝政权的建立与复兴大明政权的矛盾与冲突成为社会不和谐的主要因素。政局上的不稳定不仅是导致不和谐的直接诱因，而且还导致了明末清初的经济地震。在当时的社会历史条件下，中国处于内外交困的艰难困苦境地。最为关键的在于当时的封建经济制度已经严重阻碍了社会的进一步发展；与此同时，外来的资本主义经济形态开始吞噬着中国的封建经济。由此，封建的经济形态被资本主义的经济形态所侵逼。生产力与生产关系、经济基础与上层建筑的矛盾严重地阻碍了社会的和谐发展，经济上的不和谐又进一步恶化了政治局势。当然，在满族政权建立起来以后，同样也面临着诸多的矛盾，尤其是文化上的差异，使人们不得不重新应对不同民族之间由文化差异而激发的矛盾与冲突，由于文化而引起的不和谐，主要源自中国几千年以来的儒家传统文化和满族文化的激烈碰撞。在满族政权建立以后，究竟以什么作为封建意识形态的主流，是汉族文化与满族文化的矛盾与冲突之源。文化的不和谐又直接导致了思想观念的不和谐，进而诱发了诸多矛盾与冲突。总而言之，在明清之际的社会历史条件之下，因为政治、经济、文化的不和谐，直接导致了人之内心世界、人与人、人与社会之间的不和谐。

　　直面当时社会的不和谐，船山先生思虑甚多。作为明末清初的有识之士，社会的不和谐激发了知识分子内心深处的良知与责任，船山先生那种"为天地立心，为生民立道，为去圣继绝学，为万世开太平"[①] 之心油然

---

① （宋）张载：《近思录拾遗》，《张载集》，中华书局，1978，第376页。

而生，此乃船山内心世界的真实写照。社会的动荡不安，使得他身体力行地去寻求和谐之道，他出入于瑶汉之地，疲奔于耒阳、兴宁、永兴、涟邵之间，辗转于两湖两广之境，孜孜以求心目中的和谐之道与和谐之境。在身体力行追求和谐思想失败以后，船山返归家园，以笔杆促和谐，为实现心目中的和谐社会而不懈追求。

总之，明末清初社会的不和谐因素，激发了船山对和谐社会的强烈追求，激发了一名有识之士的良知与责任担当，将为社会的和谐奉献出自己毕生的精力。当时社会的不和谐，是船山和谐社会建构的直接诱因，因为"密纳发的猫头鹰要等黄昏到来才会起飞"①，船山和谐思想建构的社会时机已经到来。社会的需求，需要船山这样一位有识之士，以一种强烈的责任担当去实现良知之人心中的梦想，船山的和谐思想就是在这样一个动荡的社会环境之中应运而生的。

二　学术界关于王船山和谐思想的研究现状

学术界关于船山和谐思想的研究较晚，但关于船山学的研究较早——始于1865年。早期研究主要是对其学术著作进行发掘与整理。近年来，国内学术界对船山学的研究可谓时兴，特别是一些博士生、硕士生纷纷以船山学的选题作为自己的毕业论文。目前学术界研究船山学的领域比较宽泛，涵盖了哲学、历史学、美学、伦理学、文学、经济学、宗教学、法律、诗学等诸多领域。学术界对船山学的研究角度虽然各具千秋，但目前主要参照以前西方学术界的范式进行讨论，即对船山哲学思想的探讨主要局限于本体论、价值论、认识论等方面，按照西方模式探讨的学者相对较多。目前学术界关于船山学的研究专著已达118部。从研究的时间段来说，在1978年之前，学术界的研究集中在对船山文献资料的整理上；自党的十一届三中全会以后，学术界对船山学逐渐开始关注。老一辈研究船山的学者在中国大陆主要有汪毅、萧萐夫、邓潭洲、李国钧、陈远宁、蔡尚思、陆复初、方克、黄明同诸位先生。他们对船

---

① 〔德〕黑格尔：《法哲学原理》序言，商务印书馆，1961，第14页。

山的研究，一是按照当时西方哲学方式对中国本土哲学进行研究，故此，在很大层面上说，大陆早期的学术界前辈主要是按照哲学本体论、辩证法、认识论、价值论等来研究的，其间受意识形态的影响颇多，很多学者还从唯物主义与唯心主义的研究范式中对船山思想进行总体把握。此类研究要么侧重于船山的辩证法，要么侧重于船山的认识论，要么侧重于船山的本体论。所有这些都对船山的研究起到了开创性的作用，这是难能可贵的，为我们全面把握船山，从而更为深入地研究船山奠定了基础。相对于大陆学者，中国台湾学者对船山学的研究要稍早。台湾研究船山较早的学者主要有许冠三、张西堂、谢国桢、曾昭旭、罗光、林安梧诸位先生。他们对船山学的探讨，主要是侧重于船山的哲学思想，亦受西方学术范式的影响较深。近年来，有关船山的研究，在学术界比较有影响的是中国人民大学哲学院的张立文教授、清华大学国学院的陈来等诸位先生。湖南的研究学者主要有唐凯麟、张怀承等。中国学者都力图摆脱西方哲学的束缚，以中国哲学"自己讲、讲自己"的方式，力显船山哲学独特的精神与魅力。由于船山学的博大精深，进入 21 世纪，一些有中国哲学专业硕士点、博士点的高等学府的学生纷纷选择王船山作为研究对象，并由此而出现了研究船山的热潮。近几年来，有关船山的研究可谓呈几何状增长趋势。船山研究出现了一些新的特点，具体表现在：试图摆脱西方哲学的模式进行研究；从全局把握船山思想的学者较以往减少，现多以研究船山之具体问题为主；研究的方向往往是取船山某一部专著之文本，由这一文本辐射船山所有的思想，即以由点而面的方式把握船山思想。最后，研究船山的学术界同人趋向于年轻化。综合学术界的研究现状，船山学已成为一门"显学"。

在论文方面，可谓是汗牛充栋。根据 CNKI 的篇名精确统计，1980～2012 年搜索到相关研究王船山的论文共 1298 篇。研究的内容不一，涉及船山研究的方方面面。

在国外学术界，比如韩国、日本、德国、法国等国的诸多汉学家也开始关注船山学，开始发掘船山学的深层意蕴。当然，他们关于船山的研究，主要注重汲取船山的伦理道德思想、经世致用思想。近年来有关船山学研究的国际学术研讨会，也多有韩国、日本等国的专家学者参加，但他们所讨论的主要问题是船山的实学思想，对船山的和谐社会理想未曾涉猎。

综观船山学的研究现状，学术界的阵容可谓庞大，研究的范围可谓宽泛，研究的方法可谓多元，研究的主题可谓多样。这些研究对于丰富与发展船山学、增加宋明理学的研究深度，起到了不可替代的作用，同时也为我们进一步深入研究船山奠定了基础。

学术界关于船山和谐思想的探讨，乃近几年来党提出构建社会主义和谐社会伟大历史使命之后的产物。围绕着构建社会主义和谐社会，学术界对中国传统文化中的和谐思想进行发掘与整理，这为社会主义和谐社会思想的构建提供了丰富的历史与文化资源。为丰富与发展社会主义和谐社会，学术界进行了不同层次的探讨。船山思想中蕴含着丰富的和谐思想，但学术界关于船山和谐思想的涉猎不是很多。关于船山和谐思想的研究，目前主要集中在船山和谐的含义层面，比如衡阳市社科联的熊考核研究员认为太和乃宇宙和谐的本质认识，并系统地阐释了天道和谐与地道和谐，认为真善美是人生的和谐境界。此外，陈力祥认为："礼乐价值有三，礼乐养其德、礼乐为顺性饰情之美、礼乐分治身心。礼乐之价值为礼乐在化解人与自然、人与社会、人与人、人的心灵以及各文明之间的冲突提供了可资借鉴的深层理论依据，也为船山'礼宜乐和'的和谐社会理想实现提供了践行之途径。"① 学术界关于船山和谐思想的探讨，为进一步深入发掘船山和谐思想提供了坚实的基础，也为我国社会主义和谐社会的构建提供了方法论上的指导；学术界关于船山和谐思想的探讨为我们建构主义和谐社会提供了宝贵的精神财富。

学术界现有的研究成果值得肯定，同时在往后的研究中也需要借鉴。现有关于船山思想的研究颇多，但学术界目前关于船山和谐思想的研究不够，船山的和谐思想还未引起学术界足够的重视。从学术界的研究现状来看，目前对船山的和谐社会理想尚未涉及，对船山关于"和"的追求，船山对和谐社会追求的历史动因、个中原因，即追求和谐社会的主客观原因均未涉猎，船山和谐社会构建的实践途径、船山和谐社会理想

---

① 圣辉：《船山佛教文化论丛》，岳麓书社，2009，第430页。

的终极目标亦未曾涉及，这些也为研究船山和谐思想提供了契机。对和谐社会的渴求是船山一生中的伟大理想，船山毕生渴求和谐社会，这主要与他所处的时代密切相关。船山所处的动荡的社会环境，决定了他对和谐社会的渴求。船山学中蕴含着丰富的和谐思想，需要学术界进一步发掘。学术界关于船山和谐思想研究的不足，为本研究的进一步深入提供了契机。

三　王船山和谐思想研究之意义

船山和谐思想的研究既具有丰富的理论意义，同时也具有极大的实践意义。

理论价值方面：首先是丰富与发展了宋明理学的研究。中国哲学有着自己特殊的哲学范式与特定的逻辑结构。在以往关于宋明理学的研究中，学术界对古代学者的和谐社会思想关注不够。事实上，和谐社会理想一直就是宋明时期学界有识之士的共同理想，虽然这些有识之士所追求的可能是等级和谐抑或是秩序和谐，但至少当时的有识之士对此都在不断孜孜以求之。船山所处的动荡的社会历史条件使他非常渴望社会的和谐，这种和谐社会的建构是他通过规范伦理——以礼之调适实现社会的和谐。对船山学进行发掘与整理，对其和谐社会理想是不可忽略的，而且其实现的方式是通过礼之价值来实现的。在摆脱西方话语霸权的前提之下，研究中国传统文化特殊的哲学范式，把握自己的哲学话语体系，将有助于我们更为深入地探讨中国哲学深层次的逻辑与结构。船山的和谐社会理想，即是通过中国哲学特有的哲学范畴而力图实现和谐社会理想的一次尝试，这次尝试打破了礼治思想只是单纯的以礼治政思想的简单思考。船山通过以礼治心、治性、治情的调适作用进而实现人的内心世界的和谐，通过礼以规范人的行为以实现人与人之间的和谐。通过将自然视为平等的主体，并以礼待自然，以实现人与自然之间的和谐，这是以礼实现生态和谐论。通过礼以治政，最终实现普天下的全面和谐，即船山所说的礼宜乐和的和谐社会理想。

其次是丰富与发展了船山学。众所周知，王船山作为宋明理学的总结者与开新者，学术界一般把船山归类为宋明理学范畴，故此，学术界对船山的研究还是在宋明理学的框架之内。但本课题的研究，力图对以往的船山学有所突破，并开拓新的研究领域。船山和谐社会理想，并不是单纯地阐释船山的和谐社会理想，而是力图通过一种伦理的规范，以礼去调适人之心、性、情，调适人与人、人与社会之间的关系以实现和谐。易言之，即通过内圣实现人的内心世界的和谐，通过外王而获得人与人、人与社会、人与自然的和谐，即和生、和处、和立、和达，这是由内而外的和谐逻辑过程。故此，从本课题的研究方法而言，对丰富与发展船山学意义重大。

最后，丰富与发展了伦理学学科。当代学术界对和谐社会的实现路径、实现方式的研究大多还处于摸索阶段，没有既定的答案。通过礼之调适的方式，也即通过规范伦理的方式，实现人的伦理道德的大众化、普世化，以求最终实现和谐社会、实现规范伦理视域中的和谐社会。故此，探讨船山礼宜乐和的和谐社会理想，有助于丰富与发展伦理学学科。

船山和谐思想的研究，在实践意义方面亦具有重大价值。

一是构建社会主义和谐社会的需要。和谐社会的构建，应该是社会主义的基本特征和内在要求。本课题的研究，一个重要的特色就是通过外在的规范伦理以实现社会的和谐。由内圣继而外王，基本途径是通过礼之调适作用，实现人之内心世界的和谐、人与人之间的和谐、人与社会之间的和谐、人与自然之间的和谐，最终达到船山所构想的礼宜乐和的和谐社会。船山和谐社会的构建有融合与化解社会矛盾之价值，正如汤一介先生所言："如果人们能更加重视儒家的'普遍和谐'的观念，并对它作出适应现代生活的诠释，并使其落实于操作层面，应该说对今日和将来社会的发展是非常重要的。"① 船山作为中国古代哲学的总结者与价值开新者，有着丰富的和谐思想。这种和谐思想必将为我国当代和谐社会的构建提供可资借鉴的资源。总之，船山之礼治思想，有利于社会主义和谐社会的建

---

① 汤一介：《儒学与廿一世纪》，华夏出版社，1996，第250页。

立与发展。为社会主义和谐社会的构建，开辟了一条以规范伦理调适并实现和谐社会的方式。船山构建和谐社会的思想对我国社会主义和谐社会的建设具有重大参考价值。

二是提升中国文化"软实力"的需要。加强传统文化的研究，凸显中国传统文化的特色，这是加快中国优秀传统文化的国际化进程与提升中国文化软实力的需要。全球化背景之下的国际竞争，不单纯是经济领域的竞争，而是集经济、政治、文化于一体的多种实力的竞争，需要我们理性地审视。与其消极地应对文化霸权主义对我们的冲击，还不如争取主动出击，积极应对。故此，加快社会主义和谐社会的研究，从传统中汲取精华，为应对全球化时代的文化霸权主义、提升文化软实力，具有重大的实践意义。故此，本课题的研究对提升中国文化"软实力"意义重大，这亦是本课题研究的初衷。发掘本土文化的特色，以本土文化应对外来文化，以增强社会主义文化软实力，也是实践层面的重大价值。

三是实现社会的公序良俗的需要。关于船山和谐社会理想的研究，有助于从规范伦理的方式化解人与人之间、人与社会之间、人的内心世界的矛盾与冲突。现代社会，人之欲望贲张，大多数人之内心世界是不和谐的，关键在于如何应对人之理欲的矛盾与冲突左右着人的思想冲突。故此，通过中国传统优秀道德文化的大众化与普及化的研究，有助于我们实现社会的公序良俗，最终化解全球化时代人们所面临的道德危机与道德冲突，为构建社会主义和谐社会提供必要的现实基础。英国哲学家罗素在《中国问题》一书中对和的问题极为推崇。他说："中国至高无上的伦理品质中的一些东西，现代世界极为需要。这些品质中，我认为和气是第一位的"，和"若能被全世界采纳，地球上肯定会比现在有更多的欢乐、祥和"。[1] 从罗素对中国"和"文化的关注可知，研究中国传统文化，特别是研究中国古代的和文化，对中国乃至整个世界的公序良俗都有着不可替代的作用。研究船山的和谐思想，现实意义巨大。

---

[1] 中国人权研究会编《东方文化与人权发展》，东方出版社，2004，第197页。

四 基本思路

本著的总体思路为提出问题、分析问题、解决问题，遵循着礼之调适以实现人之内心世界、人与人之间、人与自然之间以及整个社会的全面和谐的基本理路，也即总体遵循着由内而外、由己而人的礼之调适方式以立和谐。由礼之调适实现个人内心世界的和谐，到个体自身的身心和谐，再到人与人之间的和谐、人与自然之间的和谐以及整个社会全面和谐的逻辑理路。具体如下。

在导论部分，提出了船山所处的时代为动荡的社会，动荡的社会现状激起了船山对和谐社会的渴求。针对学术界研究船山和谐思想的现状，界定了研究船山和谐思想的可能性。研究船山和谐思想既具有重大的理论意义，同时亦具有重大的现实意义，界定了研究船山和谐思想的必要性。从学术界对船山和谐思想研究之不足以及研究船山和谐思想既具有重大理论意义又具有重大现实意义，说明研究船山之和谐思想既是必要的，亦具有现实的可能性。

在第一章，界定了船山和谐理论之诉求。首先对"和"之原初含义进行了发掘与整理，说明和谐乃人类共同的不懈追求。接着对船山和谐理念进行形而上学审视，认为"太和"乃船山和谐理念之形而上学基础，"太和"使得宇宙万物具备和之特质，使得宇宙万物具有和谐之本色，和乃宇宙万物之性情之德。从本体太和之层面说明宇宙万物皆具有和的特质，但宇宙万物在运行的过程中，缘何不和呢？原因在于人欲失其和。既然人欲失其和，那么需要以礼之调适以实现人之内心世界之和、人际之和、人与自然之和。于是顺理成章过渡到下一章，即礼之调适是否可能与何以可能的问题。

第二章详细地阐发了人欲失其和的问题，并说明了以礼之调适以利和是否可能的问题。作者阐释了船山的人性为善，故以礼之调适以实现和谐是可能的：从气本论层面阐明船山所说的人性为什么是善的，并说明气质之偏之人亦可通过习成而实现人性之善。由此说明人性为善使礼之调适并实现和谐社会成为可能。在此基础之上，界定了船山以礼之调适并实现和谐社会的价值旨归为人，也即人是船山以礼之调适并实现和谐社会的宗旨——"以人为依"的问题。

第三、四、五章详细阐释了以礼之调适并实现和谐为什么是可能的。此处所遵循的理论是由内而外、推己及人的基本理路。第三章主要探讨以礼之调适实现人之内心世界的和谐问题，也即我们所说的礼以和内（内心世界的问题）。内心世界的和谐，主要是通过礼调适人之心、情、性。在调适人之心方面，主要通过礼之有节以养人心之和；在情方面，通过礼以顺情以实现人心、人己之和；礼之调适人之心、人之情，最终目的是"全"人中和之性，性中本有中和之德。礼之调适心、情、性等方面也已实现了礼以和内。由礼以和内，过渡到礼以和外。

故此，第四章认为礼以和立则能实现人之身心之和、人际之和。以礼立身则动有矩度以立和：动有矩度者即为礼，礼能使人束躬而不失其度以立和，无动非礼则和谐之道尽。在礼以和立方面，除了以礼规制人之行为以立和而外，礼以"敬"为本则心安而身泰，由敬达礼、礼行敬之道以利和，换言之，内敬则外必和。

第五章主要阐释礼以和处以立和的问题。礼以和处所关涉的问题是礼何以和顺人与人之间的关系，礼何以和顺人与自然之间的关系以及人与人之间、人与自然之间的关系在何种境况之下是合宜的问题。在礼以和处之时，人与人之间的关系主要是以仁爱精神为基本出发点。礼以和处关涉到人与人之间的和谐关系，船山认为行礼之本而极之仁以立和，因为仁则根心之恻怛以立爱，仁乃礼之本与礼乃仁之用，仁以行礼则致和。在人与自然之间的和谐方面，船山强调要礼待自然而不相悖害。作者主要从本体太和之角度阐释了太和之气乃万物之始，太和缊缊以致宇宙生命场之和，天即太和与天命之和，礼待自然而不相悖害等角度说明了人要礼待自然，进而实现人与自然之间的和谐。最后，礼之调适以处理人际和谐之时，讲求合宜，也即船山所说的循义行礼不枉道以致和的问题。因为义乃居正有常之道，礼以义起与义以礼伸，义立礼行以得和。为此而详细阐释了礼之调适以实现人与人之间、人与自然之间的和谐问题。

第六章主要阐释大经（礼）正则社会和，也即人与社会的和谐问题。采取的是层层递进的方式，礼之调适，首先能达到的是以礼和政则能成乎平治之气象，礼宜乐和是船山和谐社会的初级理想，以礼之调适并建构的和谐社会的高级理想是大同社会。故此，以礼之调适并建构的和谐社会，遵循的是由低层次的社会和谐逐渐向高层次的社会和谐过渡。最终的和谐社会理想是大同社会。

最后，本著对船山之和谐社会的建构贡献作了梳理：指出以礼之调适构建和谐社会是否扭曲人性，并在此基础之上，指出了船山对和谐社会构建的历史性贡献、船山以礼之调适构建和谐社会之限度以及船山和谐社会构建的当代历史意义与价值。

第一章
船山和谐思想之理论诉求

　　哲学给我们提供的是一种世界观与方法论，它给人类所提供的是没有确切答案的东西，这即是哲学的基本精神。哲学亦能给人类提供一种安身立命之道、安道成性之策，这是中国哲学的主题精神。哲学，尤其是中国哲学，它从一开始就关注人的问题，如《论语》中记载：孔子得知马厩着火后，他的第一句话是问伤了人没有，而不问是否伤了马。"厩焚。子退朝，曰：'伤人乎？'不问马。"（《论语·乡党》）孔子思想中蕴含着丰富的人本主义哲学思想，这种人本主义思想一直都影响着历代哲人的思想和行为，使得中国哲人从一开始就关注人的问题，关注人如何在这个世界上安身立命、安道成性。"中国哲人与西方哲人关注的主要对象略有不同，中国传统哲学从一开始就注重关注人的问题，中国哲人更多的是关注人在生存世界中如何能够安身立命、如何修道成性以完善自己的人格。"由此可见，中国古代的道德文化比较发达。因之，儒家的道德文化一直影响着人之心性修养、人际和谐。在传统道德文化中，船山认为："和，性情之德也。""和"作为一种性情之德，是人类孜孜以求的奋斗目标。"和"作为性情之德，它是人之内心世界平静的安慰剂，是人与人矛盾与冲突化解的催化剂，是人与社会矛盾和冲突化解的新媒介，是人与自然矛盾和冲突化解的心灵丹药。故此，追求"和"是中国历代哲人孜孜以求的目标，中国传统文化中蕴含着丰富而厚重的"和合"文化资源。

第一节 "和"之原初含义

世界有一种统一的文化资源，"和"的思想就是其中之一。古往今来、古今中外，"和谐——人类的永恒追求"①。为此，我们从和谐的基本含义出发，整合出关于"和"的原初含义，然后在"和"的基本内涵的基础之上进一步发掘关于"和"的价值追求。

一 古代"和"之释义

古往今来，追求和谐是历代哲人的梦想。"和"字最早出现在甲骨文中。"和"之原初含义是建立在一定物质基础之上的，欲取得和谐、稳定的社会秩序，首先必须具备完善的物质技术基础。甲骨文中的"和"字是在"禾"的右边加一"口"字。从甲骨文的"和"字可以看出，人类是在满足了最基本的物质需要的前提之下，才开始思考社会的和谐问题；只有人类开始思考该问题，才有可能使整个社会进入和谐稳定的状态。所以甲骨文"禾"字为和谐之"和"的出现奠定了物质基础。因为甲骨文乃汉字成熟之标志，甲骨文与楔形文字、象形文字一样属于表意文字，也是目前世界上唯一使用的一种表意文字的前身。故此，在推究"和"的原初含义之时，我们可从"禾"字中找出它的本真意义。考究"和"的原初含义，不能脱离"和"所产生的物质基础。

有关"和"的概念很早就出现于中国古代典籍之中，人们追求"和"的思想由来已久。那么，究竟什么是"和"呢？许慎的《说文解字》中释义为："和""相应""调"等。即是说，"和"应当可以解释为"和顺""谐和""调和"之意。在《广雅·释诂三》中，"和"与"谐"为同义词，"和，谐也"，"和"与"谐"是可以互释的。在中国古代汉语中，对"和谐"的释义还只是一种朴素的、原始的观点，但这种释义为学术界研究和谐问题提供了新的研究内驱力，具有一定的积极意义。

---

① 田广清：《和谐论——儒家文明与当代社会》，中国华侨出版社，1998，第1页。

二　和谐乃人类不懈的共同追求①

和谐观的探求，既是价值论，又是境界论。翻开哲学史，探求和谐、向往和谐、达到和谐等一直是人类永恒的追求。正是在这种意义上，对中西哲学史上"和谐观"进行分析与梳理，必将对全球化进程中和谐观的构建提供借鉴的理论依据。

（一）和谐乃中国哲人永恒的价值追求

中国哲人孜孜以求"和谐"。如前所述，"和"字出现较早，这表明中国古代哲人早就有追求"和"的观念。春秋时期，"和""合"二字开始连用，管子、墨子、荀子、孔子等无一例外地阐述过"和合"思想。为了探求和谐思想，本著将分门别类并沿用"百家争鸣"的百家名称，以求从总体上把握其和谐思想。百家虽然争鸣，但有一种共同的东西，就是对"和"的追求："儒家主张通过修身正己，达到人格的完善，实现身心的和谐；通过重伦理、施教化、尚礼义、行德政，实现人与自然、人与人、人与社会、政府与人民以及民族国家之间的和谐。"② 这是儒家的和谐思想要义，如孔子的"礼之用，和为贵"，孟子的"天时不如地利，地利不如人和"（《孟子·公孙丑下》），荀子的"万物得其和以生，各得其养以成"（《荀子·天论》）。墨家提倡"'兼爱'、'尚同'、'尚贤'、'非攻'之说，力图以上下内外的高度统一来建设一个和谐的社会"③。可见，墨家通过"兼爱""非攻"等手段孜孜以求和谐。法家重耕战，表面是隆法重礼，实际上是"企图以强硬手段整治一切无序与邪恶，并通过富国强兵来实现和谐的社会"④。由此可知，儒、墨、法都以入世的态度来追求"和谐"，与儒、墨、法的"入世"态度相反的路径即是"释道"的"出世"路径。"道家修今世，以致虚宁静、抱柔守雌、谦下不争、清静无为的方式来处理现实的各种关系，以求实现自己身心的和谐以及自身与

---

① 陈力祥：《试析和谐何以可能——全球化时代马克思主义哲学视野中的和谐观》，中央民族大学硕士论文，2004，第12～15页。

② 田广清：《和谐——儒家文明与当代社会》，中国华侨出版社，1998，第3页。

③ 田广清：《和谐——儒家文明与当代社会》，中国华侨出版社，1998，第3页。

④ 田广清：《和谐——儒家文明与当代社会》，中国华侨出版社，1998，第3页。

他人、自身与社会的和谐。"① 如老子提出"万物负阴而抱阳，冲气以为和"② 的命题，意谓阴阳二气互相激荡而成新的和谐体，阴阳二气是和谐状态的内在机制。与道家修今世不一样，"佛家修来世，力图以事事无碍的超然态度进入一种彻悟的心灵境界，实现自我身心的和谐，并通过人人向善的修炼达到自身与他人、今生与来世、此岸与彼岸的终极和谐"③。如佛家的"因缘结合"就是这种思想的反映。此外，易学中也有关于和谐的深刻阐释，《易传》中的"太和"观就是指异质因素的事物共处，其间含蕴不同事物及其要素的相异相成和紧密凝聚。"和"的观念及其和谐思想一直贯穿于中国传统文化之中，不论是等级和谐，还是秩序和谐，人类对和谐的追求从未停止过。先秦时代，和谐的实现主要是通过内圣之德（通过内圣以实现人之内心世界的和谐），通过内圣而外王（以实现人与人之间、人与社会之间的和谐），从而实现德治为先的和谐社会。当然先秦时代和谐社会的实现，在形而上层面即是通过主宰之天的威慑，使人类能自然而然遵循和谐之道，否则将遭受到"天谴"。秦以降，和谐社会被打破而又被重新建立，这种和谐社会的构建是依靠严法酷刑建立起来的。整个社会表面和谐，而内部却存在诸多的矛盾与冲突。汉以降，人类社会继续在寻求着普世和谐，和谐仍然是有识之士的奋斗目标。汉代出现了"文景之治"与"光武中兴"两个轴心时代，也即是和谐社会的最佳境况。此时之所以出现和谐社会，其原因主要在于儒家传统伦理秩序对和谐文化的影响。东汉末年，儒家文化受到前所未有的挑战。这种挑战，主要是来自儒家哲学在形而上层面的缺陷对和谐社会的构建所带来的危机。只有克服这种危机，儒家所追求的和谐社会才能重振雄风。但在魏晋南北朝时期，由于儒家文化受到严重挑战，当时的社会状况表现出极为不和谐的局面。社会的和谐需要有新的理论指导。在隋唐时期，和谐社会得以重振，这要归结两个方面：其一，隋唐仍然以儒家传统文化作为指导思想，这为和谐社会的维持奠定了理论基础。除儒家文化之外，佛教教义中关于治心的思想对和谐社会的构建也有不可低估的作用。

---

① 田广清：《和谐——儒家文明与当代社会》，中国华侨出版社，1998，第3页。
② 《老子·四十二章》，朱谦之：《老子校释》，中华书局，1984，第175页。
③ 田广清：《和谐——儒家文明与当代社会》，中国华侨出版社，1998，第3页。

当然，唐朝治经典，重新恢复古代的礼教德治，亦是和谐社会不断得以实现的基本保证。宋明以降，解决了儒家文化在形而上的道德危机，并创造性地汲取了佛道二教的思想内核，使得和谐社会的维持达到登峰造极之势。

在中国古代哲学中，和谐一直是人们所追求和向往的目标，而现当代哲人主要是在吸收古代文明，最主要的是在吸收儒家文明的基础上来探求世界之和谐的。如张立文教授较早地从哲学史角度来论述当今世界的和谐问题，他在《"和"——儒学的最高境界》一文中指出了人类的价值终端，即"与己和乐、与人和乐、与人和处、与社会和融、与天地和德"。张教授在《中国和合文化概论》中提出了"和生、和处、和立、和达、和爱"①，指出"它是 21 世纪人类最大的原理和最高的价值"②。田广清教授在《和谐论——儒家文明与当代社会》一书中，从一种全新的视角和层面，"运用哲学、伦理学、社会学、政治学、美学等学科知识，对儒家学说进行了新的整合与诠释，重点论述了儒家关于人与自然、人与人、个人与社会以及民族与国家之间的和谐思想，考察了儒家和谐理论的渊源和体系，并从传统与现代结合上评价其现代功能和历史局限，并发表了许多颇有见地的观点，对于弘扬中华民族优秀传统文化，推动社会的文明进步有较重要的价值"③。

人类有一种通性，即对和谐的追求。中国哲人如此，国外哲学家也是如此。和谐是中外学者共同的、永恒的追求。

（二）和谐乃西方哲人的永恒话题

西方哲学史上第一次提出"和谐"范畴并进行论证的是希腊哲学家兼数学家毕达哥拉斯。毕氏认为本原的数之间有一种关系和比例，这种关系和比例产生和谐，宇宙中的任一天体在转动时都发出自身的乐音，天体之间的距离和天体发出的乐声都是和谐的，进而认为"整个天是一个和谐，一个数目"。④ 这就是著名的"天体和谐说"。毕氏首先揭示了和谐

---

① 张立文：《和合文化导论》，中共中央党校出版社，2001，第 281 页。
② 张立文：《和合文化导论》，中共中央党校出版社，2001，第 282 页。
③ 田广清：《和谐——儒家文明与当代社会》，中国华侨出版社，1998，第 8 页。
④ 北京大学哲学系外国哲学史教研室：《古希腊哲学》，商务印书馆，1982，第 37 页。

的基本内容，并从哲学角度加以提炼，是难能可贵的。稍后被列宁誉为辩证法大师的赫拉克利特提出："对立造成和谐，而不是相同的东西产生和谐。"① "自然也追求对立的东西，它是用对立的东西制造出和谐，而不是用相同的东西，例如将雌雄相配，而不是将雌配雌，将雄配雄；联合相反的东西而制造成和谐，而不是联合一致的东西。"② 西方哲学的和谐观融入了辩证法，和谐的内蕴得以进一步丰富，希腊人的和谐说也日渐丰满起来。随着时间的流逝，"和谐"思想也在进一步发展。在此期间，柏拉图和亚里士多德也从不同角度指出：不同的因素可以构成和谐统一，事物零散的因素结合为一个有机整体即和谐。柏拉图十分强调人的内心世界的和谐、人与人之间关系的和谐，以及人自身的身心和谐。柏拉图指出，人的心灵的优美与身体的优美谐和一致融成一个整体是最完美的境界。而关于人与人之间的和谐，柏拉图认为一方面服从统治，另一方面自己能控制食色之类的感官欲。服从统治，服从规律，柏拉图所构建的理想国就是一个和谐的社会整体。

中世纪时，"哲学是神学的婢女"。这个时期的和谐理论也蒙上了上帝的面纱。奥古斯丁和托马斯·阿奎那的和谐理论亦是如此，上帝是一切"和谐"的主宰，"神是一切事物的协调和鲜明的原因"③，因为上帝全知全能。近代德国哲学家莱布尼茨在《单子论》中提出"预定和谐"说，这又是一次上帝全知全能的具体体现。在莱布尼茨那里，单子是世界之本原，而单子绝对单纯不能再分割，没有"窗子"可供出入，因而彼此之间不能互相协调发展，不能互相影响与相互作用，构成一个和谐的整体。但在莱布尼茨看来，单子之间可互相协调发展、互相影响并构成一个和谐的整体，是因为上帝在创造单子之时已把宇宙的发展过程安排好了，故而一切都能和谐地发展。德国古典哲学时期对和谐深有研究的应该是黑格尔，这位辩证法大师认为"差别是属于和谐的，它必须在本质上、绝对的意义上是一种差别"④。在这里，黑格尔第一次把和谐的存在规定为以

---

① 北京大学哲学系外国哲学史教研室：《古希腊哲学》，商务印书馆，1982，第19页。
② 北京大学哲学系外国哲学史教研室：《西方哲学原著选读》，商务印书馆，1982，第23页。
③ 〔法〕卢梭：《忏悔录》，商务印书馆，1963，第64页。
④ 〔德〕黑格尔：《哲学史讲演录》第一卷，商务印书馆，1983，第302页。

差别为前提，和谐理念的内蕴以矛盾、对立、差异、斗争等范畴来规定，使和谐的内涵更加丰富。

西方哲学发展到现在，"和谐"并未泯灭，现代西方哲学也没有放弃对"和谐"的追求。"现代西方哲学中包含着丰富的和谐思想，科学主义思潮主要从结构的和谐、社会的和谐、宇宙的和谐等方面论述了'和谐'；人本主义思潮主要从人与自然的关系、人与社会的关系、批判人的异化现象和高扬生命的和谐等方面论述'和谐'；宗教哲学和思辨唯心主义则主要从上帝创造的有序结构、和谐宇宙等方面论述'和谐'。"① 赋斌对科学主义、人本主义、宗教哲学与思辨唯心主义三种思潮和谐思想的阐述，"对于我们从理论上全面把握辩证法的'和谐'范畴，充分认识和谐在当代社会发展中的重要作用，具有重要的学术价值和重要意义"②。所有这些，都是对和谐的最好阐释。

通过对西方哲学关于和谐思想的梳理，颠覆了"西方人崇尚斗争，而中国人强调和谐"的传统观点，实现了西方哲学史关于和谐思想的一次"哥白尼"式革命。因此，和谐不但是中国人永恒的追求，也是国外哲学人的不懈追求，换言之，和谐是人类的永恒追求。和谐，不同时代有着不同的哲学阐释，同时和谐也有着不同的哲学内蕴。总之，和谐随着历史的发展而不断发展，内涵越来越丰富。

综上，无论是中国哲学界，还是西方哲学界，哲人们均在孜孜以求着人类社会的和谐。船山作为一名生于患难之际的明哲，以为天地立心、为生民立命的历史责任感，为人类的和谐作出了卓越的贡献。

第二节 船山"和谐"理念之形而上学审视

追求和谐是人类的共同理想。船山先生处于颠沛流离的动荡的社会环境之中，这使他对"和"有着特殊的情感，理解也尤为深刻。船山关

---

① 赋斌：《现代西方哲学的和谐思想》，《河北师范大学学报》1999 年第 3 期。
② 赋斌：《现代西方哲学的和谐思想》，《河北师范大学学报》1999 年第 3 期。

于"和"的阐释，可以说是在古代哲人关于"和"的理解的基础之上的继承与开新，这使他关于"和"的理解具有与众不同的立场，对"和"的哲学意蕴的把握也尤为深刻。船山之"和"的思想，最为关键的是他从心性之学的角度阐释"和"，并将礼纳入和谐思想的研究中，进而实现关于"和"的价值开新。从这种意义说，船山是古代和谐思想之集大成者。

一　太和：船山和谐理念之形而上学基础

和谐是人类的共同追求，"和"观念是人类的通性。船山亦向往和谐、追求和谐。在船山哲学思想体系中，宇宙万物的产生、和谐理念的产生均源于太和之气。太和之气既具有本体论的意义，又具有发生论角度的内蕴。在本体论方面：太和之气是宇宙万物产生的根源，包括人类和宇宙其他万物细缊，均来自太和之气。从发生论的角度来说，船山和谐理念的产生，亦是太和之气使然。因为"太和"即为和之极致之意："太和，和之至也。道者，天地人物之通理，即所谓太极也。阴阳异撰，而其细缊于太虚之中，合同而不相悖害，浑沦无间，和之至矣。未有形器之先，本无不和，既有形器之后，其和不失，故曰太和。"① 太和，天地之理的总称，太和既具有本体层面的含义，同时也是蕴含着和谐之义的总称。易言之，太和在本体方面是一种和谐之气的总称，因之，由太和而化的宇宙万物，包括和谐理念的产生最终均来自太和之气。故此，船山和谐理念的产生，即是太和之气的形而下的"分殊"而已。由此，船山视域中的太和之气，既是宇宙万物产生的本体论依据，同时也是和谐理念产生的发生论依据。因此，我们将以船山太和之气为出发点，阐释宇宙万物的和谐论形而上学依据，并在此基础之上说明人乃宇宙万物之灵，缘何人类存在不和谐的因子。基于此，船山从万物共同的本体为形而上学基础，并以此为出发点说明宇宙万物的根本特点，说明和谐理念的形而上学特质，提出了太和缊缊之气为万物之资始的哲学命题。

---

① 《太和篇》，《船山全书》（第十二册），岳麓书社，1992，第15页。

在谈及船山礼宜乐和的和谐社会理想之时，我们自然会考虑到这样一个问题：船山和谐理论的形而上学基础是什么？要解决该问题，需要从"太和"这一概念谈起。

何谓太和？在船山的有关文献中，太和的具体含义主要有如下两个层面的意蕴：其一，太和乃本然之体；其二，太和乃和之至之意。关于太和本体论之说，船山之意，太和本身是具体万事万物的本体，宇宙间万事万物的产生与消亡，皆是太和之气聚散使然，也即太和是宇宙万物之本源。那么太和究竟为何物？它如何能产生宇宙万物呢？说太和是宇宙万物之本源，那么船山是否为二元论者？船山是典型的气本论者，气是万物的本源，关于这一点学术界已达成共识。那么是否太和是船山哲学形而上学的第二个本体，答曰"否也"。因为在船山看来，太和即是絪缊之气，因为"凡物皆太和絪缊之气所成"①。絪缊之气与具体的气本源只不过在形态上有所差异，可以说，太和即是絪缊之气，这就解决了船山关于本源的一元性问题。

船山认为，宇宙万物都有本质性的存在，这种本质的存在就是万物同源的"气"，换言之，"气"是宇宙万物存在的质料。宇宙中并非虚空，而是实有。太虚之中唯气而已，太虚不是无，而是有，"太虚，一实者也"②。"虚"即是"实"，"实"即是气，只不过这种"实"在太虚当中，有体而无形，"言太和絪缊为太虚，以有体无形为性，可以资广生大生无所倚，道之本体也。二气之动，交感而生，凝滞而成物我之万象"③。太虚有体无形，往往容易被称为无，其实，这种无即是宇宙万物得以产生的原因，"无"即是实有，而并非真正的"无"。"无者，浑然太虚，化之所自均，无可为名，而字之曰无。"④ 在船山看来，太虚之"无"只不过是名而已，并不是真正的无，而是实有。"无形者，非无也。静而求之，旷渺而观之，宇宙之间，非有无形者。"⑤ 太虚是无，何以体现为有呢？

① 《至当篇》，《船山全书》（第十二册），岳麓书社，1992，第195页。
② 《思问录内篇》，《船山全书》（第十二册），岳麓书社，1992，第402页。
③ 《太和篇》，《船山全书》（第十二册），岳麓书社，1992，第40~41页。
④ 《天地》，《船山全书》（第十三册），岳麓书社，1993，第245页。
⑤ 《庚桑楚徐无鬼则阳》，《船山全书》（第十三册），岳麓书社，1993，第514页。

这有赖于外物的有形体之气方显。船山说："太虚者，心涵神也；浊而碍者，耳、目、口、体之各成其形也。"① 太虚虽无形，但通过感官能感觉到它的形状，这样也就表现为显、为有形。但太虚确实无形，无形而不显，这背后的动因又是什么呢？船山作了进一步追问，其原因是："太虚无形，合万化而不形者，天地之神也。"② 天地之神造成了太虚之无形而不显，从形上层面解答了太虚无形不显之理由，走的是一条天人相绍之路。太虚虽无形不显，但太虚并不是静止不动的，太虚构成了一个不断生化的动态宇宙生态图，体现生生不息的动态过程。"太虚者，本动者也。动以入动，不息不滞。"③ 太虚本身因为无形而不显，但其内部实际上是一种运动不息、不断生灭的过程。这种生生不息的过程，说白了就是气的生生不息、不断运动变化的过程。太虚之动，"皆太虚之和气必动之几也"④。总之，太虚非无，而是有，是实有。

在船山看来，太虚之中并不是虚无，而是实有，这种实有的物质存在，是太虚中絪缊未分之气，船山称之为絪缊之气。何谓絪缊？"絪缊者气之母。"⑤ 絪缊之气是太虚之中气存在的实然状态，是太虚之中处于混沌未分状态之气，是尚未运动开来之气。船山说："絪缊，太和未分之本然。"⑥ 即是说，絪缊之气是气的朦胧状态，是尚未分化的阴阳二气，絪缊是"元气浑然和合，也即是交合紧密的状态"⑦，太虚中的絪缊之气，是没有经过"转基因"的原始状态之气，是具有原生形态的物质的存在形式。从这种意义上说，絪缊之气是化生万物的原始质料，"万物之生成，俱神为之变易，而各含絪缊太和之一气，是以圣狂异趣，灵蠢异情，而感之自通，有不测之化也焉。万物之妙，神也；其形色，糟粕也；糟粕异而神同，感之以神而神应矣"⑧。絪缊之气是飞禽动植、灵蠢怪异之物

① 《太和篇》，《船山全书》（第十二册），岳麓书社，1992，第31页。
② 《天地》，《外篇》，《船山全书》（第十三册），岳麓书社，1993，第245页。
③ 《系辞下传第五章》，《船山全书》（第一册），岳麓书社，1988，第1044页。
④ 《可状篇》，《船山全书》（第十二册），岳麓书社，1992，第364页。
⑤ 《临》，《船山全书》（第一册），岳麓书社，1988，第870页。
⑥ 《太和篇》，《船山全书》（第十二册），岳麓书社，1992，第15页。
⑦ 张立文：《正学与开新——王船山哲学思想》，人民出版社，2001，第287页。
⑧ 《太和篇》，《船山全书》（第十二册），岳麓书社，1992，第43~44页。

的原始材料，"天无体，太和絪缊之气，为万物所资始，屈伸变化，无迹而不可测，万物之神所资也"①。天地万物的存在，其原始质料是絪缊之气，只有絪缊之气存在，才会"是生"出其他宇宙万物②，动力在于"化"。化生之物既包括慧聪于万物之灵的人，也包括除了人之外的其他灵蠢异情之万物，这些都是絪缊之气使然。因为"人物之生，皆絪缊一气之伸聚，虽圣人不能有所损益于太和"③。絪缊之气的生化功能，是不可逆转和改变的，如果上升到天理，应该存絪缊之气生化之天理。但我们所描述的絪缊之气，是我们通常所说的气的本然状态，因此，它终究需要运动，而絪缊之气运动的方式是变，以变化生万物。

絪缊之气虽然表现为太虚中气的原始状态，是气之混沌状态，作为万物之本原，并产生其他宇宙万物，这说明气的产生还处于"是生"阶段。但它终究应该发展，达到"化生"阶段，从"是生"到"化生"的运动轨迹，表明事物的发展由潜在阶段向显性阶段的转换。从"是生"向"化生"阶段的变化，表明絪缊之气中已经蕴含着阴阳二气的势能，絪缊之气从未发到已发。已发表明气从絪缊之气运为阴阳之气，从"是生"转化为"絪缊浑合，太极之本体，中涵阴阳自然必有之实"④。由此看来，从絪缊之气到阴阳二气的变化，表明太虚之气由混沌向显性的转化，其间也暗含着絪缊之气和阴阳二气是气存在的这两种基本形式，其中混沌状态的气是絪缊之气，而较清晰的气则是阴阳二气。阴阳二气最突出的表现是动静的结合，阴阳二气的动静有常系世界万物产生的动力因。

絪缊之气乃气之母，气之母终将生化万物。而生化万物从"是生"到"化生"，其间赖以支撑的力量是阴阳二气的动静结合与一张一弛的运动。絪缊之气"是生"万物，必须借助于阴阳二气有规律地

---

① 《参两篇》，《船山全书》（第十二册），岳麓书社，1992，第50页。
② "是生"与"化生"是两种层次的东西，首先"是生"强调的是生命活动的本质或本性并非已呈现、已发用的生命活动，而是一种潜能。这种本质或本性一旦呈现或发用，便进入"化生"层面，"化生"是潜能发挥阶段，参见张立文《正学与开新——王船山哲学思想》，人民出版社，2001，第284页。
③ 《参两篇》，《船山全书》（第十二册），岳麓书社，1992，第50页。
④ 《参两篇》，《船山全书》（第十二册），岳麓书社，1992，第45页。

张弛，方能产生万物。阴阳二气是缊缊之气内部结构的组合，它是由"是生"向"化生"转化的内在动力。由阴阳二气的内在组合所产生的动力，化生出宇宙万物。船山多次论证说明："唯万物之始，皆阴阳之撰。"① "天地之化，人物之生，皆具阴阳二气。"② "推本万事万物之所自出，莫非一阴一阳之道所往来消长之几所造也。"③ "阴阳之外无物，则阴阳之外无道。"④ "天地之间，皆因于道。一阴一阳者，群所大因也。"⑤ "以此知人物之生，一原于二气至足之化。"⑥ 以上都足以说明一个事实，即包括人在内宇宙万物的存在无一不是由阴阳之撰而成。

船山以上之论，首先阐明了阴阳之撰是产生万物的动力机制。万物的产生都离不开阴阳之动静弥合的动力；其次，阴阳之翕合动静是万物产生之道，是一种普遍的规律，舍阴阳无道。船山提出了阴阳是化生万物的动力机制，但万物究竟如何运动？船山作了更为深入的分析与论证。他认为阴阳在运动的过程中，都遵循一定的规律，而没有丝毫的违背。在运动的次序上，船山强调的是阳气先动，随后再是阴气运动，在此之前，则是阴气的相对静止。"阳气先动，以交乎固有之阴。"⑦ 在船山看来，阳气比较活跃，它先行进入了阴气内部，并与阴气相交。依此看来，阳气相对运动，而阴气相对静止，实现了阳动阴静的对立统一，通过阳动阴静的相交运动而化生万物。"五行之化气合离融结，弥纶于地上，而与四时之气相为感通，以为万物之资，是亦天地阴阳相交之所成也。"⑧ 阴阳相交具体表现为："其中阳之气散，阴之气聚，阴抱阳而聚，阳不能安于天之生物，人之成能，非有阴阳之体，感无从生，非乘乎感以动静，则体中槁而不能起无穷之体。"⑨ 阳气散而与阴相交聚合，在阴气之中形成母体，最

① 《乾》，《船山全书》（第一册），岳麓书社，1988，第 42 页。
② 《可状篇》，《船山全书》（第十二册），岳麓书社，1992，第 366 页。
③ 《说卦传》，《船山全书》（第一册），岳麓书社，1988，第 629 页。
④ 《杂卦》，《船山全书》（第一册），岳麓书社，1988，第 1112 页。
⑤ 《序卦传》，《船山全书》（第一册），岳麓书社，1988，第 1092 页。
⑥ 《系辞上传第四章》，《船山全书》（第一册），岳麓书社，1988，第 520 页。
⑦ 《屯》，《船山全书》（第一册），岳麓书社，1988，第 92 页。
⑧ 《礼运》，《船山全书》（第四册），岳麓书社，1991，第 562 页。
⑨ 《可状篇》，《船山全书》（第十二册），岳麓书社，1992，第 366 页。

终实现万物之化生。"阳以生而为气，阴以生而为形。有气无形，则游魂荡而无即；有形无气，则骸骼具而无灵。乃形气具而尚未足以生邪！形盛于气则壅而萎，气胜于形则浮而枵，为夭、为尪、为不慧，其去不生也无几。惟夫和以均之，主以持之，一阴一阳之道善其生而成其性，而生乃伸。"① 阳气为乾，阴气为坤，阳为动，而阴相对来说为静。阳的主要功能是助生，使阴化生万物的过程得以实现，阳主要表现为无形，阴主要是滋润并产生有形的宇宙万物。阴阳交合，动静有常，阳散阴聚，最终生成宇宙万物。"阴阳之撰具焉，纲缊不息，必无止机。故一物去而一物生，一事已而一事兴，一念息而一念起，以生生无穷，而尽天下之理，皆太虚之和气必动之几也。"② 通过不断地循环往复，最终产生宇宙万物，形成一幅栩栩如生的宇宙生态图。在这幅生态图当中，万事万物都有着自己的位置，不论灵蠢、地位高低，共同构成宇宙生态图当中不可或缺的一环。在宇宙生态图中，船山谈到了"生"，而后他又谈到了"化"。其实化是生之后续，化意味着生命的延续乃至结束，同时在一定意义上，又是生的延续与重新开始。如果生只是保持着生命的延续，那么化则是生命的回归，这种回归是回到太虚之中，"聚必散，其散也阴亦与之均散而返于太虚"③。万物的生命终结之后，又返回到太虚之中，化为纲缊之气，这意味着生的重新开始，其实生与化是一体两面的东西。"化"对生命的延续与启迪有着至关重要的作用。

综上，在太虚之中并非空，而是实有，这种实有的原初状态就是纲缊之气，纲缊之气只有"是生"功能，而要达到"化生"，必然会有其内部的阴阳结构动几静合之变。在这种意义上说，纲缊之气和阴阳二气不过是气存在的不同状态而已，从本原角度来说，"气"才是宇宙间万物产生的根源。

二　太和流行中的宇宙万物及和谐理念

上文从本体论的角度说明宇宙万物的本源即太和，因为太和乃纲缊之

---

① 《系辞下传第五章》，《船山全书》（第一册），岳麓书社，1988，第 1043 页。
② 《可状篇》，《船山全书》（第十二册），岳麓书社，1992，第 364 页。
③ 《参两篇》，《船山全书》（第十二册），岳麓书社，1992，第 57 页。

气，是气之本然的状态，缊缊之气就是万物产生的质料因；阴阳二气是气的实然状态，是太和缊缊之气的内在结构，阴阳二气动静磨合是万物产生的动力因。故此，从哲学本体论的角度来说，宇宙万物的产生都来自太和之本体。"天之所以为天而化生万物者，太和也，阴阳也，聚散之神也。"① 宇宙万物都是太和之气的产物，都是由于太和之气而化生。故此，太和是宇宙万物的原初之物。船山云："凡物皆太和缊缊之气所成，有质则有性，有性则有德，草木鸟兽非无性无德，而质与人殊，则性亦殊，得亦殊尔。"② 由此可知，船山此语内含两种基本含义：其一，揭示了宇宙万物的本体；其二，在由缊缊之气所化生的宇宙万物中，万物之德与性是不一样的。此语亦间接说明了宇宙万物产生的性与德之异，在分殊的万物当中，可以说是"理一分殊"。也就是说，万物之本源虽然为一，但化生的宇宙万物之性与德是不一样的。宇宙万物的产生源于太和缊缊之气，但太和缊缊内在结构为阴阳二气，在阴阳二气当中，还有阴阳二气之良能。故此，从哲学本体上来说，太和之气所发散的缊缊之气、阴阳之气、二气之良能是具有三个层级的本体，在由本体生成宇宙万物的过程当中，不同的气所分殊的宇宙万物具有不同的特色，而且其性质也是不同的。③ 故此，通过三个不同层面的气的外显而生发出来的宇宙万物所具有不同的特色、不同的性质，可以作出比较明确的解释。因此，从哲学本体论的角度，船山总结道："统此一物，形而上则谓之道，形而下则谓之器，无非一阴一阳之和而成。"④ 从而实现了宇宙万物在本体论一致性的论证与实践。

宇宙万物的产生皆源于太和缊缊之气，说明了宇宙万物在世界本源角度的统一性，同时也说明了和谐思想的形而上学意义。因为太和一方面具有本体方面的含义，另一方面又具有"和之至"之义。由于太和本身具有"和之至"之义，同时又具有本体方面的含义，由太和缊缊之气而化生的宇宙万物也同样具有"和"之意蕴，我们可以称之

① 《可状篇》，《船山全书》（第十二册），岳麓书社，1992，第369页。
② 《至当篇》，《船山全书》（第十二册），岳麓书社，1992，第195页。
③ 陈力祥：《王船山礼学思想研究》，巴蜀书社，2008，第45～46页。
④ 《思问录内篇》，《船山全书》（第十二册），岳麓书社，1992，第427页。

为"理一分殊"。即是说，宇宙万物均是由太和而化生，故此，宇宙万物应然具有了"和"之特质，这是我们所不容置疑的。由此，万物的产生、万物所具有的和的特质，本根于太和之气。诚如船山所说："人物之生，皆絪缊一气之伸聚，虽圣人不能有所损益于太和。"① 船山一语道破了人物所具有的太和之特质，给人类的和谐提供了理论上的支撑。

当然，以上只是从本体论的角度阐释了宇宙万物缘何具有和谐的特质。换言之，船山所言，只是在很大层面上谈及和谐之本体论上的意义。事实上，谈到具体事物，谈到万事万物的和谐因子如何而来，船山引入了天命概念：和谐理念的产生，乃天命所行，化物之异而适于太和。在中国哲学史上，天有三重含义：主宰之天，义理之天，自然之天。这三重天中，对人类影响最大的是主宰之天，它对人类生活的影响主要来自人类对上天的敬畏。故此，在和谐理念的形上层面的动力机制方面，船山引进了天命这个概念，认为万物化生虽然具有和谐的因子，只是解决了质料因，对万物具有和谐因子的动力因则来自天命。基于此，船山说："天下之物，皆天命所流行，太和所屈伸之化，既有形而各成其阴阳刚柔之体，故一而异。唯其本一，故化合；惟其异，故必相须以成而合。然则感而合者，所以化物之异而适于太和也。"② 由此，在船山和谐理念的构建方面引出了天命之概念，使万物形而上层面具备了质料因、动力因及目的因等因子，使万物在和的形而上属性层面更加完备。在主宰之天那里，缘何天命具有这种巨大的感召力，这要归结为具体的天之德，在船山看来，"《乾》以纯健不息之德，御气化而行乎四时百物，各循其轨道，则虽变化无方，皆以《乾》道为大正，而品物之性命，各成其物则，不相悖害，而强弱相保，求与相合，以协于太和"③。因为在古代，德性之天与主宰之天主宰着人类的行为，能在宇宙人世间树立巨大的德威。由此，天命万物而保持"和"的基本特征，则归结为主宰之天。"天地之大德则既在生矣。阳以生而为气，阴以生而为形。有气无形，则游魂荡而无即；有形无

---

① 《太和篇》，《船山全书》（第十二册），岳麓书社，1992，第44页。
② 《乐器篇》，《船山全书》（第十二册），岳麓书社，1992，第365页。
③ 《乾》，《船山全书》（第一册），岳麓书社，1988，第52～53页。

气，则觜骼具而无灵。乃形气具而尚未足以生邪！形盛于气则壅而萎，气胜于形则浮而枵，为夭、为疴、为不慧，其去不生也无几。惟夫和以均之，主以持之，一阴一阳之道善其生而成其性，而生乃伸。"① 船山有"天地以和顺为命，万物以和顺为性"② 的基本观点，以此说明宇宙万物"和"的动力机制问题。因此，万事万物在太和的影响之下，"万物各得其和以生"（《荀子·天论》），"和故万物不失"（《礼记·乐记》），"四时百物各正其秩序，为古今不易之道"③。这些都间接说明了宇宙万物所具有的基本特征，因"和"而产生宇宙万物，从而也从另一侧面说明了宇宙万物具有"和"的基本特征。

天命虽然能使天下之物具有和谐之特质，具体通过何种途径能使天下之物具有该属性，这需要天与物的相感。船山从万物所具有的基本属性为出发点，认为万物皆具有在气层面的基本属性——"和"。他说："太和之中，有气有神。神者非他，二气清通之理也。不可象者，即在象中。阴与阳和，气与神和，是谓太和。人生而物感交，气逐于物，役气而遗神，神为气使而迷奇健顺之性，非其生之本然也。"④ 和谐因子是具体事物的基本属性。谈及具体的动力因，船山则把它归结为天命，说："天下之物，皆天命所流行，太和所屈伸变化，既有形而又各成其阴阳刚柔之体，故一而异。惟其本一，故能合；惟其异，故必相须以成而有合。"⑤ 船山此言，已明确将天命看成宇宙万物得以生成的动力因。万物之所以具备"和"之特质，太和本身亦具备本体论的意义，同时，太和在天命之下，使具体事物都分殊"和"之特质，最终使万物运行不息。天命万物具备"和"的基本特质，万物的消长都在"和"的微妙的变化之中自然而然地发生变化，也即"和"的基本因子是太和的微妙变化，是太和生上作用的具体体现。"天地人物消长死生自然之数，皆太和必有之几"⑥，一语道破了万物具有"和"的基本因子的关节点——几。正因为太和之"几"，

① 《系辞下传第五章》，《船山全书》（第一册），岳麓书社，1988，第1043页。
② 《系辞下传第十章》，《船山全书》（第一册），岳麓书社，1988，第1078页。
③ 《神化篇》，《船山全书》（第十二册），岳麓书社，1992，第76页。
④ 《太和篇》，《船山全书》（第十二册），岳麓书社，1992，第16页。
⑤ 《乐器篇》，《船山全书》（第十二册），岳麓书社，1992，第365页。
⑥ 《太和篇》，《船山全书》（第十二册），岳麓书社，1992，第16页。

进而造就了万物"和"之德。"健顺合而太和，其几必动，气以成形，神以居理，性固具足于神气之中，天地之生人物，人之肖德于天地者，唯此而已矣。"① 天命掌控了太和运动之几，太和化生宇宙万物，成就了宇宙万物的"和"的基本特质。而且这种"和"的基本特质是万物存在的合理依据与存在的基本理由，也是万物得以和谐相处、生生不息的重要原因。正是由于太和生化之下的宇宙万物具备和谐之特质，最终造就了宇宙间这个和谐的生命场。"太和之气，阴阳浑合，互相容保其精，得太和之纯粹，故阳非孤阳，阴非寡阴，相函而成质，乃不失其和而久安。"② 宇宙万物在太和絪缊之气的生化之下，不断成就宇宙万物的和谐相处，继而出现了我们能见到的和谐的生动的宇宙生命场。因此船山感慨天命的高深莫测，是人之行为所不能及的。同时他认为万物所具有的至德是不能估量的，因此说："功用者我之所可知，而位者我之所不知也。功用者太和必至之德，位者太和必至之化也。德者人，化者天。人者我之所能，天者我之所不能。"③ 船山说明了天命的重要性，由此可知天命与宇宙万物的和谐特质的不可分离性。

三 "和"乃性情之德

以上主要考察了船山和谐思想的形而上之哲学基础，太和之气乃其和谐思想的形而上学基础。形而上的太和絪缊之气在产生万物的过程中，万物之间、宇宙万物的内部皆具有和谐之因子。那么从形而上过渡到形而下的和谐因子又是如何而来，船山提出了太和絪缊之气产生宇宙万物并使之具有和谐因子主要来自天命，这是宇宙万物产生并使之具备和谐因子的动力因。另外，作为宇宙万物之灵的人类能发挥自己的主观能动性，使人的行为在一定层面上合乎人道，达到和谐之境地。达到和谐之境的途径主要是通过"继"。"继"是天人之间联系的纽带。形而下的人世间和谐理念的产生，天命是一层面，亦是一个客观的原因，同时"天命"还是宇宙万物能获得和谐因子的外因；同时，人类还能

① 《太和篇》，《船山全书》（第十二册），岳麓书社，1992，第 17 页。
② 《参两篇》，《船山全书》（第十二册），岳麓书社，1992，第 54 页。
③ 《恒》，《船山全书》（第一册），岳麓书社，1988，第 831 页。

"继"，这是人类获得和谐的内因。故此，船山云："天人相绍之际，存乎天者莫妙于继。"① 由此，我们能够深刻感受到天命对宇宙和谐因子的作用，同时"继"也能使我们更为深刻地感受到主体性因素对承续和谐因子的决定作用。船山明确感受到天人之间的这种关系，在天以命、在人以继，共同完成和谐因子从形而上过渡到形而下的现实和谐理念。船山于此有所体悟，说："故成之者人也，继之者天人之际也，天则道而已矣。"② 由此凸显出和谐因子存在的内因，即人是关键性因素；而天则是一种外因，从而使得人类能够获得和谐因子。在理解人类和谐因子之时，我们总在考虑一个问题：人类具有和谐因子，这个一点不假，但为何具有和谐因子，这就是一个地道的哲学问题。在这个问题上，船山通过"天命"与"继天"两个概念，最终将人类为何具有和谐因子的问题解释得非常清楚。易言之，船山对这个问题既知其然，又知其所以然，这不能不说是船山的一大杰出贡献。宇宙和谐的理论，在船山看来，关键在于"继"，因为"相继者善，善而后习知其善，以善而言道，不可也。道之用，不僭、不吝，以不偏而相调。故其用之所生，无僭、无吝以无偏，而调之有适然之妙"③。在此，船山明确指出，人类本来不具有"和"之德性，也即他所说的"以善而言道，不可也"的真实想法。但人类禀赋的太虚之气中有二气之良能，由此，船山肯定了人类具有主体能动性，人能把握自己的行为，人能继善，并把宇宙和谐之道、把"和"这种德性伦理内化为人的道德品质。当然，在船山看来，和谐因子通过"继"，最终能在人身上体现出来的即是性，也即人性的一部分。因此，船山云："故成之而后性存焉，继之而后善著焉。言道者统而同之，不以其序，故知道者鲜矣。"④ 由继天到人的接续过程，使人具有了和的基本特质。由太和絪缊之气，通过天命之作用、人的继天之接续，最终使人类获得了和谐的因子。船山解决了人类本身所具有和谐因子的所以然之理，从而为人类具有和谐因子准备了条件。船

---

① 《系辞上传第五章》，《船山全书》（第一册），岳麓书社，1988，第1007页。
② 《系辞上传第五章》，《船山全书》（第一册），岳麓书社，1988，第1006页。
③ 《系辞上传第五章》，《船山全书》（第一册），岳麓书社，1988，第1006页。
④ 《系辞上传第五章》，《船山全书》（第一册），岳麓书社，1988，第1006页。

山在人世间和谐因子的问题上，走的是一条天人相绍之路。由天道而来的"和"的理念的运用，是人之德性的外化，表现在外则是以礼的形式出现，而礼则是用来调适人与人之间、人与社会之间、人与自然之间和谐因子的"催化剂"，无怪船山有"调之有适然之妙"的提法。人具有"和"这种德性因子，在外则具体体现为人性。这种人性之外化，即能凸显一个人的德性问题，亦能管窥人之行为的道德性因素。诚如船山所说："性存而后仁、义、礼、知之实章焉，以仁、义、礼、知而言天，不可也。成乎其为体，斯成乎其为灵。灵聚于体之中，而体皆含灵。若夫天，则未有体矣。"① 由此，和谐因子已经完全成为人类德性的一部分，外化既能表现为人的德性伦理，同时也具备了自己的道德品质。从这种意义上说，船山完成了"和"乃是一种德性伦理的论证。"故自风雷水火以至犬牛蛇虎，各成其性而自为理，变化数迁，无一成之法则也。以此论之，太和未分之前，初得其精者，日月也；阴阳成质以后，而能全其精者，人也。人之所以继天立极，与日月之贞明同其诚而不息；能无丧焉，斯圣矣。"② 于此，船山从天人相绍的角度，从比较完整的意义论证了"和"是人世间的一种德性伦理。"和"作为一种德性伦理应该是纯善的，这种"和"的理念决定了人类的和谐应该是相当完满的，但从船山所处的时代看来，人类并不和谐，关键原因还在于人有欲，过分的欲导致人类现世的不和谐。如若我们不讨论影响人类德性之"和"的具体原因，那么由形上之和到具体的形而下的人类世界，"和"又是什么呢？

在船山哲学思想体系中，究竟何谓"和"？关于"和"的问题，古代哲人已有详细的阐释。船山作为宋明理学的总结与开新者，对"和"的解释有着自己独特的观点与视角。他认为"和"为性情之德，从总体上对和进行了定位。船山云："和，性情之德也。"③ 从伦理学，也即德性伦理的视角阐明了"和"之本质特色；另外，船山之"和"并非规范伦理，"和"乃人之内心世界所具有的一种伦理道德规范，与人之心性情关联。

① 《系辞上传第五章》，《船山全书》（第一册），岳麓书社，1988，第1006页。
② 《参两篇》，《船山全书》（第十二册），岳麓书社，1992，第55页。
③ 《学而篇》，《船山全书》（第六册），岳麓书社，1991，第591页。

如欲实现"和",那么在很大程度上就应该与人的性情之调适相联系,这就为船山的和谐社会的实践途径,也即以礼来调适人之性情埋下了伏笔。船山关于和谐社会的构建,亦是通过礼以调节人之性情而实现的,这一语道破了船山实现和谐社会的途径与方式。"和"乃性情之德,是船山对"和"之内涵总体上的把握。船山对这种德性伦理之"和"进行了详尽的阐释,认为"和"除具有德性伦理的基本含义以外,还具备如下几种最基本的含义:其一,中节者谓之和。即是说,人之视听言动等行为能有所节制,合乎礼仪,如此表现出来就不会偏离礼之轨道。在我们看来,这即船山所说的"唯中节者斯谓之和"①。那么何谓"中"?何谓"和"?在中国古代哲学史上皆有对其进行阐释的理论体系,《礼记·中庸》中记载:"喜怒哀乐之未发,谓之中;发而皆中节,谓之和;中也者,天下之大本也;和也者,天下之达道也。致中和,天地位焉,万物育焉。"这是古代典籍中关于"中""和"的阐释。朱子对"中和"有着自己独到的见解。他说:"喜怒哀乐,情也。其未发,则性也,无所偏倚,故谓之中。发皆中节,情之正也,无所乖戾,故谓之和。大本者,天命之情,天下之理皆由此出,道之体也。运道者,循性之谓,天下古今之所共由,道之用也。此言性情之德,以明道不可难之意。"②在朱子看来,"中"就是人之情处于未发的状态,也即人类的本然之性。如若人之情已发,则需要外在的规范伦理来约束人之行为,使人之行为能处于中道,这即是"和"。船山对中和思想的阐释有着自己独特的观点。他说:"天地所以位之理,则中是也;万物所以育之理,则和是也。"③船山所强调的是宇宙万物应然的和谐秩序,也即他所说的"所以位之理",这是从静态的视角阐释宇宙万物和谐之理。此外,船山和谐理念的提出亦从动态的视角来审视,也即船山所说的"所以育之理"。万物在生长发育中要遵循一定的理,这个理即宇宙万物得以和谐的前提与基础。船山此言已关涉人世间的和谐问题,认为人世间的和谐亦有人世间之所以和谐之理,也即我们通常所说的和谐何以可能的问题。船山所说的万物所以育之理,即是"礼"。因为,无论是

---

① 《第一章》,《船山全书》(第六册),岳麓书社,1991,第474页。
② 《中庸章句》(第一章),(宋)朱熹:《四书章句集注》,中华书局,1983,第18页。
③ 《第一章》,《船山全书》(第六册),岳麓书社,1991,第474页。

船山，还是其他理学家，比如说朱子，他们最为基本的理念都认为"礼者，理也"①。礼即是理，故此，我们完全有理由说明船山在谈及人世间和谐的同时，已经将礼与和谐社会的实现途径联系起来。在关于中和的阐释中，船山认为和谐社会的最终实现要依靠最基本之理，也即以礼来克胜人欲，因为礼的产生，其来源就在于协调人与人之间过度的欲望。荀子云："礼起于何也？曰：人生而有欲，欲而不得，则不能无求；求而无度量分界，则不能不争；争则乱，乱则穷。先王恶其乱也，故制礼义以分之，以养人之欲，给人之求，使欲必不穷乎物，物必不屈于欲，两者相持而长，是礼之所起也。"②针对礼与欲之间的关系，船山对中和思想有着更为深刻的见解。他说："至于和不流，中立不倚，则克胜人欲，而使天理得其正也。"③阐释了如何达到和之境界：通过礼以制欲。此处之"欲"，指的是人类过度的欲望，船山主张的是人类正当的欲望。既然"中"是人之情未发之状态，"和"乃情之已发状态并以礼节制，那么中和之间的关系如何呢？船山有着自己独特的看法——中体和用，即"中为体，和为用"④，从体用角度明确表达了中和之间的关系。当然，无论是"中"的未发静止状态，抑或是"和"的动态状态，其目的还是实现最终的"和"，也就是说中（静、和）→未发→已发（动）→节→和（静）→中（静、和）。由此可知，我们的最终目标一致，即达到中和之状态。最终之"中"乃是本于和的，"中"本身即是和。中是人之情未发，如若人之情已发，需要以礼节制，其最终的目标亦是"和"，从此种意义上说，中则和。诚如船山所说："中和一致，中本于和而中则和。"⑤船山既从动态解释了"和"，亦从静态的角度解释了"和"，对"和"的解释达到了中国古代哲学的高峰。在和谐社会的构建中，船山认为如若人人都对自己的行为有所节制，那么整个社会的人的内心世界、人与人之间、人与社会之间、人与自然之间都不会引起矛盾与冲突，也即整个社会就能自然而然地

---

① 《颜渊篇上》，（宋）黎靖德：《朱子语类》（第三册），中华书局，1986，第 1065 页。
② 《荀子·礼论第十九》，（清）王先谦：《荀子集解》（下），中华书局，1988，第 346 页。
③ 《第十章》，《船山全书》（第六册），岳麓书社，1991，第 498 页。
④ 《中庸》，《船山全书》（第四册），岳麓书社，1991，第 1251 页。
⑤ 《至当篇》，《船山全书》（第十二册），岳麓书社，1992，第 199 页。

和谐。由此出现了船山关于和的第二层含义，即"应事接物皆适得其宜"谓之和。船山云："和者，应事接物皆适得其宜，不与理相乖，不与物相戾也。"① 从这个层面上来说，如若人人都能以礼来约束自己的行为，并且使自己的行为不违背天理与人道，不违背常理，不违背规范之礼，那么整个社会就能处于和谐之中。为此，船山提出了有关和谐的第三层含义，即"万事一致之理"谓之和。船山说："和者，万事一致之理。"② "和"的原初含义即是使万物不相背离之理，使万物处于系统的稳定的状态之中。"万事一致之理"即是事物都处于和谐的境地之时的根据与理由，乃我们通常所说的"道"，船山对这种和谐之道进行了界定。他说："道者，中和之大用也。"③ 船山所说的和谐之道，也即我们所说的中和理念的具体运用，以礼节之，使人的行为能在合乎礼之规范的前提下顺利实现和谐之理念。

故此，船山在谈及"和"的理念时，探讨了人类最为敏感的一个问题，即人的欲望问题。船山并不反对正当的欲望，反对的是人类过度的欲望，因为欲望是人类痛苦的根源，且欲望是人类一切争斗的开始，是人类和谐社会建构的最大"绊脚石"。船山的和谐社会的构建，既包括他关于"和"的基本理念，也包括实现和谐社会的实践路径。

第三节　人欲失其和与履以和行

在导论中，我们谈及船山所处的动荡的社会环境造就了他对和谐社会的渴求。人是一种理性的动物，同时也是一种感性动物，当他缺少某种东西的时候，就会产生对某种东西的渴求，船山的和谐理念的产生亦遵循此理。由于社会动荡，从而使船山对和谐社会更为渴求，并从学理上论证说明了和谐社会存在的现实困境，也即人是感性与理性的矛盾体，人作为感性的动物，有情感、有欲望。人欲是人类一切祸患的根源，亦是和谐社会构建的最大障碍。为此，船山从和谐社会构建的物质基础谈起，阐明过分

---

① 《中庸》，《船山全书》（第六册），岳麓书社，1991，第 127 页。
② 《中正篇》，《船山全书》（第十二册），岳麓书社，1992，第 171 页。
③ 《第一章》，《船山全书》（第六册），岳麓书社，1991，第 458 页。

的人欲冲毁了和谐之基。

马斯洛的人类动机理论将人的需要分为五个层次，即生理的需要、安全的需要、归属和爱的需要、尊重的需要和自我实现的需要。按照马斯洛的需要层次理论，说明人有不同的需要。而在人的欲望未满足之前，必然在为如何实现自己的某种欲望而苦思冥想、苦苦挣扎：如何满足自己的这种欲望，通过什么样的方式去实现……此时人之内心世界的矛盾与冲突，表现在外即是人之行为上的失礼。由内而外的矛盾与冲突，就表现出不和谐的迹象。在为人处事之时，难免会表现出行为的极端，在现实生活中就会出现人与人之间的不和谐、人与社会之间的不和谐。人的欲望是和谐社会构建的最大祸害。

一　天人本合其害在人欲

从哲学本体论的角度来说，整个宇宙万物都是太和絪缊之气而成，故此，宇宙这个生命场的万物本身皆和谐，当然也包括由太和絪缊之气构成的和谐理念在内。即是说，宇宙万物产生之后，它应该处于"中"的状态，也即处于"和"的状态。人是宇宙中有生命、有思维、有意识的高级动物，既有理智，亦有情感。面对物质生活的诱惑，人难免有欲望的产生。而这个欲望，正是人之内心世界、人与人、人与社会、人与自然的矛盾与冲突的根源。

有关人欲问题，是中国古代哲人一直关注的问题。先秦儒家的代表人物孔子、孟子、荀子等都有所讨论。因儒家学者主要关注人如何成圣、成贤，故此，在人欲问题上的讨论也就关涉到物质欲望与人的伦理道德的关系问题。孔子云："君子谋道不谋食。"[1] 意为人的物质利益应该是建立在合乎理性的"道"的基础之上。荀子在此基础之上更是强调人之欲望与物质利益之间的关系，指出："养人之欲，给人之求，使欲必不穷乎物，物必不屈于欲。"[2] 荀子提出人欲是人正当的物质需求，而不是超出人的理性之外的其他欲望。在儒家看来，人的欲望是无止境的，这是人

---

[1] 《论语集注卷八》，（宋）朱熹：《四书章句集注》，中华书局，1983，第176页。
[2] 《荀子·礼论第十九》，（清）王先谦：《荀子集解》（下），中华书局，1988，第346页。

之贪婪所致，当物质欲望不能满足人的需求之时，各种争端因之而起，进而引起人的内心世界、人与人之间、人与社会之间、人与自然之间的不和谐。荀子此言，已经关涉到引起社会不和谐的根基了。过分的欲望引起社会纷争，这种纷争已经严重威胁到社会的和谐。故此，当时荀子提出要有限度地满足人的欲望。最好的办法当然是老子提出的"无欲""我无欲，人自朴"（《老子·五十七章》）。人的欲望少了，人类纯朴的特质就会表现出来，社会亦不会因物质利益而纷争四起，人类之和谐也就在情理之中了。可见，老子的"无欲"思想对当今和谐社会的构建具有极其深远的意义。在中国古代哲学史上，对人欲的基本观点就是主张清心寡欲，如董仲舒主张"正其道不修其利，修其理不计其功"，魏晋时期的王弼继承与发展了老子的无欲说。这些关于欲望的基本观点都有相似之处，即不和谐的因子大多是由于人的欲望使然，故此，要使社会和谐，必须使人的过分欲望得到抑制，唯其如此，社会不和谐的因子才能得到根治。

在古代哲学史上，天理与人欲是作为一对对立的范畴出现的。在《礼记·乐记》中就明确出现了此观点："人化物也者，灭天理而穷人欲者也。于是有悖逆诈伪之心，有淫泆作乱之事。是故，强者胁弱，众者暴寡，知者诈愚，勇者苦怯，疾病不养，老幼孤独不得其所，此大乱之道也。"由此我们可以清晰地看到人类不和谐的根源在于人之过分之欲望。人之过分欲望，必然外求，整个社会就会出现不太平、不和谐的迹象。如同动物界中的大鱼吃小鱼、小鱼吃虾一样，人类生活也是弱肉强食、互相争斗的，这种社会局面使人与人之间的关系成为霍布斯所描绘的"狼性"社会关系。如何整治这个"狼性"社会，西方哲学史上出现了"社会契约论"，在中国则出现了"天理论"，用"天谴说"来限制人与人之间的"狼性"。但人类终归是理性的动物，人类社会最终要走向和谐：主要原因在于人类用伦理道德来约束人与人之间的"狼性"行为，这就是说和谐之因要归结为作为规范伦理之礼之调适以利于和谐。其实，关于礼之调适作用（主要是调适由于人的欲望而起的纷争），在荀子那里已体现得比较清楚了。当然，天理与人欲作为相互对待的范畴，在宋明理学家那里体现得更为清晰。我们所熟知的"礼者，理也。

去人欲，则复天理"①，即将天理与人欲看成相互对立的范畴。在宋明理学家看来，礼即理也，而理为天理，天理是人间道德伦理的最高准则，理学家们要求人们"以克人欲存天理为事"②，如此方能实现人世间的正义与和谐。

船山作为明末清初的大儒，对宋明时期的天理与人欲关系进行了深刻的反思，认为人类社会的和谐离不开对人欲的遏制。③ 在船山看来，人类过度的或者说是过多的欲望终究导致人的内心世界的矛盾与冲突，因为人的内心世界的不和谐，进而引发人与人之间、人与社会之间、人与自然之间的矛盾与冲突。马克思说："人们奋斗所争取的一切，都同他们的利益有关。"④ 马克思点明了有关人类和谐问题的哲学根基，就在于物质利益。从中国哲学史上来看，先哲们已发觉了物质欲望对人类社会的不和谐的内在依据，关涉到马克思关于人类经济利益的矛盾与冲突是人类不和谐之动因，只是没有明确表述而已。从某种意义上说，人欲导致社会的不和谐，人欲是社会不和谐的祸根。无怪乎在中国古代哲学史上，先哲们强调的即是要遏制由于人们的物质利益而导致的纷争。这表明了物质利益的纷争对人类和谐的负面影响，这对我们构建和谐社会具有重大而深远的意义。

船山作为明末清初的思想巨擘，意识到人类不和谐的主要原因在于人类过度的欲望，从人的本性的角度阐释了人为何具有贪婪的欲望。他说："唯天生人，天为功于人而人从天治也。人能存神尽性以保合太和，而使二气之得其理，人为功于天而气因志治也。不然，天生万殊，质偏而性隐，而因任糟粕之嗜恶功取以交相竞，则浊恶之气日充塞于两间，聚散像

---

① 《颜渊篇上》，（宋）黎靖德：《朱子语类》（第三册），中华书局，1986，第 1065 页。
② 《雍也篇二》，（宋）黎靖德：《朱子语类》（第三册），中华书局，1986，第 783 页。
③ 需要澄清的是，宋明理学家所强调的人欲，并非单纯地强调天理，而忽视人之正常的欲望。事实上，宋明理学家们所强调的是人的过度的欲望，也即正常欲望之外的欲望是不合理的，但他们并没有否定人的正常欲望，如正常的生理需求是允许的，是合理的。比如王船山就强调说："礼虽纯为天理之节文，而必寓于人欲以见。"（参见《梁惠王下篇》，《船山全书》（第六册），岳麓书社，1991，第 911 页。）明确提出了天理必然在人欲当中实现。
④ 《马克思恩格斯全集》第 1 卷，人民出版社，1965，第 82 页。

仍，灾眚凶顽之所由弥长也。"① 在此，船山说明了几个问题：其一，在宇宙这个大的生命场中，人能够保持和谐因子的理由；其二，船山在此虽没有表明宇宙万物所构成的质料因，却说明了宇宙万物得以和谐的动力因，也即天命使然。同时，船山于此表明了人因为有气质之性，也意味着人有气质之偏。在形形色色外物的引诱之下，气质之偏的人难免会因过度的欲望而走上歧路。种种欲望使人处于"中"的境界，也即使人之"和"的内心世界发生大的冲突，内心世界不和谐，进而影响到人与人、人与社会的和谐状态，为此，船山云："二气之和，大顺而不可逆者也。恻然有动之心，发生于太和之气，故苟有诸己，人必欲之，合天下之公欲，不违二气之正，乖戾之所以化也。"② 在宇宙这个大生命场中，因为太和之气化生宇宙万物，宇宙万物本身就具备了和谐的因子。然而，由于人有气质之偏，对人世间"有诸己"的东西"人必欲之"，这是人世间不和谐的重要因素。人没有这种欲望，也就不会破坏和谐的宇宙秩序。故此，船山特别强调超越了正常欲望之外的欲望是人世间不和谐的重要因素。值得说明的是，船山认为并非所有的人都是有过度欲望的，因为气质之偏因人而异。"人之生也，君子而极乎圣，小人而极乎禽兽，然而吉凶穷达之数，于此于彼，未有定焉。"③ 人与人之间是有差异的，君子、小人各有不同，因而造成了他们之间的差异。这种差异主要表现为人格上的差异、德性上的差异和欲望上的差异。故此，船山感慨："推天人之本合，而其后，人遂有不诚以异乎天者，其害在人欲。"④ 于此更加明确了人欲对和谐世界的影响。

二 和者于物不逆

超越正常的物质需求乃人类不和谐的根源，故此，人类社会欲达致和谐，必须于物不动心；换言之，人类最基本的需求得到满足以后，物质欲求越少越好，清心寡欲是最佳的状态，船山云："和者于物不逆，乐者于

① 《太和篇》，《船山全书》（第十二册），岳麓书社，1992，第44页。
② 《中正篇》，《船山全书》（第十二册），岳麓书社，1992，第157页。
③ 《张子正蒙注序论》，《船山全书》（第十二册），岳麓书社，1992，第11页。
④ 《第二十二章》，《船山全书》（第六册），岳麓书社，1991，第541页。

心不厌。"① "和" 之境界的取得，需要对物采取超脱的态度，正如佛教所讲的 "色即空也，空即色也" 的物质生活态度。如此，则能做到对外物的无所追求，人人如此，则天下之和如期而至。船山虽然强调人 "于物不逆"，但没有否定公欲——天下所有人的私欲横行，即是船山所说的公欲，那也就无所谓私欲了。正因为如此，船山云："廓然见万物之公欲，而即为万物之公理。"② 如这种私欲是天下万物皆然的话，也即无所谓私欲了。换言之，船山所言的私欲也就变成公欲了。这也正好印证了船山的这句话："天下之公欲，即理也；人人独得，即公也。"③ 事实上，船山关于公欲与私欲之说充满了辩证的观点。人人皆得之私欲，即是公欲。为此，我们在谈及私欲是人类不和谐的诱因之时，不得不对公欲与私欲进行详细的考辨：因为有时候可能在这个问题上出现前后矛盾的境况。船山曰："王道本乎人情。人情者，君子与小人同有之情也。……私欲之中，天理所寓。"④ 船山此言是私欲问题，本该是与公欲格格不入的。"私欲之中，天理所寓" 的观点，似乎与宋明理学的 "存天理，灭人欲" 的观点相矛盾。但联系天下之公欲即天下之公理的基本观点，那么就自然知道天理必然蕴含其中。在船山关于理欲关系的解释中，充满了丰富的公私之辨的辩证色彩。故此，我们也就能详细理解 "天下之理得，则可以给天下之欲矣。以其欲而公诸人，未有能公者也。即或能之，所谓违道以干百姓之誉也，无所往而不称愿人也"⑤。从船山对公欲与私欲的理解，我们能够清晰地把握船山在人欲问题上与程朱理学在理欲关系问题上的不同点。船山认为天下之公欲是天理的说法，对宋明理学的理欲说作出了重要贡献。船山对理欲问题的看法可以说是对程朱理学中理欲关系的一次较大辨正。由此，我们能清晰地理解船山有关私欲的基本问题，从而为他的和谐社会构建奠定学理上的基础。这也无怪乎船山在私欲的问题上提出了 "有公理，无私欲。私欲净尽，天理流行，则公矣"⑥ 的

---

① 《诚明篇》，《船山全书》（第十二册），岳麓书社，1992，第 136 页。
② 《滕文公下篇》，《船山全书》（第六册），岳麓书社，1991，第 911 页。
③ 《中正篇》，《船山全书》（第十二册），岳麓书社，1992，第 191 页。
④ 《梁惠王下》，《船山全书》（第八册），岳麓书社，1990，第 90~91 页。
⑤ 《思问录内篇》，《船山全书》（第十二册），岳麓书社，1992，第 406 页。
⑥ 《思问录内篇》，《船山全书》（第十二册），岳麓书社，1992，第 406 页。

基本观点。船山在此对理欲关系作出辨正，其终极价值与目标就在于点明和谐社会构建之障碍问题，即构建和谐社会的障碍并非天下之公欲，而是私欲使然。基于此，船山认为人的欲望如超越了个体的正常的物质生活诉求，也即非分的物质欲求，就会给人类的和谐带来负面的影响。因为这种非分的物质欲求是人类和谐社会构建的障碍。这里再次凸显出他的基本观点，即"和者于物不逆"。无论人欲如何，最终人将得道以和。

人类要维持理性的和谐，关键在于清除和谐的主要障碍，也即超越人类最基本的欲望之外的欲望。如若分清了何为公欲，那么也就厘清了何为天理。有了这种观念，和谐社会的构建也就扫清了障碍，如此也使我们得到了构建和谐社会之道。人能得道，那么也就获得了构建和谐社会的先天条件。故此，我们在强调和谐的先决性条件之时，亦是遵循着"和者于物不逆"，唯其如此，我们才能真正实现社会的和谐。"和者于物不逆"是通向和谐之道。于物不争，则达到均和之势，诚如船山所言："形阴气阳，阴与阳合，则道得以均和而主持之。"① 欲实现和谐社会，关键在于以礼调适人之行为并规制人之欲望，因之，则和谐可至。

三 履（礼）以和行

于物不逆，这是人类保持自然和谐的一个层面。除了合理的物质欲望外，人类如果能够如老子所说的清静无为，整个社会则会自然而然地保持着和谐的理想状态。然而，人终归是情感的动物，有情有欲。人有欲望，就会外求，当外求的强烈欲望超越可能的范围之时，就必然会造成人与人之间、人与社会之间、人与自然之间的不和谐状态。因此，在古代以礼代法的传统社会中，礼对社会的调适作用不言而喻。船山所生活的时代，儒家礼乐文化对整个社会的影响已是根深蒂固，影响亦相当深远。礼作为一种规范伦理，对人类行为的影响是不可低估的。船山深谙儒家之礼对和谐社会构建所起的作用，深谙在当时的社会状况之下，社会和谐的建立，依然要通过儒家的礼乐制度，通过人之德性的提升以

---

① 《系辞下传第五章》，《船山全书》（第一册），岳麓书社，1988，第 1043 页。

促使和谐社会的形成。

船山认为构建和谐社会最大的障碍在于人类过度的欲望，如何调适人类过度的欲望？从伦理道德的角度来说，在中国古代儒家正统统治下的隆礼重法的大前提下，用礼来调适人之行为是最合适的。通过礼之调适，最终使人的行为达到真正的"太和"。"下之人，嗜好习尚移其志者无所不有，而推其本原，莫非道之所许。故不但兵农礼乐为所必务，即私亲、私长、好货、好色，亦可以其情之正者为性之所弘。圣人达于太和缊缊之化，不执己之是以临人之非，则君子乐得其道，小人乐得其欲，无不可感也，所以天下共化于和。"① 在此，船山既点明了构建和谐社会最大的障碍，也表明了礼在构建和谐社会对人的心理、行为以及人际关系的调节作用。同时也表明了船山对未来社会终极价值理想的渴求，也即普天之下共化于和。礼在调适人的心理、行为、人与人之间、人与社会之间的矛盾与冲突中具有重大作用。事实上，在和谐社会的构建中，以礼进行调适并实现和谐社会的思想在早期儒家经典中业已出现，如在《易经》当中，就出现了礼与和谐社会构建的关键词："《履》，和而至。"② 这里的"履"，也即我们所说的"礼"。"礼"的原初含义就是"履"。许慎曰："礼，履也，所以事人致福也。"段玉裁注云："礼，履也。……从示，从豊。礼有五经，莫重于祭，故礼字从示，豊者行礼之器。"③ 由此可知，古代"履"与"礼"是可以互释的。从《易经》中得知，古代哲人也认为履（礼）是实现和谐社会的基本条件，因为"《履》，和而至"。通过礼的调适，最终达到"《履》以和行"④、实现和谐社会的价值目标。通过礼之调适来构建和谐社会，在先秦时期就已有这种思想。这种宝贵的思想为和谐社会的构建提供了一条崭新的路径，不但为船山的和谐社会说提供了理论上的支撑，也为我们当今社会主义和谐社会的构建提供了可资借鉴的理论参考。

---

① 《至当篇》，《船山全书》（第十二册），岳麓书社，1992，第201页。
② （晋）王弼注、（唐）孔颖达疏《周易正义》（卷八），（清）阮元《十三经注疏》，中华书局，1980，第89页。
③ （汉）许慎撰、（清）段玉裁注《说文解字注》，上海古籍出版社，1988，第2页。
④ （晋）王弼注、（唐）孔颖达疏《周易正义》（卷八），（清）阮元《十三经注疏》，中华书局，1980，第89页。

　　船山延续了《易经》中以礼之调适来实现和谐社会的思想，并在此基础上进一步发挥。船山认为礼的产生在很大程度上源于"事人致福"，并没有否定礼所产生的原始根基，而是从凸显礼的价值层面来阐释礼，以实现礼之调适的功能。船山曰："先王之制礼，唯以求人心之和而允矣。用礼而和，则用礼可也；不必用礼，亦唯求和而已矣。"① 即是说，礼之产生，从一开始就是为了社会和谐之目的。船山强调的是以礼来求和，从人心之和开始，因为人的内心世界的和谐是其他一切和谐的前提与基础。故此，船山认为礼产生的首要任务即是调适人之内心世界的和谐，人的内心世界和谐了，再调适人的行为，这是一条由内而外的理路。为此，船山再次提出了自己的观点。他说："礼乐所自生，一顺乎阴阳不容已之序而导其和，得其精意于进反屈伸之间，而显著无声无臭之中，和于形声，乃以立万事之节而动人心之豫。不知而作者，玉帛钟鼓而已。"② 人之过分的欲求，最初还是来自人心之不宁，也即船山所说的"动人心之豫"，人心之大欲的存在，是和谐的最大障碍。礼的作用就在于调适人之行为，使行为能合乎理性要求，以求实现人类社会的和谐。如果不了解礼的这方面作用，不理解礼的真正哲学意蕴，就看不到礼的原初蕴含和礼产生的背后动因——礼是为和谐社会而设定的。故此，船山对《易经》当中关于"履"与"和"之关系的阐释，具有更大意义的价值开新。礼之产生，已经奠定了和谐社会构建的必然趋势。

　　在和谐社会的构建当中，船山主张通过礼之调适来实现和谐社会。由上可知，礼作为调适人类行为的规范伦理之一，普通人是很难把握其玄机的。在船山看来，礼是为和谐社会的构建而存在的。诚如船山所说："礼运本天地日月之化而推行于节文，非知化者不能体。"③ 那么以礼之调适实现的和谐社会，究竟是在何种意义上、通过什么样的方式调节，这是船山重点考虑的问题。在船山看来，礼的基本价值还在于"节"，即礼的基本价值在于对人类过分的欲望进行节制，换言之，人类过分的行为要在礼

---

① 《学而第一》，《船山全书》（第七册），岳麓书社，1990，第 268 页。
② 《神化篇》，《船山全书》（第十二册），岳麓书社，1992，第 95 页。
③ 《至当篇》，《船山全书》（第十二册），岳麓书社，1992，第 199 页。

约束之下进行调适。"勉其不足之谓文，裁其有余之谓节。节文具而礼乐行，礼乐行而中和之极建。"① 人之情决定了人之行为的"过"，而不是不足。所以，人类过多的欲需要以礼节制与调适。通过礼之节，使人的行为泰然处于中道，也即中和之境地。"文"与"节"从根本上说是为了解决人的基本行为的不合时宜，使人之行为合乎中道，也达到和合之境。易言之，船山强调的是以礼调适人与人、人与社会、人与自然的基本关系，并使人之行为取得最为基本的理性自由，达到马克思所讲的自由人的联合体，最终实现全面和谐。

既然以礼之调适能实现人类社会的和谐理想，那么就应该在人类社会大力倡导礼。为此，船山提出了"立人极"的基本观点。何谓"极"？"极"在古代社会是一重要的概念，属于伦理学的范畴。但在当今许多人对"极"的研究多有忽视。"极"之原初含义本指房屋的脊檩、房脊。如"其邻有夫妻臣妾登极者"②，这里所说的"极"即是房屋的最高处，即房脊。此后哲学家对"极"的解释是在其原初含义之上的引申与延续。比如在《诗经》中，"极"指的是顶点、终极之意，如"悠悠苍天，曷其有极"③，这里的"极"还不具备伦理道德之韵味。真正具有伦理意义的"极"应该是《尚书》中的"作汝民极"④。此处之"极"，其意乃中正、准则之意。"极"的这种含义，后来为理学的开山鼻祖周敦颐所继承与发挥。尤其是在宋明理学家那里，"极"的含义被进一步引申，并且有了最高的道德准则之意。在被称为"北宋五子"、理学"鼻祖"的周敦颐那里，"极"的含义就明显地披上了伦理道德外衣，被认为是最高的伦理道德准则。周敦颐曰："圣人定之以中正仁义，而主静立人极焉。"⑤ 而后，宋明理学家们都汲取了周子关于"极"的伦理道德方面的含义，并作了进一步发挥。比如，南宋理学大师朱熹将"极"的含义推向了极致，并

① 《乾》，《船山全书》（第一册），岳麓书社，1988，第831页。
② 《庄子·杂篇·则阳第二十五》，郭庆藩：《庄子集释》（下），中华书局，1961，第894页。
③ 《诗经·唐风·鸨羽》，（清）阮元：《十三经注疏》，中华书局，1980，第365页。
④ 《尚书·周书·君奭第十八》，（清）阮元：《十三经注疏》，中华书局，1980，第225页。
⑤ 尹红、谭松林：《周敦颐集》，岳麓书社，2002，第8页。

给予了形而上的阐释，使"极"作为最高的道德准则、道德规范的范畴完全确立。朱子云："盖自上古圣神继天立极，而道统之传有自来矣。"① 船山继承了宋明理学家关于"极"的多重含义，并给予崭新的阐释。一方面，船山所说的"极"即是最高的道德规范、最高的伦理规范，是人之所以为人的道德准则。为此，船山提出了"立人极"的基本思想。船山云："以至仁大义立千古之人极。"② 船山在此所说的"人极"，也就是礼，乃人之所以为人的最高的道德规范。这种人极是人世间和谐的最重要的来源，是调适人之行为的最高的规范。不仅如此，船山还提出了"继天立极"的思想，在更高层面说明了人极来源的合法性问题。人极来源于天，是天命使然，从而也间接地说明了以礼调适人之行为的合理性。

故此，船山所说的"立人极"，也即立礼。以礼之调适，并以礼规范人之行为，既能达致人的内心世界的和谐，同时也能调适人的行为，使整个人类社会皆处于和谐的境地。船山云："建极则随时以处中。"③ 这里所说的"中"，也即是船山所讲的"和"，通过建"极"，也即人类最高的伦理道德规范——礼，以实现人类社会的和谐。船山此言，一语道破了礼在构建和谐社会中的重要作用。

关于如何以礼构建和谐社会，船山深有体悟。总体说来，船山关于礼之调适的作用主要表现在如下几个层面：其一，体礼而安之。这就是人通过礼之调适，了解了礼的精髓之后，以礼之节去调适超越于人能够承受的基本的物质欲求，使人之视、听、言、动等行为都在人的理性的支配之下，从而达成人际和谐。在船山看来，欲达成人际和谐，极为关键的是使人习礼、知礼，最终使礼这种行为积善成德，进而使人做到在礼的约束之下达到"择善固执"的道德自觉。故此，船山云："礼之节文见于事为，形而下之器，地之质也。性，安也。形而上之道，有形而即丽于器，能体礼而安之，然后即此视听言动之中，天理流行而无不通贯，乃以凝形而上之道于己，否则亦高谈性命而无实矣。"④ 船山将礼之调适并能使人安身

---

① 《中庸章句序》，（宋）朱熹：《四书章句集注》，中华书局，1983，第14页。
② 《隋炀帝》，《船山全书》（第十册），岳麓书社，1988，第728页。
③ 《乐器篇》，《船山全书》（第十二册），岳麓书社，1992，第330页。
④ 《至当篇》，《船山全书》（第十二册），岳麓书社，1992，第218页。

立命、安道成性的基本观点称为实学，凸显出船山之学的经世致用性。其二，船山认为以礼调适以化民于和平正直之道。人类不和谐的根源在于人间之道的不正直；不正直则容易造成内心世界的矛盾与冲突，内心世界有矛盾与冲突，人就有可能出现极端的行为方式，进而外在表现为人的行为的矛盾与冲突。所以说，礼的基本价值在于"化民成俗"，使人的行为不至于偏离和谐之轨道。由此，船山强调在以礼调适人之行为的时候，突出人的行为的正当性与正直性，唯其如此，才能真正实现人世间的和谐与正义。总之，关于礼之调适最终形成的和谐社会，是"合于天乃顺于人"①的，由此，船山就和谐思想的形上基础进行了论证。和谐理念主要来自和谐思想的形而上学基础，同时和谐理念亦回归于和谐思想的形而上学基础。船山还就天人之间的关系问题指出天人合一乃和谐的理想状态，也就是说，人世间的和谐是一终极的价值目标，当人世间处于不和谐状态之时，则由天及人，普世普及大德，使人世间处于和谐之境地；如若人世间是和谐之状态，天则不干预人世间的和谐。"民和则天和不干，天和则物效其和，德施普降，和气达于万民，而物应之不爽矣。"② 在礼之调适的路径上，船山再次说明了人世间普世和谐的主要来源，即本体之太和之气是宇宙万物和谐的根本原因。反之，如若"天地违其和，则能天，能地，而不能久。人违其和，则能得，能失，而不能同"③。故此，船山仍然从天人关系阐释描绘了和谐社会的极致，提出和谐社会由天而人的历史逻辑路径。天和则人和，天不和则人亦不能和，因为天地不能久，则人亦不能和，人违其和，则最终造成礼对物质欲望调节的失灵，也即船山所讲的可得、可失之意。人世间财富的两极分化，最终普世间不可能实现孔子所说的小康、大同理想。故此，船山再次强调礼在和谐社会构建中的重大价值，并把和谐社会的构建之本称为礼之调适，即礼本和用。"是以君子行礼必慎其本，本乱而求末之治，不可得也。"④ 船山在构建和谐社会的过程中，始终将礼摆在首位，如此才能以礼之调适并真正实现礼宜乐和的和

---

① 《乐器篇》，《船山全书》（第十二册），岳麓书社，1992，第329页。
② 《乐器篇》，《船山全书》（第十二册），岳麓书社，1992，第328~329页。
③ 《老子衍》，《船山全书》（第十三册），岳麓书社，1993，第30页。
④ 《曾子问》，《船山全书》（第四册），岳麓书社，1991，第499页。

谐社会理想，这样的社会，才是真正美好的和谐社会，也即船山所言的"先王之道非美，待人之和而后美"①。先王之道，指的是礼乐制度，若单从纯粹的形式上来说，并非能了解其真正的和美之处，而若能从礼之调适的角度并以实现人世间的和谐的角度，那就真正体现出了美。由此，我们可以体悟到，船山以礼构建和谐社会的思想，是与当时的实学思潮的影响分不开的。

---

① 《学而篇》，《船山全书》（第六册），岳麓书社，1991，第591页。

第二章

礼之调适何以可能与和谐社会的价值指向

上一章我们说明了人欲是和谐社会构建的最大障碍，并在此基础上说明了以礼调适并实现和谐社会的必要性。虽然船山明确提出了和谐社会实现的途径及方式——以礼调适并实现和谐社会，但礼之调适以实现和谐社会有没有可能性？这是我们必须探讨的问题。如果这个问题没有解决，或者说以礼去调适人之行为没有可能的话，那么船山的和谐社会理想就是一座空中楼阁，其和谐社会的理论建构也就是无源之水、无本之木。故此，在研究船山和谐社会理想之时，必须解决以礼调适并实现和谐社会何以可能的问题。若以礼调适实现和谐社会可能的话，船山所要实现的和谐社会的价值指向是什么？这是本章所要解决的问题。

第一节 礼之调适何以可能

礼是传统文化思想的核心，亦是中国传统文化之表征。在中国古代社会，礼具有政治、伦理、文化等多重意蕴。礼在封建意识形态当中占据核心地位，亦是中国古代社会的核心话语之一。任何一种文化现象的产生，都不是孤立的，都是与当时的社会现实相联系的。用通俗的话语来描述即为："哲学是时代精神的精华。"礼能够产生并在封建社会长存且经久不衰，这与礼所具有的特定的价值是分不开的。礼的具体价值主要表现为人生哲学价值，但其终极价值取向表现为治国、平天下的层面。

作为旷世大儒的王船山，亦非常重视礼。船山认为在古代四书、五经中，唯有礼处于核心地位，他甚至提出了六经之教皆归于礼的思想。他说：

"六经之教，化民成俗之大，而归之于《礼》，以明其安上治民之功而必不可废。盖《易》、《诗》、《书》、《乐》、《春秋》皆著其理，而《礼》则实见于事，则五经者礼之精意，而《礼》者五经之法象也。故不通于五经之微言，不知《礼》之所自起；而非秉《礼》以为实，则虽达于性情之旨，审于治乱之故，而高者驰于玄虚；卑者趋于功利，此过不及者之所以鲜能知味而道不行也。"① 在群经当中，《易》居于首位。船山却将群经之教皆归结为礼，可见礼之价值之大及其重要地位。

在船山看来，礼之价值巨大，对实现和谐社会有着不可低估的作用。我们所面临的一个重要问题就是：以礼构建和谐社会是否可能？或者说以礼构建和谐社会何以可能？也即通过礼对人之心、性、情乃至行为的调适以达和谐有没有可能？易言之，礼之调适在何种层面上成为可能？礼之调适何以可能，这是船山构建和谐社会的前提与基础。在回答礼之调适的问题之时，船山的人性论思想是一个决定性的因素。因为以礼调适人之心、性、情以及人之行为，首要的基本理论前提是调适的对象是人性为善的问题。传统儒学所提出的关于人性的基本问题，无论是孟子的性善论，还是荀子的性恶论，其价值指向均指向为善。② 因之，就礼之调适的对象而言，人性为善是实现内心世界、人与人、人与社会和谐的前提与基础。事实上，人性为善是礼之调适的基本前提，同时礼之调适也有助于人性更好地趋向于善。因为人性为善，有助于调适人之行为；通过调适人之行为，

---

① 《经解》，《船山全书》（第四册），岳麓书社，1991，第1171页。

② 陈力祥：《王船山礼学思想研究》，巴蜀书社，2008，第110～118页。孟子的人性为善，走的是一条道德先验之路，依据的是内心道德良知的扩充，最终人性的价值指向为善。其次，荀子虽然提出了人性为恶，但并非说的是人性本恶，而是说人在遇到外物的过程中，人之情已发，欲不可遏，此情此景，人性似乎偏离了孟子所说的人性轨道，即表现为恶。荀子的"人性为恶，其善者伪也"的基本命题，说明人性并非天生为恶、不可更改，而在一定层面上说，人性通过后天的教化能得到改变，使人之性趋向于善。由此，无论是孟子的人性善，还是荀子的人性恶，人性观最终的价值取向是一致的，即他们的人性最终趋向于善，最终的结果是一样的。但他们的路径却大相径庭：孟子走的是一条内在超越之路，通过内在的道德理性的扩张，通过先天的道德理性的进一步扩张而成。而荀子则走的是一条外在超越之路，荀子人性思想的逻辑起点是人性为恶，但只要通过外在人为因素的教化与教导，提升人之道德修养，最终也可实现人性为善的目标。因之，无论是孟子的性善论，还是荀子的性恶论，其人性的价值指向是基本一致的，虽然孟子和荀子关于人性思想的逻辑起点不同，但他们的人性观殊途同归：指向为善。

也能更好地推进人性为善，此乃一体两面的事情。其实，人性为善与推进礼之调适之间本身并不矛盾：人性为善，能更好地促进礼之调适；同时，礼之调适，也能在原有基础之上更好地推进人性趋善。

如果调适对象人性为恶，也即人性本恶，则没有被调适的可能。如董仲舒所说的人性三品：圣人之性，本身为善，不需要教化即可成就人之善性；中人之性，则其人性可善、可恶，如将之往善的方向引导教化，则可为善。至于斗筲之性，在董仲舒看来，此类人天生为恶，是没法改变的，因之，礼之调适的对象，就斗筲之性而言，是没有任何调适的可能性的。人性善恶的问题，关涉到礼之调适的关键，系礼之调适对象是否可能被调适的问题。只有在预设的理论前提条件之下，将礼之调适的对象人性预设为善，唯其如此，礼之调适以和谐人之心、人之性、人之情才有可能，才能实现人与人之间、人与社会之间的和谐。可见，人性为善是礼之调适并实现和谐社会的理论前提。因为人性为恶，即使人性不是本恶，以礼调适也存在困难。在船山看来，人之性恶，外在表现为人之情已发，人之欲贲张，如此，必然导致人之内心世界的矛盾与冲突；人之欲望促使人"发情"，进而势必影响到人与人之间、人与社会之间的稳定与和谐。因之，人性为善是以礼调适并实现和谐社会的基本前提。可见，欲实现船山关于以礼调适并实现礼宜乐和的和谐社会，关键在于解决一个关键性技术难题：人性善恶的问题。这是解决船山提出的和谐社会的一把"金钥匙"。

为了建构礼之调适视域中的和谐社会，人性为善是其基本前提，唯其如此，以礼调适的对象才能趋向于善，并因之而实现人之内心世界、人与人之间、人与社会之间的和谐。因之，船山对其人性思想进行了阐释，明确提出了"人性皆善"[①] 的思想，并对人性思想进行了形而上的论证与说明，对人性为善的思想也进行了内在德性的形而上的论证与说明，从而为其礼宜乐和的和谐社会提供了理论前提。

学术界对船山思想的研究可谓盛矣、多矣。学术界关于船山人性为善的思想已成定论，但目前关于船山人性为善思想的说明，可以说只知其

---

① 《卫灵公第十五》，《船山全书》（第七册），岳麓书社，1990，第867页。

然，而不知其所以然。更为夸张地说，学术界关于人性为善、为恶、无善无恶等人性思想的说明，大多都是趋向独断论的阐释。在中国儒学史上存在孟子的性善论、荀子的性恶论、董仲舒及韩愈的性三品论、扬雄的人性善恶混、王充的性有善有恶、程朱理学家的"性即理"等人性论思想。先哲们关于人性思想为善的阐释，说明了以礼调适人之内心世界、调适人与人、人与社会、人与自然之间的关系是可能的，也即人性为善是和谐社会得以实现的前提与基础；如果人性为恶，也即以礼调适的对象没有被调适至善的可能。船山关于人性为善的思想论证，也间接说明了道德意识的起源问题。仔细分析先哲们关于人性思想的论断，实际上都是一种独断论人性论。先哲们对人性的阐释，论证要么"不明"，要么"不备"。比如孟子说人性为善，只是从日常生活出发进行简单的论证：小孩掉到井里，有良知之人自然产生"恻隐之心"，这是孟子关于人性为善的简单论证。当然，孟子关于人性为善思想的论证，还从天赋观念角度进行了简单阐释，弥补了关于人性为善思想的论证。船山人性为善的思想既"明"又"备"：从哲学本体论的角度论证了人性为善；气质之偏的人也可为善；善乃人之独。船山关于人性论思想的论证，说明了船山是儒家思想特别是宋明理学的继承与开新者；同时也合理地论述与说明了道德意识的起源问题。

一　船山人性为善的形而上学批判①

对事物背后的原因不断进行反思与追问，这即是哲学的思维方式。对任何事物的理解，不能仅仅满足于知其然，还要知其所以然，这才是哲学的追问所带来的人类智慧的提升。船山乃明末清初的思想巨擘，他对人性思想的探索采取一种哲学的思辨模式，解决了历代哲人关于人性论思想论证的"不明""不备"之缺憾，实现了人性论思想的既明又备的论证与说明。船山认为人性为善，这一点与孟子无异。但船山并非独断论者，他关于人性为善的思想，从形而上层面阐释了人性为善的问题；换言之，船山

---

① 李秀娟、陈力祥：《人性为善何以可能——王船山关于人性为善思想的形上学批判及其人文价值》，《中南大学学报》2010 年第 1 期。

关于人性思想的论证与说明，既知其然，又知其所以然。

船山就人性为善问题进行了比较严密的逻辑论证。首先从本体论的角度阐释了其人性为善的观点。

众所周知，王船山是典型的气本论哲学家。在他看来，宇宙万物皆由气构成，最终又反归于气。在船山本体论哲学中，气的层次有三级：太虚之气、缊缊之气、阴阳二气。而阴阳二气又有二气之良能。从船山气本哲学层面进行分析，可以发掘船山人性为善的当然之则。

船山认为，宇宙万物都有一本质的存在，这种本质的存在就是万物同源的"气"，换言之，"气"是宇宙万物存在的共有质料。宇宙中并非虚空，而是实有。太虚之中唯气而已，太虚并不是无，而是有。"太虚，一实者也。"① "虚"即是"实"，"实"即是气，只不过这种"实"在太虚当中，有体而无形，"言太和缊缊为太虚，以有体无形为性，可以资广生大生无所倚，道之本体也。二气之动，交感而生，凝滞而成物我之万象"②。太虚有体无形往往容易被称为无，其实这种"无"即宇宙万物得以产生的原因，"无"即是实有，而并非真正的"无"。"无者，浑然太虚，化之所自均，无可为名，而字之曰无。"③ 在船山看来，太虚之"无"只不过是名而已，并不是真正的无，而是实有，"无形者，非无也。静而求之，旷渺而观之，宇宙之间，非有无形者"④。太虚既是无，则何以体现为有呢？这有赖于外物的有形之气方显。船山说："太虚者，心涵神也；浊而碍者，耳、目、口、体之各成其形也。"⑤ 太虚虽无形，但通过感觉器官就能感觉到它的形状，这样也就表现为显、为有形。但太虚确实无形，无形而不显，这背后的动因又是什么呢？船山作了进一步追问，其原因是："太虚无形，合万化而不形者，天地之神也。"⑥ 天地之神造成了太虚之无形而不显，从形上层面解答了太虚无形不显，走的是一条天人相绍之路。太虚虽无形不显，但并非静止不动，太虚构成了一个不断生化

---

① 《思问录内篇》，《船山全书》（第十二册），岳麓书社，1992，第402页。
② 《太和篇》，《船山全书》（第十二册），岳麓书社，1992，第40~41页。
③ 《天地》，《船山全书》（第十三册），岳麓书社，1993，第245页。
④ 《庚桑楚徐无鬼则阳》，《船山全书》（第十三册），岳麓书社，1993，第514页。
⑤ 《太和篇》，《船山全书》（第十二册），岳麓书社，1992，第31页。
⑥ 《天地》，《船山全书》（第十三册），岳麓书社，1993，第245页。

的动态宇宙生态图，体现生生不息的动态过程。"太虚者，本动者也。动以入动，不息不滞。"① 虚本身因为无形而不显，但其内部实际上是一种运动不息、不断生灭的过程。这种生生不息的过程，说白了就是气的生生不息、不断运动变化的过程。太虚之动，"皆太虚之和气必动之几也"②。总之，太虚非无，而是有，是实有。

船山是宋明理学主流派之气学派，他认为人及宇宙万物的化生都源于气。人是"二气之良能"而成的，这决定了人在宇宙中的主宰地位。

人与其他宇宙万物在本原性的气上是一致的，而且这种本原之气的混沌状态是絪缊之气，絪缊之气的运动变化产生阴阳之气。船山认为阴阳二气中又存在"二气良能"，在宇宙万物的产生过程中，人是由"二气之良能"形成的，而其他宇宙万物则是由絪缊之气变化发展后的阴阳二气而成。这样，在本原论的角度，船山通过"二气之良能"，清晰地分析了人之生与物之生的差异所在。换言之，由于人与宇宙万物在气的层级上的差异，是导致人优于宇宙万物的前提性条件，也为船山人本主义哲学提供了理论前提。

船山作为气学派的代表，认为人及宇宙万物的化生都源于气。人是"二气之良能"而成，这决定了人性为善，决定了人在宇宙中的主宰地位。

人与其他宇宙万物在本体论的角度是一致的，这是毫无疑问的。但船山所说的气是分为层级的。气有三种层次：有絪缊之气、有阴阳之气、有良能之气。这种本源之气的混沌状态是絪缊之气，絪缊之气的运动变化产生阴阳之气，阴阳二气也能回复到絪缊之气，阴阳之气与絪缊之气是可以互相转化的。阴阳之气中涵盖着良能之气，是气中高层次之气。船山所说的良能之气不能回复到阴阳之气，亦不能回复到絪缊之气。由此也就间接说明了人作为宇宙间的高等动物，所禀赋的是良能之气，是一种比较高等之气。这样，从本原论的角度，通过"二气之良能"，清晰地分析了人之生与物之生的差异所在。换言之，由于人与宇宙万物在气的层级上的差

---

① 《系辞下传第五章》，《船山全书》（第一册），岳麓书社，1988，第1044页。
② 《可状篇》，《船山全书》（第十二册），岳麓书社，1992，第364页。

异，是导致人性为善的前提条件。

船山认为人不但是"二气之良能"化生，而且人之性与动物之性的本体论依据都是气化使然，"气"是万物之性的本体论依据。阴阳二气所涵盖的"二气之良能"是善气，当然，阴阳之气当中亦有不善之气。由此，气有善与不善之分，也即气有两面性。船山云："大要气能为善，而亦能为不善。"① 这里的气是指阴阳二气而言。人之性所禀赋的是善气，因为人之化生本就是禀"二气之良能"而生。因此，人之性所禀赋的必然是气能为善的一面，则人之性是可以为善的。其他宇宙万物所禀赋之气为阴阳之气或者是绷缊之气，因此，其他宇宙万物之性可善、可为不善，与人之性不同。因为在船山看来，"人不能与天同其大，而可与天同其善，只缘者气一向是纯善无恶，配道义而塞于天地之间故也"②。人之性所禀赋的是纯善无恶之气，这指明了人之性本善的本体论依据。不仅如此，船山还从得位与不得位的角度阐释了人之性本善的依据。船山曰："先天之动，亦有得位，有不得位者，化之无心而莫齐也。然得位，则秀以灵而为人矣；不得位，则禽兽草木，有性无性之类蕃矣。既为人焉，固无不得位而善者也。"③ 在天地之中，人的位置的合适与否，决定着人性为善的先决性。人所禀赋的是宇宙"秀以灵"之气，决定了人之性为善。人所禀赋之气的优先性决定了人在宇宙当中的主体地位，也同样决定了人之性善的先在性依据。在船山看来，人性为善，这是宇宙之理，或是宇宙之道使然。"道大而善小，善大而性小。道生善，善生性。"④ 从宇宙之气的存在，到人因禀赋而存在的优先性，乃至人之性善，皆是宇宙之道使然。船山从本体性的气说明了人性为善，相比孟子抽象而空洞的独断论人性为善，船山人性为善的思想显得完备而充分，为其道德意识的起源、道德形而上学奠定了基础。

船山不仅从形而上学角度阐释了缘何人性为善，说明了人性为善的质料因，同时其人性为善的思想还承继了理学家们所倡导的"继善成性"

① 《季氏篇》，《船山全书》（第六册），岳麓书社，1991，第 847 页。
② 《告子上篇》，《船山全书》（第六册），岳麓书社，1991，第 1059 页。
③ 《滕文公上篇》，《船山全书》（第六册），岳麓书社，1991，第 963 页。
④ 《系辞上传第五章》，《船山全书》（第一册），岳麓书社，1988，第 1006 页。

思想，从动力因的角度阐释了缘何为善的问题。

在中国古代哲学中，理学家们的"继善成性"思想，源自《易经·系辞》中"一阴一阳之谓道，继之者善也，成之者性也"的基本思想。显然，人性之成，关键还在于"继"，这种"继"的对象是"道"，也即人性为善之道。船山人性为善的形而上学基础为"气"，那么他所说的"继"的对象，即"继"气而成就其人性为善之思想。表面看来，人性为善的思想——人之"继"，说明人只是出于一种被动的接受人性为善的思想，事实上，在船山关于人性为善思想里面，还有一个极为关键的层面，即在本体层面天命之谓性。这里所说的"天"，即是船山人性为善思想的本体层面，即是说，人性为善的思想，来自本体层面的天，而天即太和之气，船山曰："既云天，则更不可析气而别言之。天者，所以张主纲维是气者也。"①"天之阴阳五行，流荡出内于两间……天即此为体，即此为化。"② 因之，船山所说的天，也即我们所说的太和之气。而成就人性为善之道，也即成就人性之太和之气中的"二气之良能"，只有这种良能之气，才是"继"的对象。可见，船山的"继善成性"具有两个基本特征：其一，是成就人性思想的天命之说。诚如船山所说："性何所自受乎？则受之于天也。天以其一真无妄之理为阴阳、为五行而化生万物者曰天道。阴阳五行之气化生万物，其秀而最灵者为人，形即成而理固在其中……曰人道。是人道者，即分其一真无妄之天道以授之，而成乎所生之性也，'天命之谓性'也。"③ 人"继善成性"的是天命使然，这是"继善成性"的前提与基础。主体的天命，是一种主动的施予，同时，在"继善成性"之余，人必须接受"天命"，这就是我们所说的"继"，"继"的对象是"继"天之命，如此，方能实现我们所说的"继善成性"。可见，船山所说的"继善成性"，表现出两个基本特点：其一，是"继善成性"主体的天命；其二，有继善成性的被动接受方。人之"继"是最为关键的，因之，"继善成性"是主客双方所认定的双向互动，如此，方能成就我们所说的"继善成性"。因此，船山说："'继'者，天人相接续之际，命之流

---

① 《第一章》，《船山全书》（第六册），岳麓书社，1991，第459页。
② 《第一章》，《船山全书》（第六册），岳麓书社，1991，第454页。
③ 《第一章》，《船山全书》（第七册），岳麓书社，1990，第105页。

行于人者也。"① 故此，人之所为人、之所以人性为善的思想，关键还在于"天人相绍"。船山曰："天人相绍之际，存乎天者莫妙于继。"② 恰当地说明了人性为善何以可能的基本问题，也说明了"继善成性"的具体逻辑过程。

具体如何"继善成性"，船山进行了深入论证。船山认为，天人之间，唯有通过继善成性，才能成就人之善性，易言之，人之善性只有通过天人相继才能在实践中彰显人之善性。在船山看来，"人物有性，天地非有性。阴阳之相继也善，其未相继也不可谓之善。故成之而后性存焉，继之而后善著焉。言道者统而同之，不以其序，故知道者鲜矣。性存而后仁、义、礼、知之实章焉，以仁、义、礼、知而言天，不可也。成乎其为体，斯成乎其为灵。灵聚于体之中，而体皆含灵。若夫天，则未有体矣。相继者善，善而后习知其善，以善而言道，不可也。道之用，不僭、不忒，以不偏而相调。故其用之所生，无僭、无忒以无偏，而调之有适然之妙。妙相衍而不穷，相安而各得，于事善也，于物善也。"③ 船山此言，说明了几个最基本的问题：其一，人性为善，不能脱离最基本的"继"，不能脱离最本质的天；其二，成性之后，人类最基本的道德理性才能得以凸显；其三，说明了人类最为基本的道德理性的问题，也即成善之后将对世界万事万物之间的和谐均大有裨益。可见，"继善成性"关键在于"继"，也即承续上天之善，成就人世间之善。只有在"继"的基础之上，"善"方能有连续性与发展性，这是一条颠扑不灭的真理。"继"之后，人性为善的思想必然在道德践行中得以凸显其善，所谓"善者因事而见"④ 是也。

此外，"继善成性"的具体完成，还不能脱离我们所说的"一阴一阳之谓道"。"继"的对象是孤阴，或者说孤阳之"继"均不能成就人之善。"继善成性"中的"成"，说的是凝聚之意，就是说，孤阴、孤阳均不能凝聚人之性，孤阴、孤阳不能成其为道，而人所"继"的却是道。因之，

---

① 《系辞上传第五章》，《船山全书》（第一册），岳麓书社，1988，第 526 页。
② 《系辞上传第五章》，《船山全书》（第一册），岳麓书社，1988，第 1007 页。
③ 《系辞上传第五章》，《船山全书》（第一册），岳麓书社，1988，第 1006 页。
④ 侯外庐：《中国思想通史》第五卷，人民出版社，1957，第 93 页。

人不能"继"无道而凝性,人所能"继"的必然是有道,也即继一阴一阳之道,因此孤阴、孤阳不能成其为道,"惟其有道,是以继之而得善焉,道者善之所从出也。惟其有善,是以成之为性焉。善者性之所资也。方其为善,而后道有善矣方其为性,而后善凝于性矣"①。可见,船山所说的"继善成性"必然是阴阳之道才能成其性,由道才能凝聚成性。从天命之谓性,到"继善成性",所走的是天人相绍之路,最终成就的是人之性善,完成了从一种本体层面到现实层面的人性为善之路。唯有通过"继",才能保持人性为善的本真。故此,"继"乃人性为善的根本之所在。"继之则善矣,不继则不善矣。天无所不继,故善不穷人有所不继,则恶兴焉。"②

鉴于人所禀赋的气不一样,禀赋的是二气之良能的,则其"继善成性"凝聚成善性,如若禀赋的气不是非常纯正之气,则人可能变成气质偏之人。气质偏之人,其人性可能为善吗?

二 习成:气质之偏人性为善何以可能

以上船山从本体上把握人之性可以为善,在具体现实生活中,人有气质之偏,船山认为此类人性亦可为善。如果此类人之性可以为善,那么又是如何为善呢?船山首先进行了自我发难。他说:"后天之性,亦何得有存不善?'习与性成'之谓也。先天之性天成之,后天之性习成之也。"③船山将人之性分为先天与后天,先天之性是天成的,是纯善的;后天之性是习成的,可为不善。人之性先天纯善,而后天由于气禀不同,加之习成,故造成人性之偏。"盖人性虽无不善,而气禀有不同者"④,气禀造成了人性有偏,人性有偏,则人性不善,如何让人之性偏向性善转变,船山认为习成是最为根本的。习成人性之善的途径主要有如下几种:内心自省;外在教化;后天习成。此三种途径都是人性为善之根本途径,可以统称为习成。

---

① 《系辞上传》第五章,《船山全书》(第一册),岳麓书社,1988,第1007页。
② 《系辞上传》第五章,《船山全书》(第一册),岳麓书社,1988,第1008页。
③ 《滕文公上篇》,《船山全书》(第六册),岳麓书社,1991,第962页。
④ 《中庸》,《船山全书》(第四册),岳麓书社,1991,第1282页。

船山对气质之偏之人的人性如何为善进行了详细阐释。首先，气质之偏者内心自省，自强不息，则能恢复善性。船山说："闻道有早莫，行道有难易，然能自强不息，则其至一也。"①《乾》卦"《象》曰：天行健，君子以自强不息"②。气质之偏并不可怕，关键是要树立自强、自立的观念，坦然面对气质之偏，关键在于抑人之情，过分的情与欲能使人丧失善性，因此，人必须抑人之情方可使人之善性不丧失。因此，气质偏之人若能做到自强不息，则能使自己恢复到本然之善性。船山云："天下之各有所耻也不一矣，而独知所耻，此知之动，即绝乎不善而奋以趋善者也。"③此乃解决的办法之一，这是通过内圣的方式使人恢复本然善性。其次，船山认为通过外在教化之途径，亦可扭转气质之偏者，使其人性复归于善。船山云："人性皆善，而其类有善恶之殊者，气习之染也。故君子有教，则人皆可以复于善，而不当复论其类之恶矣。"④ 通过教化，使气质之偏之人可以恢复原来的善性。对于气质之偏之人，其一是通过自强不息而约束自己，从而达到性善之目标；其二是通过外在的教育手段亦可使人恢复本然之善。缘何这两种手段都可以使气质之偏的人恢复善性呢？船山认为关键在于人本身所有的善的内在特质，有趋于善的"惯性力"，于是孺子可教并趋于善。船山云："盖凡人起念之时，间向于善，亦乘俄顷偶之聪明，如隔雾看花，而不能知其善之所著。若其向于恶也，则方贸贸然求以遂其欲者，且据为应得之理，而或亦幸阴谋之密成，而不至若泛滥。"⑤人不但有善之潜质，而且还有欲为善之习性，通过教化，皆可扭转气质之偏者转而归于善。因此，善教之人关键是要善于发现人有趋于善的这一潜在之质，并及时扭转，使人归于善。对有气质偏之人，一定不能听之任之，反之则如川流决堤，危害大矣。"乃若人之有不善，则非决之谓矣。决者，因其有可往之理，而流而未畅，因顺而加以疏沦之功耳。"⑥ 人有气质之偏并不可怕，只是不能听之任之，否则危害大矣。只要教化得当，

---

① 《中庸》，《船山全书》（第四册），岳麓书社，1991，第1282页。
② 《周易·上经》，（清）阮元：《十三经注疏》，中华书局，1980，第14页。
③ 《第二十章》，《船山全书》（第七册），岳麓书社，1990，第176页。
④ 《卫灵公第十五》，《船山全书》（第七册），岳麓书社，1990，第867页。
⑤ 《第一章》，《船山全书》（第六册），岳麓书社，1991，第464页。
⑥ 《告子上》，《船山全书》（第八册），岳麓书社，1990，第680页。

这种人还是可以恢复善性的。因此，船山总结道："才因乎气禀之偏正，而性之函于心者，心得之以灵，则尽其心之用，而才之或偏或正皆可以至于善。"① 气质之偏正并不影响人之善性，气质之偏之人亦可以恢复善性。最后，后天学习，也即气质之偏之人还可以通过"后觉者必效先觉之所为"而恢复本然之性。船山认为人性皆善，即使部分人有气质之偏，还是可以通过学习的方式恢复善性："人性皆善，而觉有先后，后觉者必效先觉之所为，乃可以明善而复其初也。"② 后觉者效先决者之所为，乃是"人之性可以善也"③ 的另类方法，亦是不可忽略的一种学习方法。

总之，在船山看来，人性是善的，即使人有气质之偏，也可以通过个人自强不息、教化与学习的方式使人恢复本然之善性。因此，船山总结道："人性之顺趋于善也，引之而即通，达之而莫御，犹水之就下也，是可以知性之本体也矣。"④ 从而作出了人性为善的结论。

从宇宙万物的产生来看，人在本体论角度有着比其他动物的优先性。同时，气质之偏之人通过"习"成的三种途径，亦能使其人性逐渐转变为善。人性为善是人之所以为人的本质特征，是人区别于动物的决定性的因子，故此，船山认为人性为善是"人之独"。

三　善者"人之独"

船山认为，人之性善乃人之独，这是船山从哲学本体论角度论证得出的结论。船山始终关注人在宇宙中的地位，人在气本论方面的优先性决定了人在世界的主宰地位，亦造就了人之性善为人之独的观点。他说："乾道变化，各正性命，理气一源而各有所合于天，无非善也。而就一物言之，则不善者多矣，唯人则全具健顺五常之理。善者，人之独也。"⑤ 人之所以为人的本质存在，在于人乃"二气五行之良能"而成，二气之良能铸就了人之善性；而就宇宙其他万物来说，性之不

---

① 《离娄下》，《船山全书》（第八册），岳麓书社，1990，第527页。
② 《学而第一》，《船山全书》（第七册），岳麓书社，1990，第244页。
③ 《尽心上》，《船山全书》（第八册），岳麓书社，1990，第830页。
④ 《告子上》，《船山全书》（第八册），岳麓书社，1990，第680页。
⑤ 《诚明篇》，《船山全书》（第十二册），岳麓书社，1992，第126页。

善者多矣。

　　因此，船山认为，人之性善是人之所以为人的本质所在，是人禽之辨的内在要素。人禽之辨的内在要素即是人之性善，由人之性善表现为人有仁爱精神，人有"四心"与"四端"。人有仁爱精神，外化为彬彬有礼，而礼是人与禽兽之辨的主要因素。人之性善是人禽之辨的逻辑起点。针对此说，船山证曰："人之所以异于禽兽者，其本在性，而其灼然始终不相假借者，则才也。故恻隐、羞恶、恭敬、是非，唯人有之，而禽兽所无也；人之行色足以率其仁义礼知之性者，亦唯人则然，而禽兽不然也。若夫喜怒哀乐爱恶欲之情，虽细察之，人亦自殊于禽兽，此可以为善者。而亦岂人独有七情，而为禽兽必无，如四端也哉！一失其节，则喜禽之所自喜，怒兽所同怒者多矣，此可以为不善。乃其虽违禽兽不远，而性自有几希之别，才自有灵蠢之分，到底除却者情之妄动者，不同于禽兽。则性无不善而才非有罪者自见矣。"① 人之性善，是人与禽兽相区别的原始基点，亦是人之情善的前提条件与本质特色。由人之性善而推论出人之情善，这也是人之独而禽兽本无的本质存在。船山曰："夫无人无性，无性不善，性之善必发于情，故一触而即通，同此性即同此情。"② 由人之性善过渡到人之情善，在船山看来，这是必然逻辑，也是不证自明的事实，诚如船山所说："民性至善，天理人情自有其节，唯不足于善斯恶矣。"③ 这就是由人之性善向人之情善的过渡，船山之理由为："天理人情自有其节。"而且，这种由人之性善向人之情善的转换逻辑也只有在人身上才有所体现，而禽兽则本无。由"同此性则同此情"，则"性善而情善，情善而才善"④。由人之性善，当然能直接过渡到情善，这也是人之独而禽兽本无的特质。而且，人之性善为人有仁爱之心提供了客观依据，而有仁爱之心是礼产生的直接原因，也即仁以生礼。这就说明了船山人性为善的价值。

---

① 《告子上篇》，《船山全书》（第六册），岳麓书社，1991，第 1072 页。
② 《滕文公上》，《船山全书》（第八册），岳麓书社，1990，第 303 页。
③ 《坊记》，《船山全书》（第四册），岳麓书社，1991，第 1214 页。
④ 《系辞上传第十二章》，《船山全书》（第一册），岳麓书社，1988，第 1024 页。

四 人性善为礼之调适并建构和谐社会提供可能

船山从本体论角度说明了人性为善的形而上学依据，从现象学的角度阐释了气质之偏之人性为善的内在根据，阐释了人性为善是"人之独"。船山关于人性论思想的论证，弥补了关于传统人性思想论证之"不明"与"不备"的缺憾，从而使之成为中国古代哲学史上将传统人性论论证得最为完备与充分的哲学家。

从船山人性为善的论证中可以管窥船山秉持的是儒家思想，特别是秉持的宋明理学的真实代表①。因为至少在人性论的角度，船山走的是一条儒家的人性论心路，而且其论证既"明"且"备"。船山关于人性为善思想的论证，目的之一是说明道德意识的起源问题。人性为善的思想，亦为以礼调适人的内心世界、人与人、人与社会、人与自然之间的矛盾与冲突提供了前提与基础，对和谐社会的构建有着不可低估的价值。

自古以来，哲人们都在不断地追问一个问题，即传统的道德意识起源是如何可能的，诸多的哲学家也在不断地进行着尝试性回答。不同的回答，表明了哲人们对道德意识的起源的不同看法，从而也形成了不同的哲学学派。古代哲学家把道德意识的起源大多归结于天，从道德伦理天赋的角度阐述：宋明理学家的主流派理学派从天理的角度去说明；心学派陆王则是从本心的道德先验角度去说明道德意识的起源。

王船山则是从气本论与继善成性的角度对人性论思想进行了论证。船山对人性论思想的论证，终极价值在于论证道德意识的起源问题。道德意识起源于人性为善，在这种情况下，以礼调适人之行为才能成为可能。故

---

① 关于船山思想的归宿问题，一直是学术界乐此不疲的一个话题。船山学术思想的归宿问题基本分为两种：一种认为船山学术思想是启蒙思想的代表，是反理学的。持这种观点的代表性人物有梁启超、谭嗣同、许苏民、陈祖武等，船山思想"其动机及其内容，皆与欧洲'文艺复兴'相绝相类"，参见梁启超《清代学术概论》，上海古籍出版社，1988，第3页。另一种观点则认为船山思想属于宋明理学的范畴。代表学者有张立文、陈来、周兵等。如张立文先生认为："船山之异是理学内部之异，非为反理学者。"参见张立文《正学与开新——王船山哲学思想》，人民出版社，2001，第41页。周兵：《天人之际的理学新诠释——王夫之〈读四大全说〉思想研究》，巴蜀书社，2006，第13~18页。本书从张立文、周兵等学者的观点。

此，船山人性为善的论证，为其道德意识的起源提供了人性论依据，亦为以礼之调适实现礼宜乐和的和谐社会理想提供了理论基础。传统的道德伦理意识中的德性伦理也好，规范伦理也罢，其根源都在于人性为善。船山关于道德意识起源的论证说明，并不在于他提出了人性为善的陈词滥调，而是在于对人性为善的背后动因的考察，使他对儒家的人性论思想作了既"明"又"备"的论证。也正是因为关于人性思想的论证，使船山道德意识的起源说更合乎理性。

船山所论证与说明的人性本善，目的就在于以礼调适人之行为，与礼之起源的问题是异曲同工。礼之产生，其本身亦是为调节人与人之间的关系，这是荀子关于礼之起源的观点。

"礼本心生"，这是船山所认为的礼的起源之一。换言之，礼之起源是以人之性善为其逻辑前提的。显然，人性善，才能在日常生活中"循礼之经""行礼之权"，并以此去调适人之行为，使人之行为表现出和谐的迹象。在船山看来，"人性皆善"①，因此，人性趋善是礼产生的人性论依据，亦是以礼调节人之行为的先决前提；易言之，人性为善是道德意识——礼产生的逻辑前提。船山关于礼之源流的阐释与荀子关于礼之源流的阐释可谓是殊途而同归。所谓"殊途"，是指船山以人性善为出发点，认为人性善是礼产生的直接原因，因为只有趋善之人，才能在内心世界仁以生礼，性善之人才能在日常生活中以礼去调适人之行为，并使人之行为彬彬有礼。即是说，礼只有在至善之人那儿才能产生。荀子走的则是一条相反的道路，他认为人性为恶，因而需要以礼节制、调适人之行为，这是礼产生的原因。荀子云："礼起于何也？曰：人生而有欲，欲而不得，则不能无求；求而无度量分界，则不能不争；争则乱，乱则穷。先王恶其乱也，故制礼义以分之，以养人之欲，给人之求，使欲必不穷乎物，物必不屈于欲，两者相持而长，是礼之所起也。"② 故此，礼存在的意义和价值就是调适人与人之间因人欲而起的争斗。有人欲，则社会争乱由此而起，人欲是人类不和谐的因子，故此，必须以礼

---

① 《卫灵公第十五》，《船山全书》（第七册），岳麓书社，1990，第867页。
② 《荀子·礼论第十九》，（清）王先谦：《荀子集解》（下），中华书局，1988，第346页。

调适这种争斗并以此而实现和谐社会。只有以礼调适人之行为，才能实现人之行为的和谐。船山与荀子的礼之源流学说，走的都是一条人性论之路，二者似乎存在相同的地方，但分析起来又有差异。船山走的是人性本善之路，而荀子走的是人性为恶之路，但二人都从人性论角度论证了礼之起源问题，最终可谓是殊途同归。船山善于逆向思维，船山礼之源流的人性论依据，恰恰是由荀子礼之源流性恶论的反思而得。船山礼之源流源于性善说，体现了时代精神的精髓。船山生活的时代是一个"礼崩乐坏"的时代，是一个人性泯灭的时代，颠沛游离的生活使他渴望和平、渴望人性本善的礼乐文明生活。故此，以礼调适人之行为，并实现船山视域中的和谐社会，是礼产生的原因，同时亦是礼存在的客观依据。

总之，人性为善，一方面为人类道德意识的起源提供了前提与基础；另一方面，为我们以礼调适人与人、人与社会之间的矛盾与冲突提供了可能。从和谐社会以礼调适的对象来说，唯有人性为善，才能使以礼调适人之心、性、情以及调适人与人之间的关系成为可能，进而实现和谐社会之建构。

第二节　船山和谐社会的价值旨归

上文业已说明以礼调适而实现和谐社会是可能的，但我们始终关注的问题是，船山和谐社会的价值指向是什么？换言之，船山和谐社会一以贯之的主线是什么？弄清了这个问题，也就解释清楚了船山构建和谐社会的目的及其宗旨。

中国传统儒学关注人的问题，关注人如何成圣、成贤。船山是典型的人本主义者，从他对整个社会的责任担当、对构建和谐社会的渴望可窥出他的人本主义情结。船山的和谐社会思想，其价值指向是人，最终落脚点亦是人。

一　船山和谐社会的价值旨归："以人为依"

在船山的哲学思想体系中，对和谐社会的渴望，肇始于所处的动荡时代，他对和谐社会渴求的心情是一般人所难以体悟的。作为天地硕儒，船山有着很强烈的民生、民本情结。他一生"希横渠之正学"，并自谦"力不能企"。船山始终以"横渠四句"作为自己的奋斗目标，并为此而不懈努力："为天地立心，为生民立道，为去圣继绝学，为万世开太平。"① 表明了一代天地大儒的良知与境界，也表明了他欲奋斗一生的斗志与人生的主旨。船山以"六经责我开生面"的强烈历史责任感，担当起天地之重任。他渴望和谐社会，亦试图构建与践行和谐社会，实现礼宜乐和的和谐社会理想。贯穿船山和谐社会的主线即是人。船山多次提及要"依人建极""以人为依"，这恰恰说明他是典型的人本主义者。船山终生奋斗，其目的就在于能以一种积极的姿态为人类谋取更大的福音。因此，"人"乃船山和谐社会构建的价值指向。

中国传统哲学一直关注人的问题，儒家哲学关注的是人如何成圣、成贤。明末清初的船山在人本主义哲学思想方面更是有自己的理解，他将人在宇宙的地位上升到一个比较高的位置。诚如船山所说："言道者必以天为宗，必以人为归。"② 在此，船山的人本主义哲学得到凸显。也就是说，人世间的一切活动都必须以人为根本宗旨、以人为根本目的，不能将人视为手段，而应该将人视为目标，也即船山所说的"依人建极"与"以人为依"，由此而真正凸显人在整个宇宙世界的主宰地位。

船山哲学思想的宗旨是人，也就是说，船山的哲学思想一切都是以人为根本的出发点与归宿点。船山学的核心即是使人如何能成为贤人、更好地发挥人本主义的学术宗旨。一句话，人是船山学的核心主旨，船山学的一切都是围绕着人而展开的。在船山看来，只有"以人为依"，围绕着人本主义展开活动，才能有利于社会的和谐，有利于社会秩序的稳定。诚如船山所言："道之生人，以人为依，则人极建而天地之位准矣。"③ 船山此言，说明了宇宙中的万物按照一定的规律运行，人是宇宙当中的万物之灵，只有以人为根本的出发点与归宿地，才能使宇宙万物的和谐之序建立

---

① 《拾遗·近思录拾遗》，《张载集》，中华书局，1978，第 376 页。
② 《多士》，《船山全书》（第二册），岳麓书社，1988，第 381 页。
③ 《泰》，《船山全书》（第一册），岳麓书社，1988，第 850 页。

起来，"以人为依"，才能真正建立起人世间的最高标准与道德法则，使整个人类社会处于和谐之中。这就是船山所说的天地之位准的最好阐释。对于宇宙秩序而言，首先应该确立的是人本主义哲学，如此才能取得人世间的和谐与稳定。不仅如此，船山还认为，如若能"以人为依"，不仅能实现人类社会的和谐，还能实现天地之间的宇宙和谐，这即是船山所言的"以人为依"，则"人极建而天地之位定也"①。船山此言，恰恰说明了宇宙秩序和谐的前提与基础。宇宙秩序的和谐离不开宇宙秩序的和谐之道，天道也好，人道也罢，在船山看来，其核心主旨最终都是"以人为依"的。为此，船山从正反两方面阐释了人文主义的哲学思想：首先，船山认为宇宙之道必然"以人为依"，如此，宇宙和谐之道才能真正在人世间得以践行。反之，作为宇宙万物之灵的人类若不能取得宇宙和谐之道，那么宇宙和谐之道也就没有存在的意义。因为"道行于乾坤之全，而其用必以人为依。不依乎人者，人不得而用之，则耳目所穷，功效亦废，其道可知而不必知。圣人所以依人建极也"②。为此，船山得出了和谐社会的核心主旨是"以人为依"，如此，才能真正体现人本主义的哲学思想，也才能在此基础之上进一步推进和谐社会的构建。故此，船山才有"存人道以配天地，保天心以立人极"③ 的人本主义的感慨。由此，我们可以管窥船山人本主义哲学思想的基本理路：以人为本→道行于乾坤之全→和谐社会的理想秩序；若欲构建和谐社会，遵循的基本理路为和谐社会→以人为本→道行于乾坤之全。船山在此恰当地阐释了"以人为依"与构建和谐社会的关系。也就是说，构建和谐社会必然"以人为依"，如若能"以人为依"，则必然能实现社会的安定与和谐，和谐社会之道才能更好地贯彻执行。故此，船山认为"道不虚行，存乎其人"④。表达了以礼调适并实现和谐社会的人学宗旨，表达了和谐构建的一以贯之的一条主线，即"以人为依"的思想主旨。

学术界关于船山人本主义思想的探讨较多，普遍认为，船山学的一个

---

① 《泰》，《船山全书》（第一册），岳麓书社，1988，第852页。
② 《泰》，《船山全书》（第一册），岳麓书社，1988，第850页。
③ 《复》，《船山全书》（第一册），岳麓书社，1988，第883页。
④ 《大禹谟二》，《船山全书》（第二册），岳麓书社，1988，第267页。

核心主旨在人。徐苏铭先生认为："船山人学的主旨是以人合天，设人位，依人建极，即以人为本。"① 熊考核先生说："船山学的人文精神立足的是人，关注的是人，提升的是人，一句话，就是人怎样成其为人，人又怎样去做人。"② 学术界认为船山学是人本主义学说，可以说是只知其然，而对其所以然却未尝涉猎。

人本主义哲学思想是贯穿船山思想始终的一条主线。船山人本主义哲学似乎是一独断论式的结论，也即学术界对船山人本主义哲学思想只知其然，不知其所以然。我们应对船山构建和谐社会的主旨——人本主义哲学思想作进一步的追问与考察，使船山人本主义哲学思想在形而上层面能够更好地得以体现。

二 船山和谐社会价值旨归的人本主义形而上学批判③

船山和谐社会的价值旨归在人，从哲学本体论角度探讨船山人本哲学的背后动因，是说明船山人本主义哲学思想的另一路径。人是万物之灵，人与宇宙万物有着共同的本体，即元气一元论。从元气一元论来看似乎人与万物无异，但如果我们对船山人本主义哲学的本体论层面作进一步分析的话，可以看出人与万物之差异。船山虽然强调的是气本论的层面，但他所说的一元论之气是有层次的：太虚之气、絪缊之气、阴阳二气（含二气之良能）。人能禀赋"二气之良能"，宇宙其他万物则不能，这是船山人本主义哲学形成的真正原因。除此之外，船山认为人与宇宙万物皆受命于天，说明人禀赋"二气之良能"亦是受命于天。因此，从形而上学角度来说，船山人本主义哲学的关节点在于其形上层面的气的层级性，即人乃"禀赋二气之良能"而成，此乃"人之独"，也是船山人本主义哲学的内在动因。

（一）万物一府与气本体的三层次

王船山是典型的气本论哲学家，在其本体论哲学中，气之层次有三级：太虚之气、絪缊之气、阴阳二气。阴阳二气中又有二气之良

---

① 徐苏铭：《王夫之人学论纲》，《衡阳师范学院学报》2004 年第 4 期。

② 熊考核：《王夫之人论》，《衡阳师范学院学报》2002 年第 5 期。

③ 陈力祥：《王船山人本主义哲学思想之形上学批判》，《船山学刊》2010 年第 2 期。

能。从船山哲学本体层面进行分析，可以发掘出船山人本主义哲学的真正动因。人本主义哲学思想的关键动因在于人所禀赋的是二气之良能，其他宇宙万物所禀赋的气则是层级较低的气，故此，人在宇宙中起着主宰的作用。鉴于前文对宇宙万物之本体已有阐释，在此不再赘述。①

从哲学本体上来说，太虚之气是一种共相，是绸缊之气与阴阳二气的总名，三者之间的关系在于：绸缊者气之母，而绸缊的内部结构是阴阳，阴阳是气产生运动的动力机制，是万物赖以产生的动力源泉。船山所说的气，则是万物得以存在的形而上角度的抽象。这种"气"已经脱离了具体物质形态的气之蕴含，脱离了粗俗的本原论，而是本体层次上更高的抽象，亦可称之为共相之气。共相之气是人以及其他宇宙万物产生的质料，亦是其他宇宙万物产生的必然性之道。关于气的逻辑演变，由老子的"万物负阴而抱阳，冲气以为和"始，到管子的精气说、荀子的万物根源论、《周易》的"精气为物"、《淮南子》的元气生成论、杨泉的元气自然本体论、柳宗元的元气自动论、宋明理学时期张载的气本体论，经王廷相、罗钦顺等人发展，最后发展到王船山的元气一元论。气的逻辑发展，遵循的是与当时时代相适应的哲学动态过程。如宋代的气本论，与宋代的理学背景相适应，气的抽象性既融合了佛老的思辨性，同时又具有玄学的形上性，道德伦理的先天性都在气中。船山气学承续了理学的气学特征，同时在更高层次上抽象出了气学思想的理学特征，即本体性、思辨性、道德伦理化的气学思想。从万物本原角度来说，船山认为气是万事万物的根源。船山说："天地之有元气，以之生物。"② "气者，资生之气也，故土周乎木火金水而皆资焉，无能离也。"③ "天地人物之气，其原一也。"④船山的根本宗旨是为了说明气是天地万物之本原，抽象出来的更高层次的气是天地万物产生的基础和质料，而这种抽象出来的气同样也是天地万物赖以存在的道或理。严寿澄先生从本原论的角度，对船山的气一元论进行

---

① 此处参见第一章第二节船山和谐理念之形而上学基础。
② 《阳货篇》，《船山全书》（第六册），岳麓书社，1991，第864页。
③ 《月令》，《船山全书》（第四册），岳麓书社，1991，第413页。
④ 《告子上篇》，《船山全书》（第六册），岳麓书社，1991，第1052页。

了总结。他说："宇宙间森罗万象，无非是一气变化的不同状态或面相。"① 严先生对船山的气一元论进行了高度概括与总结，凸显出船山"万物一府，死生同状"的气本一元论思想②，这一方面从本体论角度说明了天地万物之源，同时也从侧面说明了天地万物的生存抑或灭亡，都是气的不同面相而已。

宇宙中万事万物都是气之神化的结果，就是说，万事万物的本原都是同一之气。从哲学本体论方面来说，气有三层次是船山人本主义哲学的理论前提，也为船山人本主义哲学奠定了理论基础。人所禀的是"二气之良能"，这种禀赋亦是天命使然，因为船山认为人物受命于天，这为船山人本主义哲学提供了动力机制。

（二）人物之生资始于天

在船山看来，宇宙间万物的化生，皆受命于天。因为天具有两方面的职能：其一，天是最高的主宰；其二，天具有生化万物之德。"天地之间，流行不息，皆其生焉者也。故曰'天地之大德曰生'。"③ 天地之德会平施万物，"通乎万类，会嘉美以无害悖，其德均也"④。一方面天具有大德；另一方面，天之大德还会关照宇宙众生，均施其德。天地万物均有其德，乾为阳，为天；坤为阴，为地。天地有其德，也即乾坤有其德，因此天地之大德生，也即乾坤之大德生。于是船山说："故乾坤并建而捷立，以为大始，以为成物。"⑤ 而在万物的具体生化过程中，船山一直强调天乃人物之本原，人受命于天而成，天化生宇宙万物。船山说："人物之生，莫不受命于天。"⑥"人之生也，莫不资始于天。"⑦"天者，人之源也。纯乎天而听物之变以循之。心者，耳目之源也。复其心而听受其平，则物鬻而己不卖，物归而己不比。天即己，己即天，恶有损哉！"⑧ 诸如

---

① 严寿澄：《庄子、重玄与相天——王船山宗教信仰述论》，《中国文哲研究集刊》1999 年 9 月第 15 期。

② 《天地》，《船山全书》（第十三册），岳麓书社，1993，第 225 页。

③ 《系辞下传第五章》，《船山全书》（第一册），岳麓书社，1988，第 1042 页。

④ 《坤》，《船山全书》（第一册），岳麓书社，1988，第 75 页。

⑤ 《序卦传》，《船山全书》（第一册），岳麓书社，1988，第 1093 页。

⑥ 《祭义》，《船山全书》（第四册），岳麓书社，1991，第 1115 页。

⑦ 《系辞上传第八章》，《船山全书》（第一册），岳麓书社，1988，第 1014 页。

⑧ 《徐无鬼》，《船山全书》（第十三册），岳麓书社，1993，第 387 页。

此类的论述在船山著作当中屡见不鲜。船山强调的是宇宙万物都是天所生，因此，人类的活动准则与规范以及宇宙万物的运动法则都必须遵循天之运动规律、天之法则而不能违背。船山身处"天崩地解"之时代，依船山之见，大明政权得命于天，然而明政权受到了来自清政权的威胁，天命岌岌可危。在这个"海徙山移"的时代必须重振天命，方可挽救业已失势的明政权。基于此，船山突出了天在化生宇宙万物中的重要作用，从天之形上层面强调天的权威。船山从形上层面强调天乃人之本，从本质上说，他所强调的是天理的不可违背，宇宙万物的活动准则必须合乎天理，方可再现宇宙的井然秩序。为此，船山进一步阐释了天生化万物的逻辑过程。他说："天者，人之大本也，人皆生于天，而托父母以成形，父母为形之本，而天为神之本；自天而言之，则我与万物同本而生，而爱不得不兼。"① 就是说，天虽然具有化生万物的能力，但在现实中却是依天之命而生万物，托父母之形而养万物的。"凡人物之生，皆天生之也。未有生而生之者，天之事；既有生而养之者，则天委其责于人物，而天事尽矣。"② 因此，父母之养与天之生具有同样的功德，故此父母是人之子与物之子所应该尊敬的对象。依照此生生不息的万事万物的运动，"天地之间大矣，其始终亦不息矣"③。宇宙万物受命于天，万物在宇宙这个生命场中生生不息。在此，船山认为宇宙万物皆受命于天，而人禀赋"二气之良能"亦受命于天。

由上可知：船山认为人与万物的本原是一致的，但气之本原是有层次性的，在第三层次阴阳二气之中人禀赋"二气之良能"，人禀赋"二气之良能"是承天命而成。气的层次性为船山人本主义哲学提供了理论前提。人物受命于天乃人禀赋二气的当然之则，是船山人本主义哲学实现的逻辑过程。船山关于气的第三层次中的阴阳二气当中有"二气之良能"，由于人所禀赋的气的层级不一，也即气之"质"不一，能从形上层面说明船山人本主义哲学的真正原因。

---

① 《滕文公上》，《船山全书》（第八册），岳麓书社，1990，第346页。
② 《告子上》，《船山全书》（第八册），岳麓书社，1990，第705页。
③ 《系辞下传第五章》，《船山全书》（第一册），岳麓书社，1988，第1049页。

（三）"二气之良能"使船山人本主义哲学得以彰显

人与物之生，均源于气，得益于气之神化，而且这种化生乃自然而然。这是气生化天地万物的普遍原则，对于这一点，船山是肯定的。"天之化生万物，人与禽兽并生焉，皆二气五行之所妙合而成形者也。"① 二气五行是宇宙万物共同的质料，但人终究是区别于宇宙其他万物的，其原因是人之始生因"二气之良能"。所谓"良"，《说文解字注》曰："良，善也。"② 何谓"良能"？孟子曰："人之所不学而能者，其良能也。"朱熹在孟子的基础上对"良能"进行了诠释。他说："良者，本然之善也。程子曰：'良知良能，皆无所由；乃出于天，不系于人。'"③ "良能"是人区别于宇宙其他万物的本质，这种区别在于人能禀赋天的本然之善。船山正是承续了朱子的这一思路，认为在气之本原角度，人与其他宇宙万物无异，但人又区别于其他宇宙万物，其本质原因在于人除了禀赋万物共有的气之质料之外，还禀赋了天之本然之性。因此船山说："人之始生，因二气之良能，绸缪而化醇，其来也以是，则其往也以是。死虽无复生之理，而往来不舍，于造化非无可求也。……因其类而尽其义也。"④ 人与天地万物的根本区别在于人能禀赋阴阳二气之良能，阴阳二气之良能是人与其他宇宙万物相区别的"分水岭"。人能禀赋"二气之良能"，其原因在于上天对人之赐予，"天地之产，皆精微茂美之气所成。人取精以养生，莫非天也。气之所自盛，诚之所自凝，理之所自给，推其所自来，皆天地精微茂美之化"⑤。"人者，两间之精气也，取精于天，翕阴阳而发其㭊明。"⑥ 船山承继了朱子的良能出自天的思想，良能为"人之独"提供了本体意义方面的诠释。正因为人具有天的本体论意义，因此人代表的是天地万物之心，天下之生，以人为贵。"人与物皆生于天下，其并生而不相亲久矣，乃其俱生而易以相杂亦久矣。天下之生莫贵于人，人全其人而

①《离娄下》，《船山全书》（第八册），岳麓书社，1990，第511页。
②（汉）许慎撰、（清）段玉裁注《说文解字注》，浙江古籍出版社，2006，第230页。
③《孟子集注卷十三》，（宋）朱熹：《四书章句集注》，中华书局，1983，第353页。
④《檀弓下》，《船山全书》（第四册），岳麓书社，1991，第231页。
⑤《思问录内篇》，《船山全书》（第十二册），岳麓书社，1992，第420页。
⑥《大雅》，《船山全书》（第三册），岳麓书社，1992，第447页。

物不干之则治,物杂于人而害与人则乱。"① 船山以人为贵,原因在于人所禀赋的是"二气之良能",因此认为人能显天地之妙用,人之心如天地之心。他说:"天地之生,以人为始。故其吊灵而聚美,首物以克家,明聪睿哲,流动以入物之藏,而显天地之妙用,人实任之。人者,天地之心也。"② 船山从天人相绍的角度论证了天下之生莫贵于人,人在禀承天之良能之时,这种本然之性在人身上体现出来就是"善",船山称之为"性","人物之生,同得天地之理以为性,同得天地之气以为形,其不同者,独人与其间得形气之正,而能有以全其性,为少异耳。虽曰少异,然人物之所以分,实在于此。众人不知此而去之,则名虽为人,而实无以异于禽兽"③。人取之于天之本然之善,是人赖以存在的根本依据,如果去除这种"性",人将与禽兽无异。因此,船山尤其强调人与宇宙其他万物的区别,这种区别在于人有本然之善性。而这种"性",是"人之独",且在一般情况下不易为人所察觉,"而人为五行之秀,二气之灵,独有人之性者,彼未之省察而不知尔"④。正是因为人代表天地之心,天下之生,以人为贵,因此人能够成为替天行道的主宰者,人能够成为万物之归依而"统乎物""用乎物"⑤,原因在于天命不可违。船山说:"阴阳生人,而能任人之生;阴阳治人,而不能代人以治。既生以后,人以所受之性情为其性情,道既与之,不能复代治之。"⑥ 天之生人以人为贵,人继天以治,源于天对人之恩赐。天对人的恩赐,造就了人在宇宙这个生命场的主体地位,同时使人的这种主体地位得以张扬。

船山是典型的人本主义者,船山哲学是典型的人文哲学。从形而上学分析船山学缘何为人本主义哲学,是阐释船山人本学的另一路径。船山认为人物皆受命于天,这并不能从形上层面说明人在宇宙这个生命场的主体地位,却为人为何禀赋"二气之良能"、受命于天的当然之则提供了理论依据,这是船山人本主义哲学产生的逻辑过程。船山从哲学的本体论角

---

① 《滕文公下》,《船山全书》(第八册),岳麓书社,1990,第391页。
② 《复》,《船山全书》(第一册),岳麓书社,1988,第882页。
③ 《离娄下》,《船山全书》(第八册),岳麓书社,1990,第510页。
④ 《告子上》,《船山全书》(第八册),岳麓书社,1990,第685~686页。
⑤ 《系辞下传第一章》,《船山全书》(第一册),岳麓书社,1988,第1034页。
⑥ 《系辞下传第二章》,《船山全书》(第一册),岳麓书社,1988,第992页。

度、天人合一的角度，巧妙地从形上层面凸显了其"以人为依"与"依人建极"的人本哲学，既有人本主义哲学的理论逻辑过程，同时也是人本主义哲学实现的逻辑过程。

综观船山的本体论哲学，可知其哲学思想的宗旨在"人"，其价值指向亦为人。上述人本主义哲学思想的形而上学考察，为船山和谐思想的价值旨归为"人"奠定了基础，亦说明了其所以然之理。

第三章

礼以养心顺情和性

前面两章我们说明了船山所倡和谐之内涵，鉴于人欲失其和，为以礼调适并实现和谐奠定了基础。接下来阐释礼之调适并实现和谐社会何以可能。王船山认定人性为善，就为礼之调适并实现和谐社会提供了理论前提。当然，船山构建和谐社会说有其一以贯之的核心宗旨，即构建和谐社会的价值旨归——"以人为依"。按照船山和谐社会构建的逻辑发展，下文所关涉到的应该是如何以礼来调适并实现和谐社会。

在船山看来，和谐社会的构建始于人之内心世界的和谐。因为如果人之内心世界是和谐的，其行为的外化自然能导致人与人之间的和谐、人与社会之间的和谐。易言之，人之内心世界的和谐是人与人之间、人与社会之间和谐的前提与基础。故此，和谐社会的建构，船山首先考虑到的是以礼和内，也即以礼养心，以实现人心之和；以礼和性，以维持人之本然之善；以礼顺情，以保持人之欲望在合理的限度之内以利和。在人的内心世界达到和谐的境地之后，能导致人与人、人与社会、人与自然之间的和谐。故此，以礼来调适并实现人的内心世界的和谐是人类和谐的前提与基础。以下围绕以礼调适并实现内心世界和谐的几个层面展开。

第一节　礼之有节以养人心之和

人世间和谐的前提与基础在于人之内心世界的和谐，因为人的内心世界和谐之后，表现在外才能有举止言行的得体，进而体现人与人之间关系的和谐、人与社会、人与自然之间关系的和谐，外部和谐乃是人之内心世界和谐的真实反映。欲实现人类社会的普遍和谐，首要目标就是要实现人之内心世界的宁静，唯其如此，才能真正实现人与人、人与社会、人与自然之间的和谐。在船山看来，礼的基本价值在于能养人心之和、能和人之性、能移人之情，人的心、性、情都在礼的调适之下，那么人的内心世界的和谐也就水到渠成了。

一　心性、性情、心情关系之辨

船山所构建的和谐社会首先关注的是人之内心世界的和谐，继而关注的是人之身心的和谐。因为在和谐社会中，人与人之间的和谐、人与社会之间的和谐、人与自然之间的和谐都以人的内心世界的和谐作为前提。《礼记·祭统》强调："凡治人之心，莫急于礼。"[①] 这里所说的"治"，我们可以理解为调适、调理。故此，欲实现人之内心世界的和谐，礼是最好的调节工具，亦是最好的调适方式。这种以礼之调适为出发点，由人之内心世界的和谐并最终实现人类和谐社会的构想，乃是中国古代哲人给我们留下的最为珍贵的文化遗产。

船山承接了古代关于以礼来调适并实现人之内心世界和谐的重任。在船山看来，人之内心之和乃是人的行为和谐之前提，且人之内心世界的和谐是人外在行为得以和谐的重要原因。早期哲学家就提出"心"乃人类行为的"指挥"中心，如孟子说"心之官则思"，即心是人的思维的主要器官，一切行为均来自心。在对心的诠释方面，历代哲学家都进一步延续孟子"心"乃人类行为主宰的思想。如朱熹说："心者，身之所主也。"[②] 正因为古人认为心是人类行为的主宰，是身心和谐的主宰，故此，身心和谐的基础即要以内心世界的和谐为基本前提（按照现在的观点，这种认识是错误的，因为大脑才是思想的主宰）。那么船山视域中的"心"是什么呢？船山从本体层面来阐释"心"，认为"天之与我者，专为心言"。

---

① 《礼记·祭统》，（清）阮元：《十三经注疏》中华书局，1980，第1602页。
② 《大学章句》，（宋）朱熹：《四书章句集注》，中华书局，1983，第5页。

就是说，人心之本体来源为天，说明船山仍然在天人关系的范畴之内提出了人心之来源。而且船山在一定层面上更是强调人心的独尊性，船山云："唯心为天所与我，而耳目不得与也。"① 船山认为人之心来源于天，而耳目不是来自天，因为心是最高的行为主宰之器官，具有较高的至善之气，也即上天才能完成，而耳目则只需要较低层次的气即能完成，鉴于天是纯善无恶的，此乃心之器官的来源。船山似乎并非从本体层面来阐释人之耳目之来源，事实上，船山此处所言，仍然是从本体层面来进行论证的。因为船山所说的天即本体层面的"气"，"天即以气言"②，船山此言，阐释了心源自天，而天又以气言。由此，我们很容易发现船山所说的心是直接源于气的。但为何船山说心源于天，也即源于气，耳目等不是源于天，也即源于气呢？是否与他的本体论层面的东西相互矛盾呢？耳目等其实也是源于气的，只不过在船山看来，心所禀赋的气的层级是不一样的：如前所述，气是有层级的，船山本源性的气涵盖多个层次：太虚之气、絪缊之气、阴阳二气（含二气之良能）。在气的层级当中，不同层次的气所建构的对象是不同的。其中在气的层级当中，人是二气之良能所构成的，而动物等是絪缊之气化成。③ 故此，在船山之视域中，气是一切的基础。心与耳目等亦是气构成，但构筑心的材料是良能之气，"原心之所自生，则固为二气五行之精，自然有其良能"④；耳目等是由絪缊之气化成，由此从本体论的角度决定了心与耳目的功能不一。正是由于质料因的不同层级，进而导致了人体各种器官的功能不一样。船山认为心之功能在于思考，这与孟子所说的"心之官则思"有异曲同工之妙。心在支配人的行为方面是起着主要作用的，包括朱熹等哲学家在内也持此观点，朱熹认为："心者，人之神明，所以具众理而应万事者也。"⑤ 其实这都是一种独断论式的结论，都没能解决心为何能起到主要作用、能支配人的行为与能力的问题。先哲们对"心"的功能往往是只知其然，

① 《告子上篇》，《船山全书》（第六册），岳麓书社，1991，第1089页。

② 《尽心上篇》，《船山全书》（第六册），岳麓书社，1991，第1109页。

③ 陈力祥：《王船山礼学思想研究》，巴蜀书社，2008，第44~48页。

④ 《尽心上篇》，《船山全书》（第六册），岳麓书社，1991，第1111页。

⑤ 《孟子集注卷十三》，（宋）朱熹：《四书章句集注》，中华书局，1983，第349页。

而不知其所以然。相对而言，船山则从形而上的角度解决了这个问题，认为人心的支配功能，主要源于其本体层面的形上之气的层级，解决了几千年来关于"心"的主宰与支配功能的动因。"唯其有心，则所为视、所为听、所欲言、所自动者，胥此以为之主。"① 就是说，人之行为的主宰皆来自心，"心"乃人之行为的指南与先导。现代认识论告诉我们，人之行为是靠大脑来支配的。但从孟子提出"心之官则思"以来，古人认为人的行为都是由心来进行调控的，而人之行为的外化，是人类社会是否和谐的重要基础。故此，人类社会是否和谐的重要根源就在于人的内心世界宁静与否。

事实上，当我们在阐释"治人之心，莫急于礼"之时，已经涉及治人之心的重要性，亦表明了和谐社会的构建必然从心开始，同时也说明了调适人之心的工具——礼的重要性。就心、性、情三者之间的关系来说，"心"始终处于主要地位。由上文可知，和谐社会构建的主要途径是由心开始的。船山再三表明了这种观点，且多有阐释："'心'者，身之所主也。'诚'者，实也。'意'者，心之所发也。"② 船山从心、诚、意等之间的关系表明心在三者之中是处于主要的、支配性地位的。那么在船山哲学思想体系中，"诚"居于何种位置呢？船山认为"诚"是成就仁之心的前提与基础。"天予人以诚而人得之以为心也。"③ 认为"诚"即是尽己之心，做到内外一致、真实无妄。鉴于此，船山云："'诚'，尽其心也。"④ 既然"诚"是"尽心"之意，那么"意"之本来意蕴是什么呢？船山说："意即实，则心可德而正矣。"⑤ 在船山看来，"意"即是人之尽心而后并外化的具体体现。由此，在心、意、诚三者之间，"诚"与"意"皆是达到尽心的手段，也即"诚"与"意"是尽心的内在因素与外在显现，故此，心是处于主导地位的。在此基础之上，船山有更为明确的表述："心恒为主于内而顺应乎事物。"⑥ 这一语道破了心在性、情方面

---

① 《圣经》，《船山全书》（第六册），岳麓书社，1991，第401页。
② 《经》，《船山全书》（第七册），岳麓书社，1990，第42页。
③ 《第二十五章》，《船山全书》（第六册），岳麓书社，1991，第552页。
④ 《曲礼上》，《船山全书》（第四册），岳麓书社，1991，第17页。
⑤ 《经》，《船山全书》（第七册），岳麓书社，1990，第43页。
⑥ 《曲礼上》，《船山全书》（第四册），岳麓书社，1991，第69页。

的主宰。心主内，如若心之主宰由内而外，则表现为人之情已发。诚如船山所说："以心神存守其颜而颜从心以正也。"① 表明了心在内外的主宰地位。也正因为如此，我们在探讨船山之和谐思想之时，也首先从其和谐思想的源头——以心灵的和谐为基点，遵循的逻辑程序亦是由内而外，也即由心而身，实现船山视域中的身心和谐，进而达到人与人之间、人与社会之间、人与自然之间的和谐。正因为如此，船山认为人心和谐是整个和谐社会构建的前提与基础。人类社会和谐的根据在于"皆率于人心之不容已"②。总之，船山较为明确地表明了心为性情之主宰。故此，在构建和谐社会的过程中，首先应取得人之内心世界的和谐，如此方能取得个人与他人、个人与社会、个人与自然的全面和谐。

心性论问题是儒家哲学所讨论的主要问题。在有关心性的讨论过程中，历代大儒均认为心是居于主导地位的。比如张载有"心统性情"之说。在张子之后关于心性问题的讨论中，朱熹等大儒围绕着"心统性情"这个主要方面而展开。无论如何阐释，历代大儒都认为心在性情中是居于主要位置的。船山延续了历代哲人关于心性情的说法，并在原有的基础之上有所开新。

船山认为心在性情方面是居于主导地位的。但心和性之间究竟有着怎样的关系，这是我们在探究构建和谐社会的一个前提话语。船山讨论了心与性、心与情之间的关系，认为心性之间的关系涵盖如下几个层次。心与性的第一个层面表现为性体心用。就是说，心与性的作用是不同的，船山从体用关系的角度阐释了心与性之间的关系。"说性便是体，才说心已是用。"③ "性为体，心为用也。"④ 简言之，船山于此所表达的意思就是性体心用。如此结论似乎有些独断，于是船山对性体心用的问题作了进一步的阐释："性为天所命之体，心为天所授之用……性与生俱，而心由性发。"⑤ 在心与性的基本关系之中，为何性为体而心为用呢？船山从形而

---

① 《曲礼上》，《船山全书》（第四册），岳麓书社，1991，第37页。
② 《檀弓下》，《船山全书》（第四册），岳麓书社，1991，第239页。
③ 《梁惠王上篇》，《船山全书》（第六册），岳麓书社，1991，第894页。
④ 《公孙丑上篇》，《船山全书》（第六册），岳麓书社，1991，第946页。
⑤ 《第二十五章》，《船山全书》（第六册），岳麓书社，1991，第553页。

上层面给出了自己的答案。船山认为这是天命使然，而这里所说的
"天"，即船山所说的"气"，"天即以气言"①。认为是本体性的"气"使
得性体心用。船山对此作了进一步的阐释，并指出了性是何物，指出了性
体的本来面目。船山云："性为天所命之体，心为天所授之用。仁义礼
智，性也，有成体而莫之流行者也。诚，心也，无定体而行其性者也。"②
如前所述，心在性情中，心是主；从价值功用来看，心是用。因为"性
继善而无为……心函性而效动"③，心与性的第二个层面表现为性为心所
统。就是说，在心与性的主体性方面，船山沿袭了前贤们所说的心统性情
的说法，但又略有不同。他说："性为心之所统，心为性之所生，则心与
性直不得分为二，故孟子言心与言性善无别。"④ 性为心之所统，这一点
与前贤"心统性情"的说法一致，但就心为性之所生来看，似乎与船山
所讲的心为主相矛盾。其实，就船山的心性关系而言是没有矛盾的，因为
船山是从不同的层面阐释心性之间的关系的。前面是从价值功用的角度阐
释心之作用，后者则是从发生论的角度阐释的。人性善恶，在外表现出的
行为举止，直接与人之心有关。由此，在心与性的基本关系当中，事实上
包含两层基本含义：其一，心主性辅；其二，从价值功用来说，是性体心
用。船山从不同层面阐释心与性的含义，侧重点在第二个层面：性体心
用。船山还进一步从心之价值功用来说明性体心用："人之有不善者，其
过在心而不在性；（心该情才言）唯心不足以尽性，（病亦在不学）而非
性不足以凝道；（道本静，故性虽静，而道自凝焉。）性继道以无为，则
不善而非其过。"⑤ 船山从心之价值功用的角度阐释了人之心为用，同时
也说明了心主性辅。在古代社会，心乃成性之前提，其实也就表明了心既
是主体，同时也表明了性体心用的基本价值。在此基础上，船山提出了要
尽性，必然要尽心，由心而性，体现出心之价值功用。"尽心以尽性，性
尽而与时偕行，合阴阳之化，乃位天德，实体之则实知之矣。"⑥ 船山于

---

① 《尽心上篇》，《船山全书》（第六册），岳麓书社，1991，第1109页。
② 《第二十五章》，《船山全书》（第六册），岳麓书社，1991，第552～553页。
③ 《梁惠王上篇》，《船山全书》（第六册），岳麓书社，1991，第893页。
④ 《梁惠王上篇》，《船山全书》（第六册），岳麓书社，1991，第893～894页。
⑤ 《卫灵公篇》，《船山全书》（第六册），岳麓书社，1991，第833页。
⑥ 《神化篇》，《船山全书》（第十二册），岳麓书社，1992，第85页。

此所表现的是实心之思想。在船山之心性情的相互关系中，最终体现出船山心性论思想的实学特质。此外，船山还提出，他的这种实学特质的思想，心用性体、心主性辅的心学特质，与朱子的基本观点相似。"朱子以尽心为尽其妙用，尽性为尽其全体，以体言性，与愚说同。"① 此言甚妙。

心与性之间的关系，心是主要的。故此，在构建和谐的身心关系之时，主要从人之心开始，如此，才能真正实现人的内心世界的和谐。上文说明了心与性的基本关系。礼之调适除了和心之外，另外还关涉到一个基本问题，那就是性与情、心与情之间的关系问题。

关于性与情之间的关系，理学家多认为涵盖如下几个层面：其一，性乃道心，情乃人心。性更多地表现为与生俱来的一种道德品质，而情则更多表现为外在的、人之欲望外显的精神状态，故此，情乃是后天的。诚如船山所说："性，道心也；情，人心也。恻隐、羞恶、辞让、是非，道心也。喜、怒、哀、乐，人心也。"② 船山于此所提出的性与情属于人之心，不过这个人之心包括人心与道心。船山所描述的心主要指的是人非常微妙的部分，是纯善的、未发之心，而情乃已发之心。正是在这个基础之上，性与情皆归属于心。船山云："情便是人心，性便是道心。道心微而不易见，人之不以人心为吾俱生之本者鲜矣。"③ 船山一语道破了性与情之间的联系与区别，并进一步指出了情所涵盖的内容，他指出："情自是喜怒哀乐，人心也。此四端者，道心也。"④ 在此基础之上，船山进一步阐释了性与情之间的关系。其二，唯性生情，情以显性。船山云："惟性生情，情以显性，故人心原以资道心之用。道心之中有人心，非人心之中有道心也。则喜、怒、哀、乐固人心，而其未发者，则虽有四情之根，而实为道心。"⑤ 船山之意，在性与情的基本关系中，人之心处于未发状态，未发就对心外诸事物没有外求，此时人心处于一种寂寥状态。在宋明理学家看来，人心处在这种寂寥的状态之下并能保持这种寂寥状态不动心，外

① 《第二十二章》，《船山全书》（第六册），岳麓书社，1991，第542页。
② 《滕文公上篇》，《船山全书》（第六册），岳麓书社，1991，第964页。
③ 《告子上篇》，《船山全书》（第六册），岳麓书社，1991，第1066页。
④ 《公孙丑上篇》，《船山全书》（第六册），岳麓书社，1991，第946页。
⑤ 《第一章》，《船山全书》（第六册），岳麓书社，1991，第473页。

显为性；当人处于外求状态之时，也即寂寥的状态为外界所打破，从而导致人有喜怒哀乐惧等情感，即是情。在外显的情感之中，哲人们把人的这种情感归结为人心。

由以上心与性、性与情之间的关系，我们可以清晰地看出宋明理学家就心、性、情之间的关系有一共同的结论：那就是"心统性情"。心包括性与情：道心表现为人心，人心表现为情。心与性之间的关系表现为性体心用；性与情之间的关系表现为性生情、情显性。它们之间的关系可用下图表示：

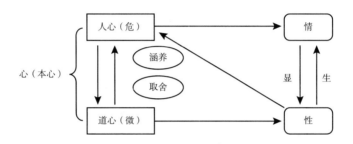

鉴于心统性情，因而和谐社会基本前提就在于人心的和谐。人的内心世界的和谐是人的身心和谐、人与人之间关系的和谐、人与社会之间和谐的前提与基础。那么礼在和谐社会构建过程中的角色是怎样的？如何通过礼这种规范伦理的调适以建构和谐社会？礼所调适的对象主要是人心，而道心乃未发之心，在心理调适过程中，不需要调适的人之内心都处于寂寥状态。由此，我们还必须区分人心与道心，唯其如此，礼之调适的对象才能更为明确。

二　人心、道心与澄心、正心

在古代社会，哲学家大多认为人心对人的行为可控、可协调。在此意义上表明心灵的和谐是身心和谐的前提与基础。事实上，在人类社会发展史上，人类不和谐的因子在于人类有欲望，因为人是现实中的人。欲望是人类痛苦的根源，亦是人类不和谐的原动力。故此，在人类历史上，哲人们经常将影响人类不和谐的因子主要归结为人心，而将人类那种比较纯正、高雅、合乎社会正义之心称为道心。人心、道心作为一对范畴对举最早出现于《尚书》中："人心惟危，道心惟微，惟精惟一，允执厥中。"在儒学历史上，人心与道心的问题其实是关注于如何成圣、成贤的问题，有关人心与道心问题的讨论从未停止过；人心与道心问题的辩论，与人类和谐社会的构建息息相关。人心、道心问题，在宋明时期哲人们仍然认为非常重要。由于篇幅所限，在这里不予以讨论。《尚书》中所提到的"人心惟危，道心惟微，惟精惟一，允执厥中"，蒙培元先生在《理学范畴体系》中有着自己的理解，他说："道义之心微而难明，众人之心危而难安，只有精一不杂，才能保持中而不偏。"[1] 蒙先生的阐释，说明了人心的宁静对和谐社会构建的基础性作用。人心之"危"的一个重要原因就在于人之欲望，有欲望则表现出人类外在行为的攻取性，攻取性的行为必然会导致行为的不和谐。

故此，有关人心、道心的讨论，直接关涉到和谐社会的建构。自《尚书》中提出人心、道心的基本观念以后，哲学界关于人心、道心问题的讨论掀起了几次高潮。二程对人心与道心的基本看法是：人心是危殆的，道心是合乎天理的，因此道心非常精妙。朱熹说："（道心、人心）只是一个心，知觉从耳目之欲上去，便是人心；知觉从义理上去，便是道心。人心则危而易陷，道心则微而难著。"[2] 就是说，人心是向外求的，因为"有其事则必有其情，有其情则必尽其事，心以之惬而事以之成也"[3]。人心与人情相联系，而道心则与义理相挂搭，人之情则与人之欲相关。故此，在儒家看来，人心是危险的，因为人心有外求的基本倾向；而道心则是建立在道义的基础之上，故此，道心趋向于善。事实上，人之本心是纯善的。诚如船山所说："人之本心纯乎天理。"[4] 也即人的本心是道心，乃合乎天理之心。但欲望外显，表现为情、欲，那么此时道心就演变为人心。可见，欲维持道心，则必然要去掉人欲，如此才能真正实现天理流行。"人心私欲，故危殆。道心天理，故精微。灭私欲则天理明

---

[1] 蒙培元：《理学范畴系统》，人民出版社，1989，第285页。
[2] 《尚书一》，（宋）黎靖德：《朱子语类》（第五册），中华书局，1986，第2009页。
[3] 《礼器》，《船山全书》（第四册），岳麓书社，1991，第585页。
[4] 《告子上篇》，《船山全书》（第六册），岳麓书社，1991，第1079页。

矣。"① 在儒学史上，人心与道心有共通性的地方，那就是人心是一种外求的欲望，是与人之情相联系的，有恶的倾向；而道心则是人的天赋之心，是人之本心，是人与生俱来的善之心。通过比较得知：人心与道心是相互对待的一对范畴，且人心与道心是相联系的。联系主要表现为它们都归属于心；而其区别则在于人心是与欲望、情感在一起的；道心则是与天理相联系的，或者说是与道义相挂搭的。故此，人心就是人心，道心就是道心，两者泾渭分明。可见，人心与道心既有联系，同时也有区别。人心虽然危险，但可能有着两种基本走向：人心可为善，同时也可能为恶。正是在此基础之上，船山认为人心虽然危殆，但人心既可通往道义的方向，也可走向不道义的一面，关键在于人的选择与取舍。而人的选择与取舍也完全归于人之智。因为在宇宙这个大的生命场，人是宇宙中唯一有智能的动物，人能把握自己的行为。② 因此，船山表明人心并不可畏。可畏的是：智能之人的价值取向不同，最终导致人的选择趋于不义，这才是真正意义上的人心可畏。船山云："人心者，唯危者也，可以为义，可以为不义，而俟取舍者也。"③ 船山提出解决人心可畏的取舍理念，人可以通过智慧取舍，使人心"可危"的一面转向道心"可微"，唯其如此，才能真正实现人心向道心的转换。

除了通过取舍以外，人心向道心的转换，澄心最为重要。如何使人由人心转向道心，船山提出了澄心涵养的基本方法，这是人心逐渐向道心转换的必要方法。船山云："澄心摄气，庄敬意养之，则意欲不生，虚而自生气明；以涵泳义理而熟之，不使间断，心得恒存而久矣。"④ 船山主张人对"二气之良能"的涵养，澄心摄气，使外在的义理内化为道德品质，通过这种持久的持续涵养，将外在的道德义理内化，使人达到"择善固执"的思想境地，如此，人心方能向道心转换。事实上，船山对人所具有的这种涵养的特质并非很放心，在他看来，人的自制力是有限度的，如若人的自制力无法控制，那么，由人心到道心的转换也就没有可能。于是

---

① 《河南程氏外书卷二十四》，《二程集》，中华书局，1981，第 312 页。
② 参见陈力祥《王船山礼学思想研究》，巴蜀书社，2008，第 27~67 页。
③ 《告子上篇》，《船山全书》（第六册），岳麓书社，1991，第 1079 页。
④ 《神化篇》，《船山全书》（第十二册），岳麓书社，1992，第 91 页。

船山提出了"求放心"的基本路径:"知所放所求之心,仁也;而求放心者,则以此灵明之心而求之也。仁为人心,故即与灵明之心为体;而既放以后,则仁去而灵明之心固存,则以此灵明之心而求吾性之仁心。以本体言,虽不可竟析之为二心,以效用言,则亦不可概言之为一心也。"① 船山所说的"放心"主要表现在两个方面:一是上文所说在实现人心向道心转换的过程中,通过掌握涵养的基本方法、承续涵养之毅力等实现"放心";二是船山所说的人应该放下思想上的包袱,这里的思想包袱即真正从内心世界"减担",祛除过多的欲望,存天理,心存灵明之心。由此可知,"放心"之内蕴何其丰富。只有通过内心世界的减担,才能达到内心世界的稳定与和谐。人的内心世界会因为欲望而躁动不安,通过人心向道心的转化,则能够达到内心世界的宁静,也即我们所提及的达到和谐的状态。

人欲、人情是人心存在的理由与根据,船山提出了人心向道心转换的基本路径——澄心。澄心是澄清人的内心世界的私欲与杂念,如同浑浊的水一样,需静放,如此才有清澈之水。人的内心世界的和谐也一样,需要长期的宁静,不因物扰,不因物诱,内心世界才能真正达到和谐境地。如上,在取得内心世界的和谐方面,澄心的具体途径是"求放心"。

澄心而外,正心也是实现内心和谐必不可少的环节。澄心与正心都是内心世界和谐必不可少的重要因素。船山首先道出了正心的理由:"乃心,素定者也,而心与物感之始,念忽以兴,则意是也。静而不失其正,动而或生其妄,则妄之已成,而心亦随之以邪矣。古之欲正其心者,必先于动意有为之几,皆诚于善,而无一念之不善夺其本心焉。"② 在船山看来,人的本心宛如澄寂以后的水一样,平静无浪,但由于外物之诱惑,使人的内心世界失去了平衡,产生得到外物的意念,由于内心世界的躁动,加之获取外物不能如愿以偿,人心想要获取与外物不能得到之间的悖论,造成了人的内心世界的极度失衡。而在这种情况下,我们必须正心,正心的工具为礼,以礼正心的关键在于要正人之意念,因为人的意念是人之心

---

① 《告子上篇》,《船山全书》(第六册),岳麓书社,1991,第1082页。
② 《经》,《船山全书》(第七册),岳麓书社,1990,第48页。

不正的前提。"事理之宜吾心，有自然之则。大经素正，则意念初起，其为善恶吉凶，判然分为两途而无可疑。"① 人的内心世界起初应该是平静的，意念一起，内心世界的和谐状态即被打破。故此，船山强调正人之心关键是要正人之意念，如此方能解决内心世界的和谐问题。凭借的工具即是我们所说的礼，礼乃万物之则，是正心之灵药。

欲取得内心世界的和谐，不仅需要澄心，还需正心，因为澄心与正心是有区别的：澄心治动，正心治静。澄心与正心又有相同的地方：二者都主内。这些区分在船山那里比较清楚。船山说："修身治外而诚意治内，正心治静而诚意治动。"② "意"即意念，即动。心未为外物所诱，则不产生意念，也即没有"意之动"。因为"心者，身之所自修，而未介于动，尚无其意者也"③。正因为如此，船山认为意念之动与澄心相关。易言之，澄心与人之意念相挂搭。正心主要是"正其心于仁义"④。仁义之心，本应是人所具有的"四端"的组成部分，由此看来，仁义是主静的。又由于正心是正其心于仁义，故此，正心主要关涉主静的层面。事实上，船山于此已经说明了正心的境界问题，也即最终的目的是正心以达仁义。正心于仁义，则人之内心世界必将处于和谐之境地；正心而后，仁义之心外显，使人之行为处于善的境地，因为仁义本身就蕴含了善的特性。故此，在船山看来，仁义是善的，通过正心以就于仁义，最终达到善的境地。"仁义，善者也，性之德也。心含性而效动，故曰仁义之心也。仁义者，心之实也，若天之有阴阳也。"⑤ 人在善的引领之下，表现为其行为上的和谐性；在与他人交往的过程中，所表现的是个人行为与他人行为之间的和谐性。正因为如此，正心不仅关涉本身行为的和谐性，同时也关涉人与人、人与社会之间的和谐性。可见，正心是和谐必不可少的过程，是人之内心世界和谐的重要因素。

不论是澄心还是正心，虽然是一动、一静，却皆主内。显然，无论是

① 《神化篇》，《船山全书》（第十二册），岳麓书社，1992，第 93 页。
② 《滕文公下篇》，《船山全书》（第六册），岳麓书社，1991，第 994 页。
③ 《梁惠王上篇》，《船山全书》（第六册），岳麓书社，1991，第 893 页。
④ 《传第七章》，《船山全书》（第六册），岳麓书社，1991，第 423 页。
⑤ 《梁惠王上篇》，《船山全书》（第六册），岳麓书社，1991，第 893 页。

主内还是主外，其最终价值指向皆是人的内心世界的和谐与安宁。

外在的因素也有助于人的内心世界的和谐。澄心与正心的目的在于使人心向善，达到善的最佳境地。人心至善外显，表现出来就是礼。礼对人心的和谐价值就在于养人心之和。易言之，礼的基本价值就在于"养"。

三 行礼者以求遂其心之所安

人之内心世界的和谐是社会和谐的前提与基础，通过澄心与正心，使驿动的人心渐渐平息，达到和谐之境地。人的外在行为主要是通过礼之规范来实现的，人之内心世界的和谐可通过澄心与正心实现。人之行为合乎礼之规范，能实现人与人之间、人与社会之间的和谐，由此则以礼实现人际和谐；反之，礼之调适视域中的人际和谐又能影响人的内心世界和谐。此时礼之和合价值表现为礼以养人心之和谐，礼以和顺人心。

在哲人们看来，礼的基本价值在于规范人之行为。在礼的基本价值得以实现以后，宇宙这个大生命场在礼的关照之下处于和谐之境地。此时礼的基本价值则表现为礼以和顺人心、礼以养人心之和。故此，礼的基本价值表现为两个方面：一是以礼规范人与人、人与社会之间的关系，并通过礼之调适以实现社会的和谐；二是在礼之规范所实现的礼宜乐和的和谐社会理想以后，人之内心世界自然而和，此时人心之和主要表现为礼以求遂其心之所安。先王制礼，目的即在于求人心之和。

礼的存在有其合理性，这种合理性在于礼能维系人之内心世界的稳定与和谐。故此，船山在阐释礼的基本价值之前，首先阐释了先王制礼的目的：求得人心之和。船山云："先王之制礼，唯以求人心之和而允矣。用礼而和，则用礼可也；不必用礼，亦唯求和而已矣。"[①] 船山此言，明确了先王制礼的双重价值：规范人之行为以求人际之和，人际之和而后，则礼之基本价值转为以礼求人心之和，礼之基本价值就可隐而不显。以礼用事，则施礼之人内心世界能达到和谐；受礼之人，在礼的约束之下，其内心世界也能达到和谐。因之，无论是施礼之人，还是受礼之

---

① 《学而第一》，《船山全书》（第七册），岳麓书社，1990，第268页。

人，只要是在礼的规制之下，双方均能得到内心世界的和谐。船山一语道破了先王制礼的目的，进而从心理学的角度阐释了用礼之人缘何会得到内心世界的和谐。

（一）治人之心莫急于礼

礼之价值在于求人心之和，"治人之心，莫急于礼"，凸显了礼的价值。以礼治心的终极价值是求得人心之和。荀子认为，养人之心没有比遵循礼义更为尊贵的。荀子云："凡治气养心之术，莫径由礼。"（《荀子·修身》）荀子此言表明，人心之和，离不开礼之调适，治人之心，更要遵循礼义。总之，礼为人心之和而备，礼与和有着千丝万缕的关系。为此，船山阐明了礼与和之间的关系。他说："和者，应事接物皆适得其宜，不与理相乖，不与物相戾也。"① 就是说，有礼之人即便有欲，在待人接物之时，也会将自己的欲望以礼规约在合理的范围之内，不违背常理，不影响他人之利益。船山于此表明了礼之和合价值，即礼是人们应事接物的基本尺度：以礼求之，则能得体，也即合宜，因为应事接物皆合其宜即是礼。以礼调适人之行为，则最终能使人和立，人与人之间能够和处，人与万物之间能够和爱，政治上能够和达。在礼的基本价值功用得以实现而后，就可达致政通人和的和平气象。诚如船山所言："'和'者，以和顺于人心之谓也。用之中有和，而和非用礼者也。……唯和顺于夫人之心而无所矫强之为贵；唯其然，斯先王之以礼为小大共由之道者，以纯粹而无滞也。"② 表明和的基本价值在于和顺人心，而且这种和顺是在礼用之时凸显出来的"和"的基本价值，而在"和"之境界实现以后，礼即可退出实现和谐的基本价值空间，也即自然而和。礼的基本价值就在于实现人心之和、人际之和，而当全面和谐实现以后，礼完成其规范价值而退出其调适之领域。故船山云："行礼者以求遂其心之所安，而无拘牵苦难之意，贵礼者贵此礼也。若矫强以违其情之所顺，则先王之道亦不美，而大小可不由矣，故行礼者不可不知其本和也；然知和之为贵，便废礼之节，则和非其和，而不可行必矣。章意倒重下节，以异端弃礼而自谓和，不知

① 《中庸》，《船山全书》（第六册），岳麓书社，1991，第127页。
② 《学而篇》，《船山全书》（第六册），岳麓书社，1991，第590页。

礼文具在，特在用礼者根心而行，则和自有节，不许舍礼求和也。"① 礼本来就根于人之心，以礼求和；人心之和，舍礼而无所求也。船山从根本上阐释了礼在人心之和中的价值。在礼意流行天下之际，在礼意浓浓的和谐社会中，人心也就因此而和谐。故此，行礼者之目标就是求得人心之和谐，这是每个行礼之人的基本价值倾向。

（二）礼以和顺人心

行礼之人，人有其礼，在为人处世之时，能求得人心之和，因为以礼待人，礼多不为怪。那么礼是如何求得人心之和谐的呢？换言之，礼之和顺人心何以可能呢？在船山看来，有礼之人，取得人心之和的基本途径是求得内外之和。就是说，礼的基本价值是求得和谐，这种和谐主要是通过内外两个层面来实现的。船山云："无违者求之心，礼者求之于事，此亦内外交相省察之意。"② 说明了取得内心和谐的用礼之途径。在日常生活当中，人之视、听、言、动等基本行为是否合礼，这是人心能否和谐的基本前提。如若人的行为合礼，则人之内心世界处于平静的状态，如此，人之身心也必将处于和谐之境地。如若人之视、听、言、动违礼，则自然而然会造成人之内心世界的矛盾与冲突，也即人之身心是不和谐的。故此，礼能否使人之内心世界和谐，关键在于船山所说的"内外交相省察"，即礼以和顺人心，能使人的身心处于和谐之状态。显然，在日常生活中，有礼之人为君子，君子坦荡荡，其内心世界自然和谐；无礼之人其内心世界会处于矛盾与冲突当中，表现为身心不和谐。由此体现了礼与人之身心和谐之间的关系密切。船山说："外利内养，身心率徇乎义，逮其熟也，物不能迁，形不能累，唯神与理合而与天为一矣。"③ 人之行为合乎礼，则其内心世界将处于和谐之状态；若人之行为不合礼，则其身心将处于不和谐之境地。在礼之调适之下，人之身心将处于合宜之境地，也即船山所说的"义"。在这种合宜的状态之下，通过礼以制心，不去外求，则人之内心世界"不因物喜，不因己悲"，不为外物所牵累，自然而然地处于寂寥之状态，则身心和谐至也。为了说明有礼能使人之内心世界处于和谐之境

---

① 《学而第一》，《船山全书》（第六册），岳麓书社，1991，第 164 页。
② 《为政篇》，《船山全书》（第六册），岳麓书社，1991，第 601 页。
③ 《神化篇》，《船山全书》（第十二册），岳麓书社，1992，第 90 页。

地，船山以衣食是否合乎礼节这个具体的实例，说明人之内心世界与外在之礼的交养以实现身心和谐的具体途径："盖不正之服食，始以不正之心，失其本人之节，胡乱衣之、食之，此内不能制外也。迨其衣其不正之衣而心随以荡，食不正之食而性随以迁，此外不能制内也。内外交养，却一边则不足以见圣。且如今人衣红紫绮丽之服，此心便随他靡靡摇摇去；衣葛尔无所表出，此心便栩栩轩轩去。即此推之，凡服之不衷者，皆足以生人骄奢僭忒之心；服之不盛者，皆足以生人苟且猥下之心。"① 由此可知，礼与人心是一种交互关系：人有礼，其行为和谐，则表现为人之内心世界和谐，有礼则心正，也即礼以养心；人若能养心，遏制过分的欲望，则人之行为表现为彬彬有礼，也即养心合乎礼。船山云："人心固有之退让，礼所生也，虽负贩者不能泯之。"② 人心固有之退让，表明人之内心世界业已和谐，和谐之后则人之行为有礼有节，普天之下的人皆是如此。礼与养心是相互联系、相互影响、相互制约的。有礼之人，其内心世界表现平静，不为外物所诱惑，如此，其外在行为表现为礼之规制。为此，船山用极为通俗的语言对礼与内心世界的和谐作了归纳与总结，其目的在于凸显礼在人的内心世界和谐方面的和合价值。他说："礼著于仪文度数，而非有恭敬之心、撙节之度、退让之容，则礼意不显。君子知礼之无往不重，而必著明其大用，使人皆喻其生心而不容已，故内外交敬，俾礼意得因仪文以著，而礼达乎天下矣。"③

以上说明礼与人心之和的交互关系：有礼能达致人心之和；人心之和外在表现为彬彬有礼。那么，礼以和顺人心如何可能呢？具体说，礼以何种方式求得人心之和呢？船山认为，以礼求得人心之和，基本路径就是以礼节制人之欲望。礼之产生的哲学基础就在于人类之间的利益争斗，如荀子的阐释，礼之产生，目的就在于养人之欲，也即以礼节制人之欲望。"礼起于何也？曰：人生而有欲，欲而不得，则不能无求；求而无度量分界，则不能不争；争则乱，乱则穷。先王恶其乱也，故制礼义以分之，以养人之欲，给人之求，使欲必不穷乎物，物必不屈于欲，两者相持而长，

---

① 《乡党篇》，《船山全书》（第六册），岳麓书社，1991，第 746 页。
② 《曲礼上》，《船山全书》（第四册），岳麓书社，1991，第 19 页。
③ 《曲礼上》，《船山全书》（第四册），岳麓书社，1991，第 17 页。

是礼之所起也。故礼者，养也。"（《荀子·礼论》）有礼而又能节，即节制人之欲望，则能取得人之内心世界的和谐。故此，船山云："盖礼之有节，所以养人心之和，而使无一往而尽之忧，则唯其节也，是以和也。先王知和而全其和，彼乃知和而究以失其和，则较之拘于礼文而不知者，其失更甚。而抑知不善用礼者，违人心之和，以行其非礼之礼，故使高明之士激而为叛道之教，此君子所为大惧也。"① 人心之和的取得，关键在于人心之"节"。船山认为欲得人心之和，以礼节制人之欲望必不可少，因为欲望是人的内心世界"驿动"的直接原因。在礼的约束之下，人保持良好的心态，则能使内心世界处于最佳状态。如不能以礼节制行为，则人之心就不能处于和谐之境地。因为"心所不容已而礼不容已矣，故复礼斯为仁矣。礼者，复吾心之动而求安，以与事物相顺者也"②。以礼节制人之欲望，最终使人的心处于寂寥状态，也即心不外求，则内心世界自然和谐。由于礼之节制，使人过分的欲望限定在合适的范围之内，基于此，船山认为是以礼制心，而不是以义制心。"义是心中见得宜处，以之制事；礼乃事物当然之节文，以之制心：此是内外交相养之道。固不可云以义制心，以礼制事。以礼制事，则礼外矣；以义制心，则义又外矣。若但于可食、不可食上，分得天理、人欲分明，则以礼制事之谓，饮食亦在外而非内矣。"③ 以礼制心，而不能以义制心，因为从伦理学视角来看，礼是一种外在的规范伦理，而"义"多为德性伦理的范畴，是一种内在的德性。礼乃规范伦理，规范伦理才能对人之内心世界规约。显然，船山强调的是以礼制心，义只能是以礼制心的合宜程度而已，这也是船山以礼制心的重要缘由。为了说明以礼制心，船山还以具体的事例予以详细的阐释。"夫子之容色言动，施之于上下亲疏而中其等者，以吾心之宜制事也；饮食衣服，必期于正而远其卤莽者，以事物之宜养心也。内外交养而无有忒者，圣功也。内外得所养而自不忒者，圣德也。"④ 船山此言，明确区分了礼与义：礼是外在的行为规范，义是内在的德性模式。"施之于

---

① 《学而第一》，《船山全书》（第七册），岳麓书社，1990，第268页。
② 《天道篇》，《船山全书》（第十二册），岳麓书社，1992，第66页。
③ 《乡党篇》，《船山全书》（第六册），岳麓书社，1991，第745页。
④ 《乡党篇》，《船山全书》（第六册），岳麓书社，1991，第746页。

上下亲疏而中其等者"与"饮食衣服，必期于正而远其卤莽者"，都属于礼的范畴。礼以制心维系人之内心世界的和谐，内心世界的和谐即我们所说的人之内心合宜。以礼之节能和顺人心，和顺人心并非只是严格意义上的礼之节而后有人心之和，礼只不过是外在表现形式，而人心之和则是内在的质，故此，船山认为礼之节与人心之和是相辅相成、不可分割的，二者是一体两面的东西。诚如船山所说："乃非以为严束，而要以和顺夫人心，亦必不废礼之节而后得和，此文质同体之固然者。如有见夫节者不过以和顺夫心，因以谓节以效和，而所贵非节，则将有如老聃之知礼而反贱礼者。要之，舍礼亦终不能和，而又何以行哉？"① 虽然礼之节与人心之和是不可分离的，但舍礼终究是无以达到和谐之境，从而辩证地阐释礼以和心之得宜处，即内心世界之和谐问题。

综上，船山从礼之节的角度阐释了人心之和的问题，从内心世界和谐的动力机制角度予以详细的阐释。除此而外，船山还从心理学的角度阐释了缘何有礼则人之内心世界是和谐的。他说："有礼则心泰而行亨，无礼则心歉而行竞。"② 从心理学的角度来看，船山认为有礼之人，其内心世界是平静而和谐的，因为与世无争，内心世界无外求，其行为必然无外求，最终导致身心之间的和谐；无礼之人内心世界有外求，并为外物所困扰，其内心世界总是处于外求的不安定状态。由于外物的诱惑，内心世界总是处于矛盾与冲突当中，就不可能和谐。内心世界的矛盾与冲突必将导致外在行为的不和谐，因此，以礼存心，则人之内心世界必将处于和谐之境地，因为"以礼存心而不忧横逆之至者也"③。

正因为礼对调适人之内心世界有着不可替代的作用，故此，船山对礼赞美有加。他说："礼者，人心之所共安，百姓之所与能者也，既尽其质，又备其文，以利导人情使之相长，而非有所强于天下，故极其盛美而非过也。"④ 于此，船山明确说明了礼调适人之内心世界的基本价值，礼乃人之内心世界得以和谐的重要手段。不仅达官贵人能以礼调适其内心世

---

① 《学而篇》，《船山全书》（第六册），岳麓书社，1991，第592页。
② 《曲礼上》《船山全书》（第四册），岳麓书社，1991，第19页。
③ 《系辞下传第八章》，《船山全书》（第一册），岳麓书社，1988，第1058页。
④ 《哀公问》，《船山全书》（第四册），岳麓书社，1991，第1181页。

界，普通百姓同样也能以礼调适其内心世界。故此，礼能使人之内心世界达到和谐，这是具有普世性的法则。而且礼的这种调适功能并非强制性的，而是通过内化自然而然地对人之内心世界起着调适功能，也即礼以养人心之和。

（三）礼以养人心之和

礼对人之内心世界的和谐具有重大价值，通过外在的规范伦理约束人之内心世界，使人之内心世界处于不动心之状态，从而达到内心世界的和谐。礼除了这种规范伦理的作用而外，还有一种最为基本的功能，那就是对人的内心世界的"养"。礼对人的行为的规范作用表现为两个方面：一是通过对人的行为的规范而使人之内心世界和谐；二是对人之内心世界的调养，也即礼以养人心之和。礼对人心之和如何调养？这又回到了儒家哲学"欲"的问题上了，礼之产生的前提与基础即是人欲。欲望是人类的共性，霍布斯认为人与人之间的关系就是"狼性"，"狼性"在外即表现人与人之间的争夺。如果单纯地解决纷争，那么人欲事实上得不到真正的解决。于是在西方哲学史上出现了以外在的非强制力量，也即以社会契约的方式来解决欲望之争的问题。在中国哲学史上，解决欲望的方式不同于西方，而是主张以礼来解决；虽然手段不同，但在某个层面上与西方社会的契约有着异曲同工之妙。在儒学史上，争夺一方面不利于社会的和谐，另一方面也确实解决不了现实问题。那么如何解决利益纷争，荀子提出了以礼养和的观点。如前荀子所说："人生而有欲，欲而不得，则不能无求；求而无度量分界，则不能不争；争则乱，乱则穷。先王恶其乱也，故制礼义以分之，以养人之欲，给人之求，使欲必不穷乎物，物必不屈于欲，两者相持而长，是礼之所起也。故礼者，养也。"（《荀子·礼论》）礼的基本价值就在于"养"、在于止纷争。纷争之由在于人有欲望，而解决纷争的最好方式即是礼。礼的基本价值在于养心，养心在于养人之欲，在于止人之欲。这种思想源于孟子。孟子曰："养心莫善于寡欲。其为人也寡欲，虽有不存焉者，寡矣；其为人也多欲，虽有存焉者，寡矣。"[1]孟子此言，直陈养心的逻辑前提：寡欲。就"欲"而言，程子与朱子皆

---

[1] 《孟子·尽心下》，（宋）朱熹：《四书章句集注》，中华书局，1983，第374页。

进行了解释。程子曰："所欲不必沉溺，只有所向便是欲。"朱子亦对欲进行了注解。"朱子解释欲，如口鼻耳目四支之欲，虽人之所不能无，然多而不节，未有不失其本心者，学者所当深戒也。"① 朱子在孟子对欲的理解的基础之上，更为深入地进行了解释，不但说明了人之欲存在的方面，也说明了节制过多欲望的具体办法，其目的在于告诫大家以理性的方式对待人欲，已涉及礼的基本价值与功能。船山在朱子哲学的基础之上，对人之欲阐释得更为深入：一方面，船山认为人正当的欲望是存在的，"礼虽纯为天理之节文，而必寓于人欲以见"②；另一方面，认为人之心是可存可养的："人之所可存可养者，心而已矣。"③ 显然，船山所提倡的存养之功就在于以礼遏欲，终极价值在于以礼养心。"养心之功则在遏欲存理、静存动察之学。"④ 由此，船山辩证地处理礼与和顺人心之间的关系，也即礼的终极价值指向是和顺人心以养人之心。欲取得人之内心世界的宁静与和谐，则必然对礼有所存养，对礼这种规范伦理"择善固执"，如此方能实现内心世界的宁静与和谐。那么其内在的根据何在呢？船山给出了自己的答案。他说："唯当从事于存养者，则心已习于善，而一念之发为善，则善中之条理以动天下而有余者，人不知而己知之矣。心习于善，而恶其素有，则恶之叛善而去，其相差之远，吉凶得失之为悬绝者，其所自生与其所必至，人不知而己知之矣。"⑤ 在船山看来，以礼存心，以礼遏欲，鉴于有礼，人之心已向善，则人必将弃恶从善，放弃过分的欲望，以得到内心世界的宁静与和谐。存养事实上有两重意思：一是存养礼，将礼作为一种工具而存养；二是对心的存养，不动心。前者是后者的基础，后者是前者的逻辑结果，这种存养是儒家成圣、成贤之门径。船山总结了礼之调适对社会和谐的基本作用。他说："须彻根彻底，见得圣人正衣服，慎饮食一段静存动察、极密极实之功，所谓'致中和'者，即此便在，方于圣人作圣之功，得门而入。"⑥ 船山此言，大致表明了两层含义：第

---

① 《孟子集注卷十四》，（宋）朱熹：《四书章句集注》，中华书局，1983，第374页。
② 《梁惠王下篇》，《船山全书》（第六册），岳麓书社，1991，第911页。
③ 《告子上篇》，《船山全书》（第六册），岳麓书社，1991，第1074页。
④ 《梁惠王上篇》，《船山全书》（第六册），岳麓书社，1991，第903页。
⑤ 《第一章》，《船山全书》（第六册），岳麓书社，1991，第464页。
⑥ 《乡党篇》，《船山全书》（第六册），岳麓书社，1991，第745页。

一重含义即前面所说的固礼；第二重含义表明了固礼的基本价值与终极目标，即"致中和"，也即礼能养人心之和，恰当地分析与总结了礼的基本价值。

礼对人心之和顺的基本价值是值得肯定的。但我们也知道：人之心有"已发"与"未发"之分，学术界多认为"已发"在外表现为人之情，"未发"则表现为人之性。故此，如若礼未能和顺人心，人心已发表现为情，那就需要以礼抑情。如若在礼的调适之下已和顺，则必将发展为人之性，也即礼以和性。

内外交相养，使礼以和顺人心。人非圣贤，故此人心有两种状态，未发与已发之状态。人心未发之时为人性，此时需要以礼和顺人心，实现人心之和；人心已发之时则为人情，那就更需要树礼之权威，并以礼遏人之情，唯其如此，才能使人之行为处于和谐之境地。

第二节　礼以顺情而利己心、人己之和

心、性、情系传统儒释道三教的主要范畴之一，有关心性问题的讨论从未停止过，关注心性问题是儒家哲学的主要特点之一。船山作为宋明理学的总结与开新者，心性问题亦是其研究的主要问题。船山和谐社会的构建说，人之情是重要因素之一：其一，人之情会影响心灵和谐；其二，人之情会影响人际和谐。在儒学史上，谈及"情"，一般而言指人的"七情"，即《礼记·礼运》中所说："喜、怒、哀、惧、爱、恶、欲七者弗学而能。"这里所介绍的"情"，前六者是从人的情感方面而言的，最后一种"欲"即是从人的欲望方面而言的。《礼记》中认为人之情是天赋的。在与外物的接触过程中，人因外物的引诱而使天赋的情爆发出来，即我们通常所说的"发情"。由此得知"情"既包含人之情感，也包含人之欲望。情的外在表现为真情实感；欲望的贲张则引起人际关系的不和谐。以下我们主要讨论人之情感问题，同时也兼谈"情"乃人之欲望的问题。

情感是人的内心世界的真实反映。由情感所暴露出来的七情六欲，是人之内心世界矛盾与冲突的结果。欲解决由情而引发的矛盾与冲突，须以礼调适，以实现人之内心世界的和谐。

一 "情" 有所辨与情之特色

礼的基本价值在于和顺人之情。人之情的产生，本无可厚非。人所禀赋的气来自"二气之良能"，决定了人有智能，也正是由于人有智能，导致了人能以其智移其正情，由此导致了人有情偏。"人之德性，本无不备，而气质所赋，鲜有不偏。"① 在船山看来，人之德性本是完整的，但由于人之气质差异，最终导致了德性之差异，德性之差异直接影响了人性的偏移。由至善之气所生发的人性本来至善，但气质偏之人不能完全把握德性，由于人之德性的差异，从而在人性方面也发生了转移，"性以发情"是也。在《礼记·礼运》中，将"情"大致分为人之情感与人之欲望。船山承续了《礼记》中关于"情"的区分。从船山关于"情"的区分来看，以礼调适人之情可以实现两方面的和谐。如若船山所说的"情"是人之情感的话，那么以礼和顺人之情则能实现人之内心世界的和谐；如若船山所提及的"情"指的是人之欲望的话，那么以礼和顺人之情，则能实现人际和谐。故此，在船山的视域中，"情"有所辨，则与和谐之路径是不一的。

船山从性与情的基本关系入手，以张载的心统性情为出发点，从辨别心、性、情三者的基本关系中加以区分。"'恻隐、羞恶、辞让、是非'，情也。'仁、义、礼、智'，性也。'心'，统性情者也。'端'，绪也。因其情之发，而性之本然可得而见，犹有物在中而绪见于外也。"② 事实上，从船山关于"心统性情"的观点中可以管窥他关于性与情的区分。性仍然属于未发之状态，情属于已发之状态，在二者之间，心是性与情总的归属地，是涵盖性与情的；在"心"这个大熔炉当中，性与情是相互联系、相互影响、相互制约的。也即是船山所说的"性以发情，情以充性"③。性乃是人之性情当中最为本质的部分，而情则是由于外物的诱惑而导致人性之"坎陷"。人性之"坎陷"，需要以"礼"调适并实现人之本然善性。故此，船山阐释人之情时，从人性之异的角度阐释了情的不同层次。"盖情之所生，因乎居心之体。而智者则动也，迎于物而即有观理之心，

---

① 《述而第七》，《船山全书》（第七册），岳麓书社，1990，第 523 页。
② 《公孙丑上》，《船山全书》（第八册），岳麓书社，1990，第 215 页。
③ 《系辞上传第十一章》，《船山全书》（第一册），岳麓书社，1988，第 1023 页。

不使一念之或息而不灵也；仁者则静也，敛于己而不随物感以迁，恒使此心之退藏而有主也。"① 智者与仁者对待"情"的基本态度迥异：智者以积极的态度对待人之情，并能够在理（礼）的调适之下，使人之情回归本然之善性状态；假使人之本然之性"坎陷"或"丧失"，此时人之情占据主流地位，则更需要以礼去调适并回归人之本然之性。仁者不一样，不因外物而移情。如此，其本然之性也不会因此而"坎陷"或"丧失"。故此，德性不同之人，对待外物的态度与情感亦不一样，从而在"情"或"欲"的问题上态度迥异：情与人心相联系，性与道心相挂搭。"情便是人心，性便是道心。道心微而不易见，人之不以人心为吾俱生之本者鲜矣。"② 于此，船山将人心与道心区分得非常清楚。可见，船山在此所阐述的情是与人欲相联系的，船山亦有明确阐释。他说："'情'，欲也。尊亲之至，不敢导欲以事之，故尽道以将敬，而不苟近其情以为悦也。"③表明了人之欲望与情是密切相关的。在阐释人之情与人之欲相挂搭的同时，船山也明确地指出了人之欲的具体纲目："人欲者，为耳目口体所蔽而窒其天理者也。耳困于声，目困于色，口困于味，体困于安，心之灵且从之而困于一物，得则见美，失则见恶，是非之准，吉凶之感，在眉睫而不知；此物大而我小，下愚之所以陷溺也。"④ 人之耳目口舌鼻等感官皆因外物而蒙蔽，人之感官均有美味声色之好，人之性以发情，从而使人之性"坎陷"为情。由于人之性的"坎陷"，人之情的膨胀，最终导致身心之间的不和谐。不过，船山认为人之情的膨胀，主要是下愚之人所为，上智之人是不可能有这种思想的，可以说进一步从人之智能的视角展开了人之情说。从物欲之视角，船山认为人之情，也即人之欲望的极大膨胀可能导致天理的丧失，而天理的丧失则有可能导致人际和谐的沦陷。为此，船山还对由物欲所引发的人之情作出了详细的阐释，并对人之情的来源作出了深刻的论证。船山曰："乃君子则以方动之际，耳目乘权，而物欲交引，则毫厘未克，而人欲滋长，以卒胜夫天理，乃或虽明知之，犹复为

---

① 《雍也第六》，《船山全书》（第七册），岳麓书社，1990，第466页。
② 《告子上篇》，《船山全书》（第六册），岳麓书社，1991，第1066页。
③ 《礼器》，《船山全书》（第四册），岳麓书社，1991，第601页。
④ 《大心篇》，《船山全书》（第十二册），岳麓书社，1992，第152页。

之，故于此尤致七慎焉，然后不欺其素，而存养者乃以向于动而弗失也。"① 由于物欲之诱惑，导致人陷溺其中而不能自拔，在此种情形之下，人世间平静的和谐生活被打破，此时需要外在之礼使之恢复本然之性。在情与欲相联系之时，和谐社会建构的最大障碍也就凸显出来了。基于此，我们有必要遏人之欲而存礼，唯其如此，和谐社会才能在礼之调适之下得以实现。

人之情除了与欲相联系而外，"情"的另一层含义即是人之真情实感，即喜、怒、哀、乐、惧等情感是也。船山曰："人之大情，哀乐而已，而哀为甚。"② 是说人之情不单单表现为欲望，还有与欲望密切相关的方面——情感。当然人之情感不能说与人之欲没有任何瓜葛：当人的欲望（情）不能满足之时，此时人之欲就会通过人之情感表现出来。如满足了某种欲望之后，此人可能会手舞足蹈，表现出高兴之情；当欲望得不到满足之时，那么此人会表现出悲伤之情。人之情有欲望与情感之分，这种区分，既有联系，又有区别。情感是人之内心世界的真实写照，故此，人之情感的流露恰恰说明了人之内心世界和谐与否，因为不同的情感会折射出人之内心世界的不同想法。从情之区分来看，我们可以管窥由于人之情所造成的矛盾与冲突的二分：在人的欲望的问题上，主要来自于利益的瓜葛，从而可能导致人与人、人与社会之间的矛盾与冲突；而在人的情感问题上的矛盾与冲突，主要来自于人的内心世界的不和谐。如船山所说："欢尽则情无余，忠竭则心无余，在人者既难乎继，且施我者已至，则我所报者不得独轻。"③ 事实上，船山在此所说的"情"是人之情感，而人之情感之来源即在于人之欲望。如此，"情"之二分，实际上说明情既有区分，同时又是相互联系的。

情不但有二分，亦独具特色。情之特色主要表现为如下几个层面：其一，情无所豫而自生。船山云："夫情无所豫而自生，则礼乐不容阒也。文自外起而以乎情，则忠信不足与存也。"④ 情的产生，不是在人有预谋

---

① 《第一章》，《船山全书》（第六册），岳麓书社，1991，第 464 页。
② 《檀弓下》，《船山全书》（第四册），岳麓书社，1991，第 289 页。
③ 《曲礼上》，《船山全书》（第四册），岳麓书社，1991，第 63 页。
④ 《贲》，《船山全书》（第一册），岳麓书社，1988，第 876 页。

的情况下产生的，而是为外物所诱惑使然。换言之，情是在外界的影响下生成的，由此可认定"情"是结果。其二，情不可学而至。在船山看来，"情"是自然而然的，不需要通过其他途径而来，诚如船山所说："文可企而及，情不可学而至。"① 实际上，船山说的是情生成的两种情况：一种是情在环境的刺激下自然生成；另一种情况是主观意识的参与而产生的，即船山所讲的"情不可学而至"。其三，在情与理的把握基础之上可区分人禽、动植物。船山从情的角度阐释了人与动物的区别：人与动植物在本源之气上是一致的。它们之间的区别在两个层面：第一个层面在于本体之气层次上的差异。在船山看来，人与动植物的相同点在于所禀赋的气是一样的。但气又是有差异的，人所禀赋的气是"二气之良能"，动植物所禀赋的气则是絪缊之气。絪缊之气比二气之良能要低一层次。从本体层次上可以看出人在万物之中的主宰地位。② 人与动植物区别的第二个层面在于草木有气无情，动物有情无理，人既有情亦有理。诚如船山所言："人之为人，心之为人之心，类可推矣。草木有气而无情，禽兽有情而无理，兼情与理而合为一致，乃成乎人之生。故遇物之危而恻然动，见人之哀而隐然恤，虽残忍习成，而当可恻可隐之时，则心必动，如其悍然而恝忘之，则必非人而后然矣。"③ 草木亦由本体之气产生，可谓有是气，但草木无情；禽兽虽然从本体的气演化而来，且也讲求情（不管这种情是先天还是后天的），但禽兽不知理（礼）；而人既具有情，又具有理（礼），且能以礼顺情。综上，在宇宙中，人是万物之灵，正因为在情的问题上人比其他宇宙万物高级，决定了人在宇宙中的主宰地位。事实上，人与禽兽在本体之气上是有差异的，但在情上有相似的地方，在智的方面也有类似的地方。船山云："禽兽之或趋而或避者欲也，人亦非能无欲也；禽兽之时喜而时怒者情也，人亦非能无情也；人之遇事物而辨者知也，禽兽亦未尝无知也；人之具才力以为者能也，禽兽亦未尝无能也：未有异也。"④ 就是说，人与禽兽在欲、智等层面也有相同的地方，区分就

---

① 《檀弓上》，《船山全书》（第四册），岳麓书社，1991，第166页。
② 陈力祥：《王船山礼学思想研究》，巴蜀书社，2008，第43~49页。
③ 《公孙丑上》，《船山全书》（第八册），岳麓书社，1990，第218页。
④ 《离娄下》，《船山全书》（第八册），岳麓书社，1990，第511页。

在于人有理（礼），将情理合二为一即是人。故此，在情的判断方面，人是以理（礼）顺情的高级动物。禽兽有欲亦可能有智、有情，但禽兽不可能有理（礼），故此禽兽不可能以理（礼）顺情。人类则不一样，因为人类有理，可以礼调适人之行为，使人之行为合乎理（礼）性，进而使人类社会进入和谐的理想境地。我们还可以从"情则一往而易尽"的溺情区分人禽。船山云："盖情则一往而易尽，性则有节而恒，于此可以验性情之分矣。"① 船山在此想要说明的是溺情的问题。就是说，动物溺情，不存在以主观之愿望而自拔的问题。"性"的问题就不一样了，抑情存性，使人之性回归到本然状态，因此人之性相对稳定而持久。正因为有溺情，故此，船山主张在人之理性的关怀之下，以礼顺人之情。当然，同样是人之情的问题，船山还从君子与小人的角度阐释了两者之情的问题，并以此凸显出以礼顺人情的必要性。"君子之情豫定，则先迷而后得；小人之情已淫，则恶积而不可掩。"② 不论是君子之情的"豫定"，还是小人之情的"已淫"，最终还是需要以礼和顺人之情，唯其如此，才能真正实现鉴于人之情而引发的人之内心世界的不和谐与人际不和谐。

二　礼"承天道以治人情"

上文我们阐释了"情"的分类与特点。"情"若指的是人之情感，如情感波动，必然打破人内心世界的平静，引发内心世界的不和谐。若"情"指的是人之欲望，那么和谐社会的构建就存在人际关系的不和谐。无论是何种"情"，人之情皆有可能引发人的内心世界、人际关系的矛盾与冲突，此时就必须以礼调适，和顺人之情以实现和谐。

礼之产生有其特殊的历史根源。礼之源流有三：其一，人性为善、礼本心生；其二，"因《易》以生礼"；其三，继天立极，礼由虚生向实生的过渡。③ 本书重点在于阐释礼与和谐社会的构建，故在此不讨论礼之源流问题。通过对船山思想的考察，我们很容易发现礼在构建和谐社会中有着不可低估的价值，因为通过礼以顺人之情，可以实现人之内心世

---

① 《檀弓上》，《船山全书》（第四册），岳麓书社，1991，第 139 页。
② 《大易篇》，《船山全书》（第十二册），岳麓书社，1992，第 310 页。
③ 陈力祥：《王船山礼学思想研究》，巴蜀书社，2008，第 109～194 页。

界的和谐以及人际关系的和谐。船山从礼之源流的角度进行了考察，他认为先王制礼之时，既接续天之道，同时也说明了制礼的目的在于顺人之情。他说："先王制礼，既承天道，抑顺人情。"① 船山此言，说明了礼产生的主体问题，亦说明了礼存在的合法根据，同时亦说明了礼之价值问题。正因为如此，船山对流传下来的礼推崇有加，认为礼乃天道人情和顺的重要因素之一，并对天道与人情进行了深入阐释。他说："'天之道'，顺也；'人之情'，和也。理顺则气亦顺，情和则体亦和，失之而生，幸而免尔。此甚言礼之为急也。按天道人情乃一篇之大指，盖所谓大道者，即天道之流行，而人情之治忽则同异康危之所自分，斯以为礼之所自运而运行天下者也。"② 说明先王制礼的基本依据在于天之道，在天之道的监管之下，礼的基本价值在于和顺人情。在"承天道以治人情"之后，由天道而地道、由天道而人道。天地人三才是相互联系、相互影响的生物链，天道而后即是地道、人道。船山曰："乾坤而得礼意者，所谓'承天道以治人情'也。"③ 就是说，天道而后，乾坤承续了天之道得此礼意。乾坤是元气的生发者，故此，宇宙间万物都可能得此礼意。在此，我们也很容易感受到礼意流行与万物和顺的基本关系。在礼意流行之前提下，船山更为明确地说明了礼与情之间的基本关系。"先王制礼，极不肖之情而为之防，以引之使企及焉。"④ 认为礼的基本价值在于防"不肖之情"。这里所说的"情"，不管是人之情感，还是人之欲望，防人之"不肖之情"，最终目的是和顺人之情，并使之达到和谐之境。

礼缘天道以治人之情，说明由天道过渡到人道的必然性。在礼由天道过渡到人道之时，业已说明礼能顺人之情，同时亦间接说明了礼在由天道过渡到人道的天人合一之境界时，礼才能真正实现其基本价值。礼能够治人之情，亦是天人合一的真正表现。人承续天道以治人之情，使我们能真正明确天道、人情之间的真实意蕴，即天人合一。诚如船山所说："天道

---

① 《礼运》，《船山全书》（第四册），岳麓书社，1991，第569页。
② 《礼运》，《船山全书》（第四册），岳麓书社，1991，第540～541页。
③ 《礼运》，《船山全书》（第四册），岳麓书社，1991，第542页。
④ 《檀弓下》，《船山全书》（第四册），岳麓书社，1991，第249页。

人情合一之理，明人之有情，率原与天道之自然，故王者必通其理以治情，而情无不得，则礼之所自设，深远普遍而为生人之急者，其愈明矣。"① 于此，我们能清晰地感受到天道之礼与地道人情之间的关系，欲实现人世间的礼以顺情，天人合一造就了此种功能，唯其如此，才能在天道的关照之下实现人道之礼以顺人之情；也只有如此，才能达到真正的和谐之境。和谐之境的实现，人道之礼功不可没。为此，船山盛赞由天道而到人道的天人合一思想。他说："本天道以尽人情，则物之性亦尽。故礼成而瑞应之，盖天人一致之徵也。"② 船山在承天道以治人情方面，走的是天人合一之路，这可以说是对我国古代哲学中的天人合一思想的延续与发展。在船山看来，先王制礼作乐，以礼和顺人心，以礼代法，其效果是纯法难以企及的。他说："欲恶藏于心而善恶隐，人情亦至变矣。乃先王齐之以礼，既不拂人之情，而于饮食男女之事，使各获其应得，其于死亡贫苦之故，又有以体恤而矜全之；至于非所欲而欲，非所恶而恶，则虽饰情以希求而终不可得，则变诈不售，而人皆显白其情以归于大同矣。此先王所以治人之情，不待刑罚，而天下国家自正也。乃其节文等杀之不忒，则一本诸天道之自然，故治人之情而即以承天之道，其致一也。"③ 可见，在和顺人之情方面，船山既赞成先王关于人之正常欲望，同时又主张对人之非正常欲望加以遏制，其关节点在人之情是否合乎礼。礼在调适人之情感、人之欲望方面，相比纯法来说有着更好的效果，难怪在明末清初时期凌廷堪等学者甚至主张"以礼代法"。船山说："人受天地之中以生，而备阴阳、四时、日月、五行、鬼神之理，故先王立政，制为礼以达人情，即以合天德，体用一原而功效不爽也。"④ 表明了礼以顺情对和谐社会构建的基础性作用。

先王制礼，承天之道，治人之情。船山承接了先王关于以礼顺情的基本理路，指出了礼在和顺人之情感与抑顺人之欲望方面的基本价值，礼以顺情所能达到的是中庸，也即中和之道。船山云："凡人皆有独致

① 《礼运》，《船山全书》（第四册），岳麓书社，1991，第569页。
② 《礼运》，《船山全书》（第四册），岳麓书社，1991，第565页。
③ 《礼运》，《船山全书》（第四册），岳麓书社，1991，第560页。
④ 《礼运》，《船山全书》（第四册），岳麓书社，1991，第565页。

其情而不忍之处，先王所以制礼而为之折衷；情所不及，必企及之，情所过者，必俯就也。"① 显然，"情所过者"之"情"，主要是人之欲望，对这种"情"主要是抑情以顺人之心、顺人之意；"情所不及"的"情"主要指人之情感。从以礼待人的角度来看，"情"主要表现为人之情感。人之情感如何与人之礼相契合，关键在于"和情"达礼。如果人之情感不到位，不能体现人之真情实感，亦是不合乎礼节的，也不能达到礼以顺情的目的。先王给我们留下了宝贵的"和情"经验。先王以礼顺情的关键在于既说明了礼之来源，同时也说明了礼以顺情的效果："先王本天道以治人情，故礼行政立而无不宜也。"② 由此，船山从更高的视角阐述了礼在构建和谐社会中的价值。船山的视角，并非仅在礼以和顺人之情的方面，在礼和顺人之情之后，船山从社会全面和谐的视角阐释了礼的基本价值，因为人之情的和顺，最终将影响人之内心世界、人与人、人与社会、人与自然之间的和谐；礼和顺人心将涉及整个社会的和谐。

传统文化中一直能够流传于世的东西，一定有可取之处。传统文化的这种闪光之处，在今人看来，必然有其合理的价值涵盖其中。船山作为宋明理学的总结与开新者，不单单是继承传统文化，更为重要的是开新。船山关于先王承天道以治人情的思想尤为深邃：在人之情与人之理（礼）的问题上，他甚至提出了极具个性特色的看法。从礼以顺人之情实现人之内心世界和人际和谐的角度，船山将"情"提高到更高的位置。船山云："因情而制礼。"③ 此言提升了情的位置，将情与礼以对举的方式列举出来。由此可以看出情是第一位，礼的产生主要缘由在于有人之情，礼是第二位的。船山甚至提出了更为极端的看法，将礼置于非主流的地位。他说："礼皆缘人情而起也。"④ 在先王所倡导的"承天道以治人情"的基础之上进一步肯定了情的地位，事实上也抬升了礼的地位。

---

① 《檀弓上》，《船山全书》（第四册），岳麓书社，1991，第 153 页。
② 《礼运》，《船山全书》（第四册），岳麓书社，1991，第 566 页。
③ 《万章下》，《船山全书》（第八册），岳麓书社，1990，第 633 页。
④ 《礼运》，《船山全书》（第四册），岳麓书社，1991，第 565 页。

三　节情去私为礼之本

基于上文的分析，我们了解到礼之来源、礼存在的依据——以求和为其价值旨归。事实上，欲实现礼宜乐和的和谐社会理想，必须以礼为工具，节情去私，唯其如此，才能化解人内心世界的矛盾与冲突、人际矛盾与冲突，以礼和顺人之情，从而真正为和谐社会的构建奠定基础。鉴于情（主要是欲）是和谐社会的干扰因素，为此，船山对情作了更为深入的分析。船山认为由于人有孤傲之情，从而不能自抑，容易导致因情而损人之嫌。他说："人唯居傲之情不能自抑，则无以顺亲，而动与物忤；能以退让之道事其亲，而人皆宜之矣。"① 以礼调适人之情，乃实现人与人（包括与自己的尊长以及其他人）之间和谐的前提与基础；人之倨傲之情外显，当他人感受到这种倨傲之情之时，首先表现的是内心世界的不和谐。这种不和谐，需以礼顺；礼顺的作用表现为以礼抑人之傲慢之情，如此才能真正实现人世间的和谐。不仅如此，船山还对节情去私中的"情"与"节"进行了分析。他认为节"情"之"情"主要指人之欲，也即"节"的对象主要是节人之欲。于是，船山对人欲作了分析。船山认为，他所说的欲即是我们所说的人之"情"。船山云："欲曰人欲，犹人之欲也；积金困粟，则非人之欲而初不可欲者也。"② "节情"主要指的是遏欲，既然节情去欲很重要，那么很有必要对情进行分析与整理，即有必要对人之欲望深入分析。船山云："贤人遏欲以存理者也，而遏欲必始于晰欲。"③欲实现节情去私之目标，必须首先分析"节"的对象，也即船山所说的析欲。对象明确，才能为我们下一步讨论如何节情奠定基础。

如何以礼节情去私以实现人之内心世界以及人际和谐呢？礼因人情而起，礼之本质就在于节情去私。船山首先对直情之径行表示反对。他说："直情径行，礼之所斥也。"船山接着表明了自己的观点："唯直之一字最易蒙昧，不察则引人入禽兽。"④ 就是说，直情之人，无论

① 《曲礼上》，《船山全书》（第四册），岳麓书社，1991，第 23 页。
② 《俟解》，《船山全书》（第十二册），岳麓书社，1992，第 480 页。
③ 《第二十二章》，《船山全书》（第六册），岳麓书社，1991，第 542 页。
④ 《俟解》，《船山全书》（第十二册），岳麓书社，1992，第 487 页。

是从道德情感上，还是从人欲上来说，都是与礼不相容的。就道德情感而言，人该悲伤的时候不悲伤，如此容易造成人之内心世界的不和谐，此时如能以礼文饰自己的行为，在情感方面，既能尽礼之质，同时亦能尽礼之文；从情表现为人之欲望的角度来说，如果一个人任由欲望之缰绳信马由缰，想得到什么就不择手段，这同样能造成人际不和谐。故此，船山认为人若是直情而行，则易陷入禽兽之行径，和谐就无从谈起。正因为如此，需要节情去私以实现人之内心世界以及人际和谐。

直情径行，乃礼之所斥也，船山指出"礼以顺为贵"①，顺就在于顺人之情，文饰人之内心世界的情感，调适人与人之间的矛盾与冲突。就人之喜怒哀乐惧等情感而言，船山认为都应该以礼去调适，因为"礼以度数，所以微其情也"②。礼作为规范伦理相当微妙，它能使人之行为有矩度，使人之情在礼的关照之下更合乎理性，使人之行为"矫其偏而立斯立，动其天而自和乐以受裁，竭两端之教，所以中道而立，无贬道以徇人之理"③。故此，礼能矫情之偏，使人之情回归正轨，使人之行为回归于和谐之道。矫情复性，使人之情无所偏离，此时人之内心世界必然和乐，必然表现出人的行为合乎理性与规范。正如船山所言："有礼而节不逾，则其于人也，亢而不侵侮之，卑而不玩狎之矣。"④ 有礼之规范，则人之行为、人之真情实感能做到不偏不倚、恰到好处。对于那些气质偏之人，船山主张以礼顺人之情、养人之气质，最终变化其气质，从而回归到本然之性。"有其质而未成者，养之以和易变其气质"⑤，为此，船山认为人之行为有气质之偏，以礼养气质之偏以实现人心之和，并变化其气质，这是礼之价值所体现出来的较高境界。针对现实生活中有人贬低礼能节人之情的作用，船山提出了自己的看法，认为以礼顺人之情是一种比较理想的方式。针对当时社会有人提出礼之存在是社会之訾的说法，船山持相反

---

① 《檀弓上》，《船山全书》（第四册），岳麓书社，1991，第136页。
② 《檀弓下》，《船山全书》（第四册），岳麓书社，1991，第249页。
③ 《中正篇》，《船山全书》（第十二册），岳麓书社，1992，第171页。
④ 《曲礼上》，《船山全书》（第四册），岳麓书社，1991，第15页。
⑤ 《中正篇》，《船山全书》（第十二册），岳麓书社，1992，第191页。

的观点。他说："礼则因人所宜有之情而为之文，何訾之有？见孺子慕而得其踊之所自起，知兴物之故矣，而微情之精意尚未之达，则刺礼而非礼之訾者，称礼而亦未尽礼之善也。"① 由此可知，礼的作用是文饰"情"，即饰情、顺情、和情。礼因人情而起，也恰如其分地说明了礼存在的必要性与可能性，肯定了"节情去私为礼之本"② 的基本观点。

以上说明了节情去私乃礼之本的基本问题。那么节情去私以后又将如何？显然，节情去私之后，是向和谐社会的进一步迈进。若能以礼节情，则善恶之理自然现矣；善恶之理流布于世间，则自然而然会以善恶之理对待世间之物；从公平与正义的视角来说，善恶之理现，则宇宙中的一切将处于合理的秩序之中，也即处于和谐的秩序之中。船山云："能节其情，则善恶之理见矣。"③ 进一步说明了礼能节情去私的基本观点，从而在更高境界上说明了礼之和合价值。礼的基本价值倾向就在于使人之心境、人际等和谐，说明了礼有中和之作用。他说："其于进退也，道合则从，不合则去，礼也。而以固宠为情，无礼也。"④ 船山始终将礼置于一种中和之位，认为如此才能使人之情处于无过与无不及之状态。如若执著于情，则必然会导致人溺情之状况，而溺情则必然会导致人性的"坎陷"，最终导致人之内心世界、人际关系的不和谐。故此，船山多次强调要"发乎情，止乎礼义"⑤，以礼义制约人之情，如此才能真正实现人情横流之状况，使人之心回归本然之道心，使人在道德抉择层面能"择善固执"，最终使人之道德境界得以提升。船山曰："唯发乎情，止乎礼以敦其敬，而后可以立人道之本，故尤为敬之至大者也。"⑥ 在对待情的问题上，礼是第一层次的。以礼待情，礼以将敬，则立人之和。以礼和顺人之情，逐渐达到由礼而内化为人之道德品质之"敬"，由规范伦理提升为人之德性，必将对和顺产生巨大而深远的意义。在对待"情"的问题上，如若能以礼和顺人情使人之境界得以提升，使人能以一种"敬畏"之心对待外物，

① 《檀弓下》，《船山全书》（第四册），岳麓书社，1991，第 250 页。
② 《曲礼上》，《船山全书》（第四册），岳麓书社，1991，第 14 页。
③ 《曲礼上》，《船山全书》（第四册），岳麓书社，1991，第 13 页。
④ 《离娄上》，《船山全书》（第八册），岳麓书社，1990，第 416 页。
⑤ 《乐器篇》，《船山全书》（第十二册），岳麓书社，1992，第 320 页。
⑥ 《哀公问》，《船山全书》（第四册），岳麓书社，1991，第 1184 页。

这种和谐状态是一种真正的、有序的、自发的和谐状态。正因为如此，我们认为和谐的构建最佳途径得益于自然而然这种理想境界。

礼之本质在于节情，节情则有可能使人之内心世界、人际关系皆处于和谐境地，此乃船山从正面阐释的节情去私为礼之本的基本观点。此外，船山还从反面阐释了不节情而对和谐社会构建的危害，具体表现在如下几个层面：其一，"溺情而不知节之以礼"①，则"其所以异者荡然无闲而去之矣"，因为不知节情去私，则导致人与人之间的不和谐。因为"若貌人之形以为庶民者，则任其情欲而无节，听其知能之明昧得失而不恒，其所以异者荡然无闲而去之矣"②。溺情而不知节之以礼，则溺情之人与节情之人的矛盾与冲突自然而然地激化，因为溺情而不能自拔，则损人之行为自然而生，如此则不利于人际关系的和谐，同时也不利于溺情与节情双方内心世界的和谐。其二，如若不以礼节欲，则必然导致人际关系的冷漠，最终使和谐友好的环境破坏，此危害大矣。船山云："不以礼制欲，不以知辨志，待物自敝，而天乃脱然。"③ 不能以礼节情、制欲，则不能真正修养自己的道德理想与道德情操，不以礼制欲，人之智也必然在欲的干扰之下处于蒙昧状态。故此，唯有以礼节情、以礼制欲，才能实现心目中理想的和谐社会。总之，从礼的基本价值看来，礼之本质在于节情去私，唯其如此，才能使人之内心、人际和谐得以实现。

节情去私乃礼之本，这主要是从情的角度阐释了礼的基本价值。那么如若从礼的角度来说，情又将处于何种位置呢？在船山看来，礼之产生即为节情而备："礼之所生，情之所自裁也。情无不尽，而有不尽也。直前则多悔，制情则不可以常，知礼酌乎其中而得其宜，然后其所立者不迁。不知礼，则过焉而不知俯就之安，不及而不知企及之正也，物且乱之，而己且失之矣。"④ 由此可知，礼为节情而定；礼为情之文饰奠定基础。情之过者，礼以俯就之；情之不足者，礼以企及之。正如船山所说："情不足则益之以文，情有余则存之以质。物亦实也，情已动而事

---

① 《檀弓上》，《船山全书》（第四册），岳麓书社，1991，第162页。
② 《离娄下》，《船山全书》（第八册），岳麓书社，1990，第511页。
③ 《老子衍》，《船山全书》（第十三册），岳麓书社，1993，第23页。
④ 《尧曰第二十》，《船山全书》（第七册），岳麓书社，1990，第999页。

且成，乃因时因事而损益之，在情事之后，矫之正也。文质各矫其所偏，故不可常。"① 故此，礼在人之情中所扮演的角色即和顺人之情，使人之情无过无不及，恰好处于中庸之地位，也即处于和之境、宜之地，达到冯友兰先生所说的圣人之境。船山认为的圣人之境，即以礼调适人之喜怒哀乐，将人之情置于心中。礼以顺情之时，则人能动容中礼，和谐可至。船山曰："圣人喜怒哀乐之节，笃实于中，自见于外，故动容中礼而造次无违。"② 再次从礼的视角阐释了礼与情的基本关系：礼之所生，目的与终极价值就在于以礼顺情，以礼达情，以礼和情。礼之产生、延续与发展，说明了礼在和顺人情中的价值。在明末清初这个"天崩地解"的大震荡时期，清朝对明朝的颠覆与重建，在船山看来，这正是礼衰之结果，也是明末清初一些达官贵人重情之缘故，故此，船山主张以礼顺情，以礼节情，最终实现真正意义上的和谐社会。船山总结道："礼者，以达情者也。礼立则情当其节，利物而和义矣。"③ 透过情与礼、礼与情基本关系的分析与阐释，船山认为节情去私乃礼之本，礼之所生乃情之所自裁也。

四　礼与情相为出入而各惬

情与礼、礼与情之间实际上是一体两面的关系，所谓"一体"指的是在礼以顺情之情况下的和谐之体；"两面"是指节情去私是礼之本与礼之所生乃情之所自裁。在达到和谐境地以后，礼与情之间的关系可以归纳为"礼与情相为出入而各惬"。礼与情是在相互影响、相互制约、相互激荡、相互辩证之中达到人之内心世界、人际和谐之最佳境地。

人之情千姿百态，礼之角色即是和顺人之情，从而使人之情归于中，也即归于和。船山云："人好恶之情万变不齐，而礼以通众情而斟酌之，使天下之人皆得以远所恶，遂所好，无所徇而自无不给，乃所以无过不及

---

① 《乐器篇》，《船山全书》（第十二册），岳麓书社，1992，第318页。
② 《檀弓上》，《船山全书》（第四册），岳麓书社，1991，第167页。
③ 《礼运》，《船山全书》（第四册），岳麓书社，1991，第559页。

而得其中也。"① 无论是何种形式的情，终归必将在礼的规约之下得以和顺，也即礼以矫情而复性，恢复人之本然之性。在礼的约束之下，能化人之情为人之性，使各种顽劣之人在礼的规约之下能够循礼居正，使人之情在礼之规约下，能"于事见礼焉，于物见礼焉，率由之，驯习之，则于吾心见礼焉。有所宜节，过情而不安；有所宜文，不及情而不快"②。也就是说，在礼的规约之下，使人对欲望之情能够节制，对情感之情能够顺情而后快。不论何种形式之情，最佳状态是使人达到"和"之境界，也即最为适宜的状态，不偏不倚，无过无不及。唯其如此，才能为和谐社会的构建提供最佳的理论支撑。也即船山所说的"兴物微情，甚义备矣"③。"情"形式多样，程度不一，以礼和顺，达到合宜之状态。如此，则"达人之情，上下交和而礼因以行，则国无不治矣。礼本以让位节，而仪文俱焉。若徒习其仪文而不让，则无当于礼，而国不可为必矣"④。通过礼之调适，使人之情走上合宜之轨道。在政治上，如若能以礼代法，节人之情，去人之欲，且人皆能慎独，则天下可平也。正因为如此，船山提出了"称情而行，礼不虚设也"⑤ 的论断。表明礼经久不衰，是因为礼能和情、顺情，凸显了礼的基本价值。

礼之产生，因情而定。情之合宜，因礼而存。故此，在和谐社会的构建中，礼之基本价值是不容否定的。船山曰："礼达分定而人无不专致于上之情，无不可效用于上之材，合小康之世而为大同者，唯有礼以治其情也。"⑥ 此言有两层基本含义：其一，礼是治情、和情的工具；其二，礼乃全面和谐的价值工具。由此也说明了礼以和情是和谐因子形成的不可或缺的重要因素。船山比较全面地阐释了礼以和情、礼以齐政的价值。具体说来，礼在顺情、和情方面的价值可以归纳为如下：一是礼以致人情之安。船山云："通达大顺，得中而无不和，则于多寡、大小、高下、质文

---

① 《仲尼燕居》，《船山全书》（第四册），岳麓书社，1991，第 1193 页。
② 《颜渊第十二》，《船山全书》（第七册），岳麓书社，1990，第 681 页。
③ 《檀弓下》，《船山全书》（第四册），岳麓书社，1991，第 249 页。
④ 《里仁第四》，《船山全书》（第六册），岳麓书社，1991，第 182 页。
⑤ 《曲礼上》，《船山全书》（第四册），岳麓书社，1991，第 67 页。
⑥ 《礼运》，《船山全书》（第四册），岳麓书社，1991，第 559 页。

之损益，曲唱人情之安矣。"① 由此可知，礼始终没有脱离和顺人之情的目的，人之情不论多么的千姿百态，只要是在礼的规约之下，必将归于和谐之道。在礼的关照之下，"使性情得其正而无偏戾，虽有拂情隐虑，无必广其心以自裕也"②。礼之规约，不但使人之情归于正，同时也使内心世界处于和谐之境地。在这种情形之下，礼与情本身似乎亦处于和谐的境地。我们可以用礼与情之间的"无师而感，因应而受，情相得而和则乐兴，理不可违而节其则礼行"③ 来描绘和顺之情形。由此，礼与情在矛盾与冲突之中不断走向和谐之旅。

在具体的事与物上，船山仍然坚持以礼和顺人之情，如此，礼的内在价值才能充分体现出来："事待礼以成，盖情达理得，则分定人和事叙而功成矣。"④ 就具体事物来说，也必将在礼的规约之下，实现礼之辨，在辨的基础之上，实现公序良俗以利社会和谐。"物待礼以成，礼行而物皆得其宜也。盖物无定制，以人之好恶为则，违其所恶而成其所好，则人心安之而用无不宜矣。"⑤ 礼以制人之情，礼以和人之情。情是人对外物的一种渴求、一种冲动。由于礼以制情，在礼之规制之下，人心不渴求外物，物也能够处于和谐之地。基于此，船山提出了"情未有偏，事未有倚，而合宜得正，无过不及之天则存焉"⑥ 的基本观点，恰如其分地说明了礼在调适人之情方面的最佳状况。当然，礼之调适以利和虽好，但要注意一个问题，即礼在调适人之行为的过程中，尤其是在礼和顺人之情感方面，要注意不能太过。船山曰："情无已而礼不可过也。"⑦ 礼不能过，过则不及。

综上，在情与礼、礼与情的基本关系方面，我们深入探究了礼在和顺人之情当中的基本价值。礼与人之情之间的关系密不可分，在礼的关照之下，人间和谐将最终成行。船山也表明了这种观点。他说："礼行情达，

---

① 《至当篇》，《船山全书》（第十二册），岳麓书社，1992，第 199 页。
② 《曲礼下》，《船山全书》（第四册），岳麓书社，1991，第 103 页。
③ 《贲》，《船山全书》（第一册），岳麓书社，1988，第 877 页。
④ 《仲尼燕居》，《船山全书》（第四册），岳麓书社，1991，第 1194 页。
⑤ 《仲尼燕居》，《船山全书》（第四册），岳麓书社，1991，第 1195 页。
⑥ 《中庸》，《船山全书》（第四册），岳麓书社，1991，第 1247 页。
⑦ 《檀弓上》，《船山全书》（第四册），岳麓书社，1991，第 137 页。

则幽明遐迩好恶通而无有间隔矣。"① 事实上，在礼调适人之性情的同时，在礼的规约之下，礼最终必将和顺人之性情。礼与情在某种情形之下，应是处于对立状态的。通过礼之调适，两种对立状态最终必将和而解也。诚如船山所言："以在人之性情言之，已成形则万物为对，而利于物者损于己，利于己者损于物，必相反而仇；然终不能不取物以自益也，和而解矣。"② 故此，综观礼与情之间的关系，可以归结为"礼与情相为出入而各慊也"③，即礼与情在相反相成的过程中不断趋向和谐，在正反合的动荡中不断取得礼与情之间的互动与协调。

第三节　性乃人受之于天以全中和之德

在中国儒学史上，有关人性问题的讨论一直是哲学界的热点问题。人性究竟是善、是恶，还是性善情恶，抑或是性善恶混……诸如此类关于人性善恶，学术界莫衷一是。无论学术界关于人性问题的观点如何，有一个问题值得我们深思，那就是人性无论是善、是恶，人性最后都将复归于善。

礼之调适，使人心趋于平静、和谐。礼之和顺人之情，最终目的在于使人处于和顺之境地。在前文中谈及行礼者可求得人心之和，礼之调适可和顺人之情。故此，在行礼的过程中，无论是礼以和人之心还是礼以和顺人之情，礼最终能调适人之心、人之情，其终极价值在于能使人"择善固执"，使人之性归于善之境地。

儒家有识之士多关注修齐治平。事实上，修齐治平的对象与目标主要是广大平民百姓，也即是儒家所说的"生民"。欲取得人世间的最终和谐，生民之和谐是首要的、基本的。因为在宇宙这个大生命场中，人始终是主体。一切活动最终关注的是人之和谐，也即人的内心世界的和谐、人与人之间的和谐、人与社会之间的和谐等。一切和谐活动开始于人，最终亦因人而到达和谐的最高境界。

---

① 《仲尼燕居》，《船山全书》（第四册），岳麓书社，1991，第 1194 页。
② 《太和篇》，《船山全书》（第十二册），岳麓书社，1992，第 41 页。
③ 《杂记下》，《船山全书》（第四册），岳麓书社，1991，第 1004 页。

在船山和谐社会的构建当中，礼能实现养人心之和，同时也能调适人之情，也即船山所说的礼以"矫情复性"。

一 性乃人得之于天之理

船山乃典型的人本主义者，他认为人之所以为人，关键在于人之本体。人与动物的区别在于本体的差异，决定了人是宇宙的主体，决定了人有智能。①

人乃宇宙万物之灵，人能用其智能把握其行为，能更好地以礼矫情复性，恢复人之本然之性。人能以礼顺人情，基于此，最终能以礼矫情复性。复性乃人类和谐的出发点与归宿，原因在于如果人性不善而恶，那么意味着礼所调适的对象不能矫情复性，人亦不可能和立，人与人之间、人与社会之间均不可达到和谐。故此，复性乃人类和谐之逻辑起点。复性又是人类和谐的最终归宿，其原因在于人类通过各种方式达到和谐境地之后，心、性、情、人际都达到和谐，在礼以矫情复性以后，又回归本然之善性。故此，复性又是人之修身的最终结果。因之，船山哲学视野中的人禽之别、人禽之辨在于人类有其性，而动物非然。船山从人性的角度说明了人类有其性，而动物非然的说法。认为人与动物的差别就在于人有其性、有其情；动物则更多地表现为有其情，性方面表现得不是很明显。船山云："人之所以为人，有其性，有其情，有其才，而能择能执者也。"②即人有其特殊材质，且人能在宇宙中对其情有所抉择，对其性有所执著。船山认为禽兽之所以为禽兽，原因在于禽兽无道，也即禽兽无礼，无礼则不能以礼矫其情而复其性。在船山看来，草木是无生命之物，故此，草木不可能有性。只有人，在宇宙中因天命之纯善无恶而凸显出人道，且能以礼矫情复性。船山云："禽兽，无道者也；草木，无性者也；唯命，则天无心无择之良能，因材而笃，物得与人而共者也。"③ 由此，船山在人之性的问题上有了人禽、草木之辨。但船山并非将人禽对立起来，他认为二者之间是相互联系的。因为人禽也好、天下万物也罢，虽然性不一，但其

---

① 陈力祥：《王船山人本主义哲学之形上学批判》，《船山学刊》2010 年第 2 期。
② 《中庸》，《船山全书》（第四册），岳麓书社，1991，第 1279 页。
③ 《诚明篇》，《船山全书》（第十二册），岳麓书社，1992，第 112 页。

所禀赋的气是一样的。基于气是有层级的，决定了人物之性是有差异的。诚如船山所说："人物之性，亦我之性，但以所赋行气不同而有异耳。"①又如船山言曰："盖人之性无不同而气则有异，故唯圣人能举其性之全体而尽之，其次则必有其善端发见之偏，而悉推致之以各造其极也。曲无不致，则德无不实，而行著动变之功自不能已。积而至于能化，则其至诚之妙亦不异于圣人。"② 就是说，天地万物虽然其性不一，究其原因在于它们所禀赋的气不一使然。③ 人物的差异在于性与情的比重。人兼有性情；就动物而言，情占据重要位置，性则无；草木等植物则无情无性。宇宙万物中，所禀赋的气越是纯净，则所蕴含的本然之性越多，其情越少。故在宇宙三大种类（人、动物、植物）中，所蕴含的性之大小区分的顺序为：人、动物、植物。

当然，船山所说的人物性情之差异，只是说明了人之性的差异在于质料方面的不同，继而导致人之性与物之性、人之情与物之情的差异，没有说明人之性在动力因方面的人性之善。为此，船山在分析人、禽、动植物的性情之时，再次凸显了人之性的基本特点，同时亦间接说明了礼缘何能使人矫情复性，为我们深入阐释人之性善乃是人类和谐的深层次原因奠定了基础。

那么，究竟什么是性？这是我们应首先着手解决的问题。在船山看来，人之性主要来自天，天乃性之根源。船山云："性者，天人授受之总名也。"④ 无论是人之性，还是物之性，其本皆在于天。在此，船山认为天乃人之性善的来源，在一定意义上说明了人之性产生的动力因。当然，天乃人之性的施授者，这只是人之性得以实现的主体层面；另一方面，人之性得以实现还需要人的接受，也即船山所说的人之所"受与天而生者"。船山云："性者，人之所受于天以生者也。"⑤ 船山所强调的是人之性、人之情产生均是基于主客双方的双向互动，如此方能真正有人之性的

---

① 《中庸》，《船山全书》（第四册），岳麓书社，1991，第1293页。
② 《中庸》，《船山全书》（第四册），岳麓书社，1991，第1295页。
③ 参见拙著《王船山礼学思想研究》，巴蜀书社，2008，第27～49页。
④ 《圣经》，《船山全书》（第六册），岳麓书社，1991，第395页。
⑤ 《告子上》，《船山全书》（第八册），岳麓书社，1990，第677页。

禀赋。人所受的天之命究竟是什么？船山作了更为深入的阐释，他认为人所接受的是天之理。"天之理"也即人之性；船山所说的天之理，也即天之德："天之德，人之性而礼之缊也。"① 人之性的基本依据在于天之德，船山作了进一步说明："性者，人之所得于天之理也；生者，人之所得于天之气也。性，形而上者也；气，形而下者也。人物之生，莫不有是性，亦莫不有是气。"② 船山此言进一步阐释了性与"理"之间的关系，也即阐明了性与"礼"之间的关系，因为"礼者，理也"③。为说明人之性与天之理的基本关系，船山似乎在本体论上存在矛盾。他认为人之性是形而上层面的东西，而气则是形而下层面的东西，这与他提倡的气本体论相矛盾。事实上，船山于此所说的"性，形而上者"，并非从形上层面阐释性，而是从动力因的层面阐释性之来源。在船山看来，性来源于天，"天"之主宰地位，让人觉得天是玄之又玄、叫人捉摸不透的。因之，船山认为这是形而上层面的性。船山认为气为形而下层面，因为气并非本体层面的气，而是形而下之器所形成的质料。换言之，船山在此所描述的气即器，与本体层面的气是一种道器关系。可见，宇宙万物之生化，既有动力因，同时亦有质料因，从而解决了"本体层面的矛盾"。

既然人之性来自天之理，那么人也是承续了天之理而成就人之理，人之外的宇宙万物则没有这种性，也即没有这种理，而"理即礼也"，故此，船山所说的人之理，也即人之性为人所独有，亦是人区别于宇宙万物的根本原因。他说："明德唯人有之，则已专属之人。属之人，则不可复名为性。性者，天人授受之总名也。"④ 从人具有智能之角度阐释了性缘何为人之独，并且阐释了由天之性过渡到人之理的原因，认为这种人之理也即人之礼是人类和谐的重要原因。船山曰："夫性者何也？生之理也，知觉运动之理也，食色之理也。此理禽兽之心所无，而人所独有也。故与禽兽同其知觉运动，而人自与人之理，此理以之应事，则心安而事成，斯之谓义。乃告子则谓性中无义，而义自外来，不知义因事而见，而未见之

---

① 《礼运》，《船山全书》（第四册），岳麓书社，1991，第569页。
② 《告子上》，《船山全书》（第八册），岳麓书社，1990，第682页。
③ 《颜渊篇上》，（宋）黎靖德：《朱子语类》（第三册），中华书局，1986，第1065页。
④ 《圣经》，《船山全书》（第六册），岳麓书社，1991，第395页。

前，吾心自有其必中之节，圣人特先知之而为天下显之。"① 由此，船山完成了由天之理向人之理的过渡，并以礼区分了人禽。在此，人之性实际上就是天之理，只不过是称呼不同而已。

把握了人之理（礼），在为人处世方面，人与人、人与社会之间就有一定的尺度与规范。在这种尺度与规范的关照之下，人之行为自然有"节"，人人如此，则必然导致普世和谐。导致这种普世和谐的结果是性。船山云："性者，天理流行，气聚则凝于人，气散则合于太虚，昼夜异而天之运行不息，无所谓生灭也。"② 性即天理流行使然，不论如何，从本体层面来说，性仍归结为气。通过气聚，性凝合于人，气散则性回归于太虚。故此，人之性是无所谓生灭的，是常存的。人之性是常存的，也说明人之理（礼）是常存的，也即理常存于气，无论人能否感受到。在人类生活中，理（礼）内化为人类道德品质的一部分，在具体应用中，其实并非有意识地运用，故此，"性，无为也，心，有为也"③。性无为实质上无不为，这种无不为，就是我们通常所说的理（礼）在日常生活中的运用。表面看来性是无为的，实际上无不为。此处之性，是人类之礼的共性，故此，船山所说的性无为，其真实意图在于以礼调适人之行为，进而实现人世间的普遍和谐。由此，我们进入船山关于人性问题的下一个主题，即性中自然有中和之德。

二 性中本有中和之德

在船山看来，性乃继天所致。继天之"性"，才有继天之善，才有因天达理，因为理即礼也。礼在调适人之内心、人与人之间的矛盾与冲突之时，最终价值指向"和"。可见，礼本身就是一种中和之德，这种中和之德如何存在于性中，下面的阐释将予以解答。性乃继天立极所致，天有天之德，天之德是总名，礼已涵盖于天之德中，且礼乃人世间普世和谐的"调节器"。故此，船山认为性有中和之德，实际上说的是人之中和之德乃礼之具体表现。船山云："性情本有中和之德，以具众理、应万事，故

---

① 《告子上》，《船山全书》（第八册），岳麓书社，1990，第 676 页。
② 《诚明篇》，《船山全书》（第十二册），岳麓书社，1992，第 126 页。
③ 《滕文公上篇》，《船山全书》（第六册），岳麓书社，1991，第 964 页。

能存养省察以致之，则其功效有周遍乎天地万物之大用也。乃由工夫而及功效，特溯其所以然之由于性情耳。"① 由此可知船山所说的性，即是天之理，由天之理过渡到人之理（礼）。礼这种规范伦理能对人之行为进行调适，进而使人之心处于平静状态；同时，有礼则能使人之视、听、言、动等行为处于中和之道。如果人之行为没有处于中和之道，也即人之行为不合乎礼，则需要以礼节情去私，恢复人之本然之性，进而回归中和之德。故此，船山所说的性情本有中和之德的结论，系经过严密论证而得出的结论。性情中缘何具有中和之德，船山作出了更为深入的阐释，并说明了中和之德是通过礼之调适、礼之和顺等途径实现的。船山解答了关于性情之德的中和价值，并在一定程度上表明了人之性情的中和之道。船山下面这段话似乎更能说明性与情缘何具有中和之德："性之存乎喜怒哀乐未发之时者，则所谓中也；此性之发而为情，能皆中节者，则所谓和也。"② 认为从性与情的基本关系中可以更为深入地理解与阐释人之性缘何具有中和之德。以礼制情，情未发之时，人之情处于"中"之状态；已发状态，同样通过礼以中节亦可得和。性中有和，情中亦有和，情中之和是通过节情而和，因为"性以发情，情以充性"③。船山进而从性情之间的双向互动角度更为深入地探讨了性情中的中和之德。性中蕴含着和的因子，但鉴于性中有情的因子，故此，如若不能以礼调适人之行为，从而使人之情流布，则性中中和之德不能很好地凸显出来。此外，船山还谈及"情以充性"的问题。事实上，船山在这个层面主要表明的是礼以节情，从而使人之情复归于人之本然之性，也即使人之行为回归继天之理之后的人之理的规约之下。

综上，我们可以明确了解性中有中和之道、中和之德；情中亦有中和之道、中和之德。通过矫情复性，自然而然得到人之本然之性。

由于船山所言的中和之德乃人继天立极所为，鉴于天德纯善，故此人道亦为善。因为"人之所为无非天，命之所受斯为性，乃以不昧于生之

---

① 《中庸》，《船山全书》（第六册），岳麓书社，1991，第 126 页。
② 《中庸》，《船山全书》（第六册），岳麓书社，1991，第 127 页。
③ 《系辞上传第十一章》，《船山全书》（第一册），岳麓书社，1988，第 1023 页。

所以存"①。天人之间的关系始终是人类社会关注的问题，在天与人之间没有不可逾越的鸿沟。天道为善，人道亦为善，因为天人合而为一。人道的表达正是天道的履行，由天人之间的关系可以考察到"性备乎善"②。船山对性之特质进行了深入分析。人性，也即中和之德为善。诚如船山所言："则善为性，而信善外之无性也。"③ 由此可知，有善则有性，有性则有善。对于由天德而来的人之性，与善同一。易言之，由天德（天之道）而来的人之性，也即由天之理过渡到人之理（礼），这种人之礼是纯善无恶的。通过天道与人道、天道与人性、天之理与人之理的考察可知，人性是纯善无恶的。但人之情不一定为善，这决定于人之情的定性变合之几。在人性即人之理关照之下的人之情是可善可恶的。船山表达了这一观点："惟于其喜乐以仁义为则。则虽喜乐而不淫；于其怒哀以义智相裁，则虽怒哀而不伤。故知阴阳之撰，唯仁义礼智之德而为性；变合之几，成喜怒哀乐之发而为情。性一于善，而情可以为善，可以为不善也。"④ 船山认为性是纯善的，是人欲使得人性"坎陷"发而为情。在天之理的关照之下，人性可能为善，性发为情而为不善，并非人之性本身不善，而是人之情为不善。如何理解性是纯善的，而人性则可为善、可为不善呢？因为性即礼，礼即理，即天理，而天理是纯善的，所以性纯善。人由于气质之偏，所以由天理→理→礼→性→情的演化中，人性中夹杂了恶的成分而为不善。可见，人性是善的，而性发情则可能为不善。如果能将人性发情而导致人性坎陷的部分加以矫正，也即矫情复性，则人类可自然复归于本然之性，也即恢复中和之道。故此，船山所强调的是性中自有中和之道，即使是情，也能通过矫情复性，最终使情也能蕴含中和之德。

三 礼以矫情复性以贵中和

船山所谓的性，与天之理相关。由于人之性受之于天，天德中蕴含着天之理，那么由天之理过渡到人之理，使性蕴含着中和之道。由此可知，

---

① 《先进第十一》，《船山全书》（第七册），岳麓书社，1990，第647页。
② 《第二十二章》，《船山全书》（第六册），岳麓书社，1991，第542页。
③ 《系辞上传第五章》，《船山全书》（第一册），岳麓书社，1988，第1007页。
④ 《告子上篇》，《船山全书》（第六册），岳麓书社，1991，第1069页。

船山所说的性情，涵盖着中和之道。如前所述，性是纯善的，而情乃是可善、可恶的。故此，就情而言，需要以人之理（礼），也即用人之道调适人之情以复性，进而使情回归"道"，达到中和之道。此外，若能使人矫情复性，则人性皆善。于是人性为善之人，其内心世界、外在行为乃至人际关系都将处于和谐之中。由上可知，人之性涵盖着中和之德，那么情可善、可恶，对人之情欲所采取的方式是以礼矫人之情，使情复归到性，也即回归中和之德。

直面人之情，需要以礼矫正其情，使人之情回归于性，进而回归中和之境。我们前面已经探讨了节情去私为礼之本，故此，礼以节情去私不是本节之重点。在探讨人之性与中和之关系时，我们只是关涉到人之情与人之欲之间的关系，探讨人之情如何回归到人之性，也即人之情如何能恢复到中和之境。

在人之内心世界中，因为礼而达到内心世界的和谐，而人之性的复归，关键在于对人之情的矫正。在船山看来，欲恢复人之本然之性，关键在于专一。这种"专一"表现在什么地方呢？关键在于人一心专注于天之理，使人之情在天之理的关注之下，重新回归本然之性。诚如船山所言："人所有事于天者，心而已矣。"① 天人之间是合一的，人世间的一切活动皆是天命使然，其活动的内容皆与天之理一致，由天之理而化为人之理。天之理能否转化为人之理，人之心对天理的专注异常重要。因为只有人之心的专注才能使人"心凝为性"，船山对这一观点提出了自己的看法："则天地之理因人以显，而以发越天地五行之光辉，使其全体大用之无不著也。心凝为性，性动为情；情行于气味声色之间而好恶分焉，则人之情与天之道相承而始终不二，其可知矣。"② 此论认为人之心的专注对人之性的形成至为关键。同时，也阐释了在心的专注之下，人之情必将会在天之道，也即人之理（礼）的约束之下回归本然之善性。此举亦体现了人道主义原则，因为人回归到本然之性之后，人与人之间、人与社会之间的矛盾与冲突也必将在礼的调适之下得以解决，和谐社会也必将

---

① 《告子上篇》，《船山全书》（第六册），岳麓书社，1991，第 1074 页。
② 《礼运》，《船山全书》（第四册），岳麓书社，1991，第 564 页。

由此而生。和谐社会最终实现的价值指向在"人"。"天地之生，人为贵。性焉安焉者，践其形而已矣；执焉复焉者，尽其才而已矣。"① 在船山看来，天地之生以人为本，欲实现以人为本，必然践履人之理；如果脱离了人之理，那么必然就应该复性，也即恢复人之理，也即为礼，有礼则人之内心世界处于和谐之境地。调心能顺情，并以之和性。为此，船山首先界定了人之情转化为人之性的可能性。"惟性生情，情以显性，故人心原以资道心之用。道心之中有人心，非人心之中有道心也。则喜、怒、哀、乐固人心，而其未发者，则虽有四情之根，而实为道心也。"② 船山此言说明了一个问题：情转化为性是可能的，因为情本身是道心的一部分，道心中有人心，为人心转化为道心奠定了基础；深层次的含义还在于为人类的公序良俗提供可资借鉴的参考。在道心中体现出人心，这实际上表明了人心可转化为道心，为那些具有人心之人移情为性，化民成俗，最终安邦定国，实现和谐社会。从船山之言论可以断定：他似乎将性与情定为一尊，认为性与情是同一层次上的东西。如是，情实际上亦包含着中和之德，因为矫情而后复性，性中有情，从矫情复性这一层次上来说，性与情在终极价值取向上似乎是没有差异的。情与性在某种意义上是不能截然分开的，而是相互联系、相互影响、相互制约的，船山所说的性与情是同一的。同时，性与情又是有所差别的。他说："喜怒哀乐之发，情也。情者，性之绪也。以喜怒哀乐为性，固不可矣。而直斥之为非性，则情与性判然为二，将必矫情而后能复性，而道为逆情之物以强天下，而非其固欲者也。"③ 从已发与未发之意义上，性就是性，情即是情，性与情是有所差异的。矫情复性是可能的，矫情复性而后，性与情存在相互贯通的趋势。在此意义上说，性与情本身皆存在中和之德。

性与情既有同一性，又具有矛盾性，那么欲克服性与情矛盾性的一面并进而达到同一性，必然要化情为性、矫情复性，使性与情皆具有中和之德。实现人之性与人之情之间的双向互动，矫情复性是一条必由之路。船

① 《洪范三》，《船山全书》（第二册），岳麓书社，1988，第354页。
② 《第一章》，《船山全书》（第六册），岳麓书社，1991，第473页。
③ 《乐记》，《船山全书》（第四册），岳麓书社，1991，第891页。

山云:"人好恶之情万变不齐,而礼以通众情而斟酌之,使天下之人皆得以远所恶,遂所好,无所徇而自无不给,乃所以无过不及而得其中也。"① 人之情因人而异,唯有以礼调适之,使人之情复归于天之理;复归于天之理,也就回归到人之性,因为天人是合一的。通过礼之调适,使人之情复归于性,如此,则人之情亦含中和之德。因为礼以"使性情得其正而无偏戾,虽有拂情隐虑,无必广其心以自裕也"②。在礼之调适之下,人之情复归于天之道,即复性,复性则具有中和之德。从性与情之间的关系我们可以管窥,情中存在中和的因子,也即情中含有性的因子,含有和谐的因素。性情可以相互过渡。诚如船山所言:"义有可尊,情有可亲,则引而进之加厚也。"③ 礼以矫情复性,基于此,可以将情定格在合适的位置,并进行合理的调适,也即船山所说的"引而加之",使情在性的基础之上合理应用,从而复归人本然之性。在这里,礼之价值功用亦凸显出来。礼之存在,事实上就是为调适人之性情。"礼为天理人情之极至,斯无可过,而循之以行,自无不及也。所以然者,礼之所自制,因乎夫人性情之交,本有此喜怒哀乐大中适得之矩则而节文具焉,圣人因而显之尔。则率是以行,自与所性之大中合符,而奚过不及之有哉!"④ 人之情在礼之调适之下,能使其处于中的状态,恢复人之性,也即复性。通过矫情复性,展示礼的基本价值。

在矫情复性之后,即达到人本然之善性。因之,人之性乃人之善的前提。天人之间通过天道,由天之性过渡到人之道,由天之理过渡到人之礼,最终凝聚了人之性。情在礼之调适之下,亦能"化性而起伪"(《荀子·性恶》)、化情为性。不论是天人之间的性,还是天人之间的情,最终均以性而告终,且性情两者最终复归于善。在船山看来:"性善而情善,情善而才善。"⑤ 性本身为善,也即人性为善;矫情复性以后的情,即是对性的回归,故此情在某种意义上说亦是善的。易言之,人之性、情

① 《仲尼燕居》,《船山全书》(第四册),岳麓书社,1991,第 1193 页。
② 《曲礼下》,《船山全书》(第四册),岳麓书社,1991,第 103 页。
③ 《礼器》,《船山全书》(第四册),岳麓书社,1991,第 598 页。
④ 《仲尼燕居》,《船山全书》(第四册),岳麓书社,1991,第 1193 页。
⑤ 《系辞上传第十二章》,《船山全书》(第一册),岳麓书社,1988,第 10 页。

在矫情复性以后是一致的。由上可知，船山从天的层面解释了人性缘何为善，解决了历史上关于人性问题的独断式结论。① 若知人之善从何而起，唯从人之性而得。唯知其性，则能更为明确地理解人之善的形而上学理路。在前面我们讨论了人之性的合法性依据，即天之理成就人之性。故此，由性可以考察善之来源，可以考察理（礼）之源流。诚如船山所言："夫人惟不知性，则善不知其何所从生，理不知其何所从出耳。知其性，则人之所以为人者，皆五行二气之良能，而天之所以为天者，即此健顺五常之至理，而天无不可知矣。"② 船山此言，点明了天道至善，并说明了由天道过渡到人道，从而促使人道即人之性是至善的结论。

在船山关于性的思想逻辑体系中，我们得知由天道到人道的性之善。由于天道至善，那么人亦能继天立极，从而使人道也能够达到至善。在船山看来，这种继天立极的思想逻辑，遵循着一定的道或者说是"理"，正是在这种理的安顿之下，才导致了人之性最终取得善的特质。诚如船山所言："惟其有道，是以继之而得善焉，道者善之所从出也。惟其有善，是以成之为性焉，善者性之所资也。方其为善，而后道有善矣。方其为性，而后善凝于性矣。"③ 即是说，从天道过渡到人道是遵循着一定的原则的，这种道成就了人之性。故此，成性为善的逻辑顺序就表现为如下：天道（天之理）→人道（人之理：礼）→善→人之性。在这里，善凝聚为人之性。故此，在礼之调适下，人之性中亦凝聚着中和之德。基于此，船山对人性与善的问题进行了归纳与总结。他说："知其性者知善，知其继者知天，斯古人之微言，而待于善学者与！"④ 人之性与善是同一的，也即谈及性，那必然是善的；当有善这个观念之时，则必然与性相挂搭。故此，在船山看来，性中具有中和之德，性乃善。人性为善观念的存在，促使人类的各种活动都会蕴含着和谐之迹象。

由于性之中和之德，由内圣而外王必将导致人类的普遍和谐。在人性

---

① 李秀娟、陈力祥：《人性为善何以可能——王船山关于人性为善思想的形上学批判及其人文价值》，《中南大学学报》2010 年第 1 期。
② 《尽心上》，《船山全书》（第八册），岳麓书社，1990，第 823 页。
③ 《系辞上传第五章》，《船山全书》（第一册），岳麓书社，1988，第 1007 页。
④ 《系辞上传第五章》，《船山全书》（第一册），岳麓书社，1988，第 1008 页。

问题上，船山既接续了关于继天立极的中和之德的思想，同时也在一定程度上将"性"即"善"加以普世化。在此种意义上，"性"之中和之德能更好地发挥其和谐的普世价值。船山为此举例表明"性"的基础性作用："君臣之义又植于性，而人道所自立也。"① 君臣之道若是建立在"性"之基础上，则人道以立，则礼能立；立礼为则，则和谐自现。因为礼能调适人际关系，使人际关系处于和谐状态。此例根植于性，说明在"性"的基础上"继天立极"的"极"乃人间和谐的正义之道，也即人道，人道即礼，如此，若以礼调适人际关系，则和谐可成也。由此，船山认为，"尽性，固尽人道也"②。尽人道，则能尽礼，尽礼则能和天下。船山的和谐理念建立在人性基础之上，没有"性"作为基础，和谐社会的和立、和处、和达等均不可能实现。正因为"性"中自有中和之德，为船山以礼调适并实现和谐社会提供了理论上的支撑，同时也为和谐社会提供了道德上的支持。在船山的和谐理念世界中，人终归是现实世界的人，有情有欲，故此，船山强调的是以礼矫情复性以贵中和，其价值取向在和。船山关于性中自有中和的理论，为其和谐社会的构建提供了更为有利的理论支持。单个人的和立、人与人之间的和处、整个社会的和达，均是建立在这个理论基础之上，因为性乃人受之于天以全中和之德。

---

① 《杂记下》，《船山全书》（第四册），岳麓书社，1991，第1024页。
② 《第二十二章》，《船山全书》（第六册），岳麓书社，1991，第541页。

第四章

礼以和立以利身心、人际和谐

在船山和谐社会构建的理论中，如果说礼以和心、顺情、和性关注的是个人之内心世界的和谐，也即人之心灵的和谐，那么礼以和立则更多地关注人的言行是否合乎礼仪。人的内心世界的矛盾与冲突，外显则表现为言行的不和谐。言行的不和谐，即视、听、言、动不合乎礼仪。这可能导致人身心的矛盾与冲突、人与人之间的矛盾与冲突、人与社会的矛盾与冲突。故此，礼以和立是探究人如何在礼的约束之下成就为"完人"。在宇宙这个大生命场中，人作为唯一有智能的高级动物，能够在这个世界安身立命、安道成性，关键在"道"。船山曰："物有物之道，人有人之道，鬼神有鬼神之道。"① 人之道即"礼"，礼乃"安身利用之枢机"，礼是人得以立之"关节"眼。"君子之修己应物，敬以为本，礼以为用，则外不失人，内不失己，而事物之变无逆于心，然后人道立而不失乎所由生之理，盖修己治人之统宗，而安身利用之枢机也。"② 由此可知礼在人之安身立命中的重要作用。礼是维系人与人之间和谐关系的基本因子，一个人心中是否有礼是衡量人之所以为人的关键。"礼"维系着人道，使人能够在宇宙中挺立，在宇宙中得以安身立命、修道成性。通过正己而正人、内圣而外王，最终实现人世间的普遍和谐。"顺者修身以俟命，正己而物正"③，此言是也。儒家讲求成圣、成贤，正人先正己。

---

① 《太和篇》，《船山全书》（第十二册），岳麓书社，1992，第32页。
② 《哀公问》，《船山全书》（第四册），岳麓书社，1991，第1188页。
③ 《神化篇》，《船山全书》（第十二册），岳麓书社，1992，第91页。

第一节　以礼立身则动有矩度以利和谐

以礼立身，使礼作为人之所以为人的理性工具。孔子曰："吾十有五而志于学，三十而立，四十而不惑，五十而知天命，六十而耳顺，七十而从心所欲，不逾矩。"（《论语·为政》）孔子之言说明了人生的不同阶段所应该达到的不同的层次，在这个不同层次所应该达到的不同境界。人在三十以何而立？古人认为因礼而立，因为"不学《礼》，无以立"（《论语·季氏》）。人在世界上得以安身立命，关键在于以礼立身，如此方能安道成性，达到自身的和谐之道。学礼的第一步在于知礼，因为知礼是人自身安身立命的根基。子曰："不知礼，无以立也。"（《论语·尧曰》）学礼是通过外在的方式来知礼，从此种意义上说，学礼是知礼的基本前提，知礼是学礼所达到的目标。孔子在安身立命、修道成性方面，从礼之价值入手，通过学礼→知礼，以使人能够更好地以礼来把握自己的行为，进而做到以礼立身，使自己的行为能够合乎礼制、遵循礼制，视、听、言、动等均在礼之规约之下，行为不越礼。人人皆守礼，择礼固执，以礼立身，通过内圣而外王。如此，人与人之间、人与社会之间矛盾与冲突才有可能解决，实现天下之和。

有人认为，理学家所认定的是以仁立身，而不是以礼立身。其实我们可通过仁与礼二者之间的关系管窥船山提倡以礼立身，从其本质上来说，以仁立身与以礼立身具有同一性。

一　仁礼关系凸显以礼立身

在理学家看来，人安身立命的根本是以仁立身。表面看来，理学家所强调的是以仁立身，而非以礼立身，可事实上，我们可通过分析船山所界定的关于仁与礼之间的关系来管窥理学家们所强调的以仁立身，实际上是以礼立身。以下我们从仁礼互为体用、本仁行礼而施之无不顺、仁礼存乎心而不可一念违仁礼三个方面阐释船山的仁礼关系。

（一）仁礼互实与仁礼互为体用

船山在阐释"仁"之含义时，从仁者本心之纯→仁者不忍人之心→仁者爱之理→仁者生物之心→仁者天理五个角度对仁进行了详细阐释。船山的仁礼关系至少包含以下两个层次：仁礼互实与仁礼互为体用。

所谓仁礼互实，即仁乃礼之实存之内容，同时礼也是仁之实存之内容。船山说："仁者，礼乐之实也。"① 就是说，礼乐的实际内容就是"仁"，礼乐存在的内在张力即为"仁"，仁就是礼宜乐和之合而为之。船山说："仁为礼乐之合而天道人情之会也。"② 礼是仁的外化表现，仁乃礼之实存之内容，此其一；其二，礼也是仁的实存内容。船山云："礼者，仁之实也。"③ 礼是仁爱思想的外化形式，有仁爱精神，在外即表现为彬彬有礼。从这种层面上说，礼是仁的实存内容，也即礼以显仁。从仁礼互为对方之实存内容、仁礼互实而不杂，亦可以得出船山视域中仁礼基本关系的第二个方面，即仁礼互为体用。关于仁体礼用，船山作了详细论证。他说："仁者顺之体，体立于至足，举而措之以尽其用，则仁之利薄矣。仁为礼乐之合而天道人情之会也。"④ 仁是礼之本，依仁行礼，则天下薄利重义，礼之用无不顺畅也。依仁行礼，也就是依人行礼，则仁礼皆合乎天理。因此，船山认为礼本仁用。船山云："礼，仁之用，义之体，知之所征，信之所守也。复礼则仁矣，故可教而学者无如礼也。"⑤ 礼用，即是"仁"为体并外化的表现形式，也即礼之"文"，礼是为体现仁而存在的，礼之用是为了表现仁。船山对孔子的"克己复礼"提出了自己的看法，认为复礼为仁之极致，礼用即是对仁体的高扬。船山云："敛情自约以顺爱敬之节，心之不容己而礼行焉；不崇己以替天下，仁爱之心至矣。故复礼为为仁之极致，心之德，即爱之理也。"⑥ 认为复礼即是仁，复礼也是为了体现仁，这是从礼用仁体的角度阐释了仁礼关系。仁礼关系的另一面是礼体仁用。对于这一看法，张立文先生说："从礼的角度来看，礼体现仁的精神，仁是为行礼，否则仁便不能体现，得不到实行，就是空

---

① 《檀弓上》，《船山全书》（第四册），岳麓书社，1991，第154页。
② 《礼运》，《船山全书》（第四册），岳麓书社，1991，第574页。
③ 《贲》，《船山全书》（第一册），岳麓书社，1988，第876页。
④ 《礼运》，《船山全书》（第四册），岳麓书社，1991，第574页。
⑤ 《内则》，《船山全书》（第四册），岳麓书社，1991，第718页。
⑥ 《至当篇》，《船山全书》（第十二册），岳麓书社，1992，第215页。

的，从这个意义上说，礼体仁用。"① 仁之存在，必须通过礼才能表现出来，离礼无仁，从这种层面上说，礼体而仁用。当然，从另一角度来说，内心之仁的存在，终极目标是实现礼的价值和意义，同样也凸显出礼体仁用，以仁显礼，也即礼主仁辅。船山云："仁著于酬酢之蕃变之谓礼，礼行而五德备矣。"② 船山的这一提法，说明仁是为了实现礼之价值而存在的，也即为礼体仁用的具体实现而存在。仁的存在并外化为礼，换言之，仁的存在为礼提供了必要的伦理基础和道德规范；无仁，则礼缺乏必要的伦理基础和道德旨归。船山阐释礼体仁用、依仁行礼，为实现礼之人生哲学价值提供了实践基础。"仁之经纬斯为礼，日生于人心之不容己，而圣人显之。逮其制为定体而待人以其仁行之，则其体显而用固藏焉。"③ 仁的存在，是为了显其体（礼），船山再次从人性论角度阐释了礼体仁用。

总之，仁体礼用也好，礼体仁用也罢，仁礼是互为体用的。船山总结云："天理之存为发用之本，忠信与礼相为体而不可离，故待忠信以行，《易》所谓'显诸仁'也。"④ 其中"忠信"指"仁"，船山云："忠信者，仁之实，诚之著，纯一而不已，则天之道也。"⑤ 忠信即我们常说的"仁"，对人之爱是其中一面。对仁与礼之间的关系，船山总结道：仁与礼相为体而不可离。但在礼体仁用之时，礼是为了显示仁的精神，也即船山所说的礼以"显诸仁"。一句话，"缘仁制礼，则仁体也，礼用也；仁以行礼，则礼体也，仁用也。体用之错行而仁义之互藏，其宅固矣。"⑥ 仁与礼互为体用而不乱，充分显示出船山的哲学思辨力。

（二）仁以立爱而后礼行

仁礼互为体用，这是船山仁礼关系的基本构架。但礼存在的理由在于礼有其价值，最终价值在于礼用，即以礼来规范指导人的实际行为。这就涉及一个最基本的问题，即礼用的可行性标准是什么。在人生哲学方面，

① 张立文：《正学与开新——王船山哲学思想》，人民出版社，2001，第16页。
② 《思问录外篇》，《船山全书》（第十二册），岳麓书社，1992，第466页。
③ 《礼记章句序》，《船山全书》（第四册），岳麓书社，1991，第9页。
④ 《礼器》，《船山全书》（第四册），岳麓书社，1991，第617页。
⑤ 《礼器》，《船山全书》（第四册），岳麓书社，1991，第618页。
⑥ 《礼记章句序》，《船山全书》（第四册），岳麓书社，1991，第9页。

以何来指导人之礼用呢？船山认为礼用的标准是"本仁行礼"，也即以仁爱、爱人的方式行礼，因此，礼用的基本价值尺度关键在"仁"。船山云："天之德、仁之藏也。仁者顺之体，故体信而达顺矣。天道人情，凝于仁，著于礼，本仁行礼而施之无不顺，皆其实然之德也。"① 船山把礼用的依据标准确定为"仁"，这是因为仁的存在本身是有其价值的。如前所述，仁的基本内涵是仁乃本心之纯→仁者不忍人之心→仁者爱之理→仁者生物之心→仁者天理，反映了一个最为基本的道理——"仁者爱人"，浓浓"爱"意贯穿于人间之礼。只有本仁行礼，则礼用可长存人世间，也即礼之价值可以长存。船山说："仁则必根心之惨怛以立爱，而后可以任重而行远。"② 本心之纯，则仁爱尽显心中，有仁爱之心，则立爱以行礼。仁的存在是行礼的道德基础与道德规范，本仁行礼，也即有了行礼的道德底线，"以人为依"的道德理性纵贯其间。对本仁以行礼，船山作了进一步论证与阐释。船山认为仁是万善之源、四端之统，因此，仁在礼用之中是极重要的。船山认为要做到仁也非易事："仁以函载万物而无有间断，统四端，兼万善。"③ 达仁虽非易事，但仁具有内在的道德伦理价值。船山说："德至而教自行，仁所以为天下之表也。"④ 仁乃至德，乃万事之表，安仁则爱人，所以仁者修身必然以修仁为第一要义，因为修仁者能以仁行礼。船山说："故为仁者以心治身，以身应天下，必存不过之则以自惬其心而惬天下之心，实有其功焉。"⑤ 仁者以心修身，心存爱意，则礼行天下，体现出仁者以心修身的价值。这不仅是君子之仁的做法，而且也是君主平治天下所必须凭借的工具，以心修身，则仁爱自现，最终实现治国平天下之目标，所以天下无不以修身为本。船山云："圣王修德以行礼之本而极之于仁。盖仁者大一之蕴，天地阴阳之和，人情大顺之则，而为礼之所自运。"⑥ 礼用之本，则归之于仁。船山认为天地人三才只有在仁的关照之下，才能实现阴阳和合、人之性情和合。至为关键的是，修身则

① 《礼运》，《船山全书》（第四册），岳麓书社，1991，第 577 页。
② 《表记》，《船山全书》（第四册），岳麓书社，1991，第 1328 页。
③ 《表记》，《船山全书》（第四册），岳麓书社，1991，第 1328 页。
④ 《表记》，《船山全书》（第四册），岳麓书社，1991，第 1343 页。
⑤ 《颜渊第十二》，《船山全书》（第七册），岳麓书社，1990，第 681 页。
⑥ 《礼运》，《船山全书》（第四册），岳麓书社，1991，第 573 页。

能安仁，安仁则能去人欲望而存天理，最终实现天理流行而人欲净尽。"安仁则私欲净尽，天理流行，中心惨怛，自行乎其所不容已，圣人仁覆天下之本也。"① 当然，此处所说的人欲，并不是排斥人的正常的生理欲求，这是船山一以贯之的思想。只有安仁，才能依仁行礼，实现礼行天下的目标。礼行天下，则政治清明、万国咸宁。对孔子所说的"人而不仁，如礼何"，船山提出了自己的看法。他说："子曰：'人而不仁，如礼何！'明乎此，则三代之英所以治政安君，而后世习其仪者之流于倍逆僭窃，其得失皆缘于此，所谓'道二，仁与不仁而已'也。"② 仁的价值于此体现得淋漓尽致：有仁，则礼行；礼行，则政通人和；政通人和，则天下太平。反之，无仁，则无礼；无礼，则天下不得治，即天下无礼而乱。由此可知，仁以行礼是天下得治的决定性因素。因为"仁让有常者，大道之归而礼之本也，以礼体之，使民有所率循而行于大道者也"③。本仁行礼，则循礼而行，人皆如此，则天下得治矣。因此，天下得治的一个重要因素在于得仁，得仁即得礼，则得天下矣；失仁即失礼，也即失天下。船山将孔子之仁与礼相结合，将仁的深层意蕴发挥得淋漓尽致。治国安邦关键在于修民之仁。船山曰："故制民之行，不期其即仁，而特敦仁于躬，任重致远，使民见上之所为，根心达外，因以感发兴起，耻为不仁，则教令大行而坊不逾矣。"④ 船山强调礼以治民必然以"仁"为本，修身敦仁，使人皆树立起以仁爱为荣、以不仁为耻的理念。为履行此项修仁之重任，船山认为君子之责大矣，君子之责在于能够以仁而推及人，以潜移默化的方式让天下所有的人都能信仁、守仁、行仁。船山云："身心内外无非善道，以为之涵养而无杂也。君子仁成于己，而推致仁道之用以熏陶涵泳其民，则虽不急责以心德之事，而默移潜化，必世之仁自此而臻矣。"本仁行礼，方能实现坊民之目标，最终实现治国平天下之大任。因此，船山强调要守仁，也即是守礼，守礼方能以礼正自身，礼正自身则能礼正天下。

---

① 《表记》，《船山全书》（第四册），岳麓书社，1991，第 1329 页。
② 《礼运》，《船山全书》（第四册），岳麓书社，1991，第 573 页。
③ 《礼运》，《船山全书》（第四册），岳麓书社，1991，第 539～540 页。
④ 《表记》，《船山全书》（第四册），岳麓书社，1991，第 1331～1332 页。

因此，仁爱精神当中，"果仁矣，爱之曲体之矣；果有礼焉，敬之极致之矣"①。仁以爱之，则能礼以行之，则人能循礼而行；"反仁，反礼而已"②。仁之不在，礼将安附！故而如若能依"仁"行礼，则能"以人为依"，因为"仁者爱人"。所以船山要求人们保仁、护仁，而不能贱仁、违仁。仁是人与禽兽、"夷狄"的"分水岭"，同时也是君子与小人的分界线，船山本仁以行礼，得出礼亦是人与禽、君子与小人之分界线。他说："人之所以异于禽兽，仁而已矣；中国之所以异于夷狄，仁而已矣；君子之所以异于小人，仁而已矣。而禽狄之威明，小人之夜气，仁未尝不存焉；惟其无礼也，故虽有存焉者而不能显，虽有显焉者而无所藏。故子曰：'复礼为仁。'大哉礼乎！天道之所藏而人道之所显。"③ 仁是人与禽狄相互区别的根本，因此，船山认为人不能须臾违仁，如若"恃天之仁而违其仁，去禽兽不远矣"④。违其仁，则是违反天理，违反天意，人与禽兽几近矣。

此外，船山强调仁礼必存乎心而不可须臾离也，如若能本仁行礼，则礼之施而无不顺。为此，船山强调要仁礼存于心而不可一念违仁礼。船山云："仁礼存乎心，吾之所不可有一念之违仁礼者，吾心之本体也。"⑤ 何谓仁礼存心呢？船山指出："以仁礼存心，言以是存于心而不忘也。"⑥ 仁礼存于心，是人之本心，也即善良之本心，使之不忘也。因此，人的主要任务是发明本心而不违仁礼。仁是内在的，而不是外在的，礼是外在的。因此仁主生，而礼主治。"君子以为吾心与万物并生之理，仁也；吾心所以治万物而得其序之理，礼也。故以仁存心，惟恐私伪之伤吾生理，而保全此心者无念忘之；以礼存心，惟恐荡逸之丧吾天则，而防闲此心者无念忘之。"⑦ 不忘仁，则礼行，礼行则天下治，船山总结道：本仁行礼而施之无不顺，并在礼以和立层面，实现人之动有矩度。

---

① 《离娄下》，《船山全书》（第八册），岳麓书社，1990，第538页。
② 《有德篇》，《船山全书》（第十二册），岳麓书社，1992，第257页。
③ 《礼记章句序》，《船山全书》（第四册），岳麓书社，1991，第9页。
④ 《思问录内篇》，《船山全书》（第十二册），岳麓书社，1992，第406页。
⑤ 《离娄下》，《船山全书》（第八册），岳麓书社，1990，第538页。
⑥ 《离娄下》，《船山全书》（第八册），岳麓书社，1990，第535页。
⑦ 《离娄下》，《船山全书》（第八册），岳麓书社，1990，第537页。

二 礼：动有矩度者以立和

礼乃人类行为之指南：有礼则天下趋和，无礼则天下必乱。周公制礼作乐以后，在漫长的封建社会中，礼一直是人们安身立命、修道成性之工具。中华民族被称为"礼仪之邦"，礼在中华历史上能够经久不衰，乃礼之价值使然。礼的基本价值即在于维系人际和谐，使个人行为合乎理性，使个人能够达到和立。也就是船山所说的"'礼'者，动有矩度也"①。礼的作用就在于使人之行为合乎礼，唯其如此，才能使人之行为处于最佳境地，达到人之内心和谐、人与人之间关系的和谐。故此，礼是人类和谐的"润滑剂"。在中国古代，历来就有"小康"与"大同"社会的理想，这种理想社会即是建立在礼的规约之下的和谐社会。

在古代社会，先哲们重视礼制建设，并把礼作为化民成俗的工具，这一点在学术界已达到共识。故此，阐释船山以礼立身以达和谐之说，首先要阐释礼的基本价值，即礼乃正己率物之教，是个人和立的基本前提。

（一）礼乃正己率物之教

礼对中华民族乃至世界文化都产生了深远的影响，几千年来的儒家文化说白了就是礼乐文化，礼的基本价值就在于正己率物。船山曰："正己率物之教，盖即礼也。"② 正己即以礼正己之道，即以礼反观自己的行为，以礼衡量自身的行为。如果天下之人皆能以礼来约束自己的行为，则天下和谐至矣。船山有一理论假设，即人性是善的，也即人皆是可教的。孔子根据人之智能，将人分为三个等级：上智、下愚以及中人。在孔子看来，上智与下愚之人性是不变的："唯上知与下愚不移也。"（《论语·阳货》）只有中人之性是可变的：既可为善，亦可为恶，关键在于后天的教化。船山在孔子人性观的基础上作了进一步的论证与发挥。同孔子一样，船山认为上智之人能自觉遵守礼，其人性是不变的，而中人和下愚之人不能自强于礼，个人之行为不能由礼来规制。因为不能用礼来约束自己的行为，就会出现因无礼而损害他人利益的现象，进而造成人际关系的不和谐。为

---

① 《祭统》，《船山全书》（第四册），岳麓书社，1991，第1150页。
② 《坊记》，《船山全书》（第四册），岳麓书社，1991，第1214页。

此，船山提出质疑："中人以下者不能自强于礼，徇情而淫泆，徇形而从欲，故为之刑法禁制以辅礼而行，盖因人情之下流，不得已而维礼之穷者也。"① 正己率物，乃礼之最基本的职能，但鉴于不是人人都能自强于礼，于是船山指出中人及以下如若不能自强于礼，则必将辅以法来维持人世间的和谐。这种和谐是一种外在的和谐，或者称之为外在规约之下的和谐。事实上，船山主张隆礼而不重法，主张礼主法辅。② 礼之价值——正己率物，在有智之人中能够凸显出来。对于中人及以下，因人欲之诱惑而难以凸显。船山认为维系人际和谐，礼是最好的调适工具。因为中人以下不能自强于礼，所以采取法以辅礼的方式，从而使中人以下能够在强制之下实现视、听、言、动皆有矩度，人有矩度，人际关系趋向和谐，即可显示出人的道德品质的和立之美以及人际关系的和谐之美。不过，船山认为这是一种舍本逐末的方式。故此，必须加强礼之教化，使中人以下重新回归礼之轨道，如此，人类才能重新处于和谐之境地。

中人以下不能自强于礼，那么礼之和谐之价值就不能凸显出来。为了使人以礼和立，船山将礼之教化问题提上日程，以使更多的人能够懂礼，使更多的人之行为能够合乎礼，能够在礼的基础之上化民成俗。为此，船山提出了自己的礼教理念。他说："大学之教，先王所以广教天下而纳之轨物，使贤者即以之上达而中人以之寡过。"③ 船山认为教育的对象是天下之人，教育的目的在于使贤者更贤、中人寡过。只有对天下之人均进行教育，才能使人知礼、懂礼、习礼，从而使整个社会在礼之规约之下处于和谐之境地。船山重视教育，主要在于他看到了礼教背后的和谐价值。他说："人之好恶无恒，而事物之得失无据，非礼以为天则，则虽有欲善之心，而非过即不及，事不可得而治矣。"④ 礼之价值是礼得以长存的重要原因。礼的价值即在化民成俗，将规范伦理内化为人们道德品质的一部分，如此，则能绘出平治天下的美好蓝图。船山认为《诗》《书》《礼》

---

① 《坊记》，《船山全书》（第四册），岳麓书社，1991，第1214页。
② 在船山之政治哲学中，主张"齐民以礼而不以刑"，认为"法易简而天下之理皆得，刑以辅礼，守义礼为法乃以成正而无缺"，故此主张以礼齐民而不是以法治民。参见拙著《王船山礼学思想研究》，巴蜀书社，2008，第282～297页。
③ 《张子正蒙注序论》，《船山全书》（第十二册），岳麓书社，1992，第9页。
④ 《仲尼燕居》，《船山全书》（第四册），岳麓书社，1991，第1196页。

《易》《春秋》五经之基本价值在于凸显了"礼"之理，为礼之践行提供了理论支撑。船山所讨论的核心问题实质上是由礼之理论到礼之践行的转换。船山言曰："六经之教，化民成俗之大，而归之于《礼》，以明其安上治民之功而必不可废。盖《易》、《诗》、《书》、《乐》、《春秋》皆著其理，而《礼》则实见于事，则《五经》者礼之精意，而《礼》者《五经》之法象也。故不通于《五经》之微言，不知《礼》之所自起；而非秉《礼》以为实，则虽达于性情之旨，审于治乱之故，而高者驰于玄虚；卑者趋于功利，此过不及者之所以鲜能知味而道不行也。"① 在船山看来，六经最终可以归结为礼，六经之价值也可以归结为礼之价值，由此可见船山对《礼》的重视。礼乃人修身、齐家、治国、平天下最为有效的工具，礼乃人们安身立命之道。船山还认为，仁、义、礼是最为基本的人道，人世间的普遍和谐就在于人道，这种人道乃是人类调节人际关系、化解各种矛盾与冲突的"金钥匙"。就小的方面而言，人道是人与人之间关系的"调节器"；就大的方面而言，仁、义、礼之道是治国平天下之公器，是实现人类和谐的重要工具。船山曰："人道有两义，必备举而后其可敏政之理著焉。道也（船山注：修身以道），仁也，义也，礼也，此立人之道，人之所当脩者。犹地道之于树，必为茎、为叶、为华、为实者也。仁也，知也，勇也，此成乎其人之道，而人得斯道以为德者。犹地道之树，有所以生茎、生叶、生华、生实者也。"② 船山所言之礼，乃人之所以立的前提与基础。以礼立人，则人可立，和谐可至也。

（二）循礼以居正以立和

在船山看来，禽兽无礼，人有礼，礼乃人禽的分水岭，是人之所以为人的内在因素。有礼则为人，无礼则为禽兽，因为"礼以维系人道而别于禽狄者也"③，礼乃人道存在的主要原因，亦是人之所以为人的关键性要素。船山之所以用礼来区分人禽是有社会原因的：在船山看来，作为少数民族的满洲夺取了明王朝之政权，这是不合礼的，不合乎礼则是禽兽之行，因此满洲之行径是禽兽之行。在常人看来，船山似乎有将禽兽与

① 《经解》，《船山全书》（第四册），岳麓书社，1991，第1171页。
② 《第十二章》，《船山全书》（第六册），岳麓书社，1991，第518页。
③ 《坊记》，《船山全书》（第四册），岳麓书社，1991，第1238页。

"夷狄"放在同等层次的嫌疑，有学者甚至认为船山是大汉族主义者。其实不然，船山并非大汉族主义者。① 在船山看来，礼以分辨人与禽兽、礼以别于夷夏，只是说明礼系华夏民族与其他民族相互区别的显著标志。船山生活在一个"海徙山移"（船山语）、"天崩地解"（黄宗羲言）的时代，他只是以礼凸显华夏之族的优越，而不是其他。

礼系人类文明的象征，其终极价值指向和谐。假如我们不考虑礼产生的阶级性、时代性，礼的价值是亘古不变的：乃个人得以和立的基本尺度，这是颠扑不灭的真理。立礼为则，有失自见。就是说，以礼权衡人类行为，自然就能见其过失，以礼权衡个人之行为，合礼，则合理，则实现人际和谐；无礼，就不和谐，如改之，亦能走向和谐。人际关系的不和谐，首先表现为个人行为不合乎礼，即个人不能以礼立身，因之导致了人与人之间的矛盾与冲突。基于此，礼是调适人与人之间关系的"润滑剂"，彼此之间，有礼则和谐，无礼则关系紧张。"行修言道，礼之质也"②，个人之视、听、言、动皆讲求礼，换言之，礼能使人之行为规范，有尺度，无规矩不成方圆，此说是也。正因为如此，船山看到了礼的普世价值。也就是说，船山看到了礼乃人之所以为人的共通性原则，欲成其为人，必然有礼，此说是也。"夫自修身以至于为天下，不可一日而无礼。天叙天秩，人所共由，礼之本也。"③ 船山将礼视为一种具有普世性的基本原则，礼内化为人之所以为人的基本要素，而不是其他。谈及人，必然有礼，否则不是人之行径；谈及礼，则必然是人之礼。由此可知，人与礼是一体两面。船山此言，说明了礼对人是否为人有着至关重要的影响。礼乃人之所以为人的基本尺度、基本工具。礼未内化为道德品质之前、礼与人还不能成为一体之前，礼的基本价值在于使人引志归正。人之"志"，

① 学术界多把船山的夷夏观理解为一种狭隘的夷夏观，从船山的夷夏观推断船山将禽兽与夷狄等同；认为船山是典型的华夏主义者，也即大汉族主义者，这是对船山夷夏观的一种误解与误读。从礼以分殊辨别夷夏为视角，如果还原原典语境，即可还原其本意并非将"夷狄"等同于禽兽，也并非主张大汉族主义。参见拙作《王船山夷夏观辨正——以礼以分殊辨别人禽与夷夏为视角》，《湖南科技大学学报》2009年第1期。
② 《曲礼上》，《船山全书》（第四册），岳麓书社，1991，第15页。
③ 《为政第二》，《船山全书》（第七册），岳麓书社，1990，第312页。

也即道德意志，在礼尚未成为人之道德品质之前，"志"是引领人进入礼之领域的必然性因素，也即礼是能使人得以立的关键一环。故礼能"引其志于正也"①，此说是也。人之所以得以立，必然先立其志，志正则能使人"循礼以居正"②，如此，则形成人之所以为人的理论前提，亦为人之所以为人指明了方向。

那么人究竟是如何在礼之指引下"循礼以居正"，使动有矩度以利人际和谐呢？船山对此给予了回答。关于礼究竟如何让人得以立、如何进入礼之境地以达中和之道，船山提出了不同层次的人对待礼的基本态度。他说："而礼之许人问者，乃使贤者俯就，不肖者企及，以大明此礼于天下也。"③ 欲明此礼于天下者，天下众生皆对礼有不同层次的体悟，人之灵蠢程度、资质皆有所差异，对待礼的基本方法亦有所差异。那么如何循礼居正呢？船山对礼的和合价值作了界定："礼以绥之，惠以柔之。"④ 从总体上把握礼之和合价值：礼能使人之行为合乎礼，处于和谐之境地，内心世界处于和谐之境地。具体说来，礼如何才能使人之行为进入礼之轨道，船山表明了自己的观点："其为礼也，既视、听、言、动自所必由；非礼勿视、勿听、勿言、勿动者，一取则于礼定其非。则克己以复礼，而实秉礼以克己也，不辨之己而辨之礼。"⑤ 礼的基本价值就在于使人之行为回归到正道上，回归到儒家的礼之道，如此则能实现人际和谐与稳定，以达和谐之道。人际关系不和谐，在很大程度上是由于人之行为的不合礼。礼能使人之行为合乎规范，在礼之规制之下，人之行为合乎理、合乎矩度。在此基础之上，船山提出以礼为节则过失自见。"立礼为则，有失自见，不能由礼者，则知其不肖也。"⑥ 礼是人类和谐的规则；有礼之规制，则人世间和谐可至；无礼，人世间将出现矛盾与冲突。因之，船山总结道："礼原天理之至者为喜怒哀乐之节，所以闲邪而增长其才之善者，以之立

---

① 《乐记》，《船山全书》（第四册），岳麓书社，1991，第891页。
② 《告子下》，《船山全书》（第八册），岳麓书社，1990，第762页。
③ 《八佾篇》，《船山全书》（第六册），岳麓书社，1991，第618页。
④ 《季氏第十六》，《船山全书》（第七册），岳麓书社，1990，第877页。
⑤ 《宪问篇》，《船山全书》（第六册），岳麓书社，1991，第799页。
⑥ 《礼运》，《船山全书》（第四册），岳麓书社，1991，第539页。

身而应物，无不得也。"①

以上侧重于礼是什么的问题，接下来船山提出了在礼之规制之下，是如何能利于和谐的问题。

三　礼：束躬而不失其度以利和

礼的基本价值在于使人之行为有矩度，使人在礼之约束之下"循礼以居正"。"循礼以居正"，人之行为动容中礼，那么人际关系就会因为礼之规制而处于和谐之境地；动容中礼，则不会因人之视、听、言、动诸行为不当而导致人际关系的不和谐。有礼，则行为合乎理；无礼，人之行为不合乎理，则人际关系自然紧张。故此，在船山看来，人之行为动容中礼使人得以立、人际关系得以和处、内心世界的矛盾与冲突得以化解。一言以蔽之，动容中礼得以和。

（一）以礼立身而利和

在船山看来，欲使礼能促进人际和谐，首先在于人对礼这种规范伦理要有一种道德认同感，如此方能实现以礼立身以立和。船山说："万物之理，人心之同，皆以礼为之符合，是人己内外合一之极致也。"② 此言表明在礼的认同方面，大家的意见是一致的。就是说，关于人世间的各种规范与伦理道德，皆以礼也即理与外物是否合理为基本根据。因为"天下之人同此心，同此性，同此达道"③，人同此心，心同此理，普天之下对礼都是基本认同的，对礼之认同，也即对理之认同。大家都能看到礼之作用及意义，这为礼之践行提供了前提与基础。如果人人皆以礼作为安身立命、修道成性的立身之道，那么人际和谐也就能自然而成。

如何在礼之规制下形成人际和谐，船山作出了自己的回答。在他看来，人际关系的和谐是在礼之规制之下，通过内外一致之道，将人际关系纳入和谐之轨道。他说："外谐则发诸言动者皆顺，内无怨悔，则喜怒哀乐各协其心之安。内外交养之道得，以治人事神而不无祐助矣。"④ 船山

---

① 《礼器》，《船山全书》（第四册），岳麓书社，1991，第 580 页。
② 《礼器》，《船山全书》（第四册），岳麓书社，1991，第 605 页
③ 《重修山阴县学记》，《王阳明全集》（上），上海古籍出版社，2006，第 257 页。
④ 《礼器》，《船山全书》（第四册），岳麓书社，1991，第 581 页。

此言，表明礼乃外在的处理人际和谐的方式，以礼处事，则事物之间的矛盾与冲突得以化解；因为有礼，则人之视、听、言、动等行为皆能在礼之规制之下处于和谐状态。人世间的矛盾与冲突不可避免，礼之规约使人与人、人与社会之间的矛盾与冲突得以化解，并使之处于和谐境地。此时，和谐的达成是由外而内的。故此，礼之和合价值的凸显，系以外在方式规约人之行为，并使之成为人与人、人与社会之间和谐共处的工具。船山认为人同此心，心同此理，对礼的认同是人类和谐之前提与基础。如果进一步追问，普天之下为何能对礼之价值有着基本的认同呢？船山从人性角度作出了解答："礼出于人性自然之节，故为天下之同然。言行一依于礼，则不待求合于人情而敬信自孚也。"[1] 人性为善是人对礼及其基本价值认同的前提与基础。船山走的是一条人性论的道路，从人性为善的角度给予了回答。

那么礼之和谐价值究竟如何才能凸现出来、礼如何使人际关系达到和谐呢？船山从如下几个角度进行了分析。首先，以礼应物则不为外物累迁。人之所以为人，关键在于能以礼应物。面对形形色色的外物，心为所动，因之而为所累，酝酿得之。心欲得之，付诸行动，则必造成非礼的动、视、言。物累必然造成人之内心世界的不和谐，人之内心世界不和谐，则必会造成人际关系的紧张无序乃至人际的矛盾与冲突。"心存乎所嗜之物，则物之形不舍于心而心徇之。不知有己而唯见其物，是失其所以为人者，而化为所嗜之物也。"[2] 外物的诱惑是导致失礼以至矛盾与冲突的重要原因，故此，先秦荀子主张以礼制欲以利和谐。荀子云："礼起于何也？曰：人生而有欲，欲而不得，则不能无求；求而无度量分界，则不能不争；争则乱，乱则穷。先王恶其乱也，故制礼义以分之，以养人之欲，给人之求，使欲必不穷乎物，物必不屈于欲，两者相持而长，是礼之所起也。"[3] 礼之产生，缘于社会的混乱与动荡，制礼，就相当于以契约的形式来规约社会，因为物质财富的不公会使整个社会产生矛盾与冲突，这类似于霍布斯的"狼性"学说。在霍布斯看来，人类因为财富的诱惑

---

① 《礼器》，《船山全书》（第四册），岳麓书社，1991，第605页。

② 《乐记》，《船山全书》（第四册），岳麓书社，1991，第898页。

③ 《荀子·礼论第十九》，（清）王先谦：《荀子集解》（下），中华书局，1988，第346页。

必将导致人与人之间的争夺。在争夺的过程中，强者可能争夺更多的物质财富，但得到并不代表真正占有，因为强者在争夺财富之时内心惴惴不安，担心天外有天、人外有人，自己夺取的财富可能会被更强的人夺走。因之，争夺财富最终必将导致两败俱伤。于是人们思考可否制定一些制度措施来保护属于每个人的财产，如此西方便出现了社会契约。在中国古代社会，则以"礼"来规范人与人之间的行为，"制礼义以分之"是也。中国古代之"礼"类似于西方的社会契约，在礼的约束之下，使人之行为处于和谐之境地。船山曰："约以礼，修之于己，无心于物，物无不应。盖文与礼，一皆神化所显著之迹，阴阳、刚柔、仁义自然之秩叙，不倚于一事一物而各正其性命者也。"① 认为解决因物欲而导致不和谐的方式就在于以礼规制人之行为。礼虽为避免人们争斗之工具，但须有一个前提，即人们对礼必须具有普遍认同感与敬畏感，如此，这种契约式的礼才能存在，并成为调适人之行为的工具。为此，在中国古代社会，经常以神坛设教为基本能事，使人们对礼具有一种最为基本的道德敬畏感，进而使这种规范伦理之礼逐渐内化为道德品质，才能最终发挥其应有的等级名分的价值。在礼之规约之下，不为物累、不为物迁。思想是行动的先导，在思想境界层面不为物累，则其行为亦不能超越和合之境，并因之产生不和谐之迹象。船山阐明了人们对待外物的基本态度："君子之于物，虽不徇之，而当其应之也必顺其理，则事已靖，物已安，可以忘之而不为累。"② 以社会契约之礼应对外物，则心境自静。心境静，则人之行为必将和谐。无思则无欲，无欲则刚，人之行为必将在礼的规约之下最终走向和谐。由内而外，由内心之和谐致人之行为的合宜，最终也能导致身心和谐。"自以礼制欲，以义择交，正其身而无一言一行之过者也"③，无一言一行之过，不会造成人之行为的过分与失度，也就不会造成人与人之间的不和谐。

其次，身心和谐而后，礼使人得以立。船山主张以礼实现人际和谐，也即礼以束躬而不失其度。船山云："为礼有本，非但以敬人也，亦以束

---

① 《中正篇》，《船山全书》（第十二册），岳麓书社，1992，第159页。
② 《神化篇》，《船山全书》（第十二册），岳麓书社，1992，第96页。
③ 《离娄上》，《船山全书》（第八册），岳麓书社，1990，第475页。

躬而不失其度也。"① 在神坛设教中，人对礼表现出敬畏之情，但船山认
为这不是礼的终极价值，礼的最大价值在于能使人之行为保持在度的范围
之内，以礼规约人之行为，不侵犯他人之利益，并因之消除人与人之间的
矛盾与冲突，进而实现人际和谐。也即使人之行为处于中和状态，无过无
不及，唯其如此，才能实现人际关系之和谐。为说明人际和谐是如何形成
的，船山以士兵为例说明之：士兵的嚣张之习，往往是造成人类不和谐的
重要因素。船山云："所以养天下之士气于礼乐之中，而不使有嚣张之
习，亦所以纳天下之民情于和平之内，而不使哟兵戎之气。"② 士兵穷兵
黩武，傲气逼人，如若不以礼熏陶之，则人际和谐难以达成。兵勇，表面
看来其行为不合乎礼仪，似乎难以以礼习成。事实上恰好相反，兵亦能以
礼规制其行为，那么其他人应更能以礼熏习其行为以利人际和谐了。"以
礼接人者，必以理应；应以礼者，必更以礼接之"③，船山此言，点明礼
是人际交往的金规则，你如若能以礼待人，那么别人也会以礼对待你。在
交往过程中，人与人之间都以礼相待，如此，则能真正实现人际和谐。
"己所不欲，勿施于人。"（《论语·颜渊》）在人际关系之中，若不想别
人非礼对待自己，那么你也不会以非礼对待他人。船山以这种方式解决了
人与人之间以礼之调适是何以可能的问题。船山还以具体例子证实了这种
说法："如不欲上之无礼于我，则必以此度下之心，而亦不敢以此无礼使
之。"④ 这个说法与孔子的"己所不欲，勿施于人"有异曲同工之妙，说
明了以礼调适人际和谐是如何可能的。船山关于以礼调适人之行为的解
答，既说明了礼能调适人之行为的可行性，同时也在一定程度上说明了礼
之调适何以可能的问题，即礼以束躬而不失其度以利人际和谐。

（二）以礼立身节和而不流

上文主要从正面阐释了以礼立身则天下和谐的论题。为证明有礼则束
躬而不失其度，船山又从反面即对非礼不利于人际和谐进行了详细阐释。
船山首先对非礼进行定义，他说："所谓非礼者，于物见其非礼也，非己

---

① 《八佾第三》，《船山全书》（第七册），岳麓书社，1990，第355页。
② 《八佾第三》，《船山全书》（第七册），岳麓书社，1990，第339~340页。
③ 《曲礼上》，《船山全书》（第四册），岳麓书社，1991，第18页。
④ 《大学》，《船山全书》（第四册），岳麓书社，1991，第1496页。

之已有夫非礼也。若怒与过，则己情之发，不由外至矣。外物虽感，己情未发，则属静；己情已发，与物为感，则属动。静时所存，本以善其所发，则不迁、不贰者，四勿之验也。所发不忒于所在，而后知所存者之密，而非讬于虚矣。"① 在船山看来，所谓非礼，主要还是从外物之诱惑方面来考察人之行为是否合乎礼。在外物的诱惑之下，人想得到而又限于礼之规约，于是内心世界产生矛盾与冲突，因之人的内心世界首先处于不和谐之境地。非礼而得外物，将严重影响人际和谐。欲使人类和谐，则必然要重视礼对人之行为的规制，如此方能真正实现人类的和谐。此外，船山还考察了一种非礼的情形：若只是有不合乎礼的想法，而没有将非礼之意念转化为行动，在船山看来，这不能算是非礼行为，也就不存在着过错，不会对人际和谐造成混乱。船山曰："若其一念之动，不中于礼，而未见之行事，斯又但谓之此心之失，而不存乎过。"② 这就比较准确地区分了非礼之限。针对人皆有非礼之意念，船山提出了自己的看法。他说："言动不中于礼者，时或有之；乃其心体之明，不待迟之俄顷，而即觉其不安，是以触类引申，可以旁通典礼，而后不复有如此之误矣。"③ 有非礼之意念，而无非礼之行为，这种情形是有的，亦属于正常现象；如若发觉有这种不合礼的意念，于心不安而反思，进而回归礼之正道，此亦能达到和谐之境地。有非礼之意念，但无非礼之行为，并及时调适，亦不能有损人之内心世界及人际关系的和谐。

有非礼之意念或者说有非礼之想法并不可怕。真正有损于人际和谐的是非礼行为。船山阐释了非礼之行为而导致的人际关系不和谐，对礼之理解、践行层面存在诸多负面因素，是导致人际关系不和谐的重要原因。首先是不知礼。显然，人如若不知礼，则可能出现非礼的行为。不以礼作为行为之矩度，则必然造成人际关系的紧张与冲突。"不知礼，则耳目无所加，手足无所措。"④ 不了解礼，也即不懂理，则人之行为不能循礼以居正；人之行为不能循礼以居正，则不利于社会和谐。其次，人知礼但惰于

① 《雍也篇》，《船山全书》（第六册），岳麓书社，1991，第 667 页。
② 《雍也篇》，《船山全书》（第六册），岳麓书社，1991，第 671 页。
③ 《雍也篇》，《船山全书》（第六册），岳麓书社，1991，第 672 页。
④ 《尧曰第二十》，《船山全书》（第七册），岳麓书社，1990，第 998 页。

用礼亦不利于和谐。用礼不庄且不能"时中"，也不利于社会的和谐。船山云："蒞之不庄，动之不以礼，乃其气禀学问之小疵，然亦非尽善之道也。"① 不懂礼，造成人际关系的不协调；懂礼，但不能在合适的时候用礼、该施礼的时候不施礼，即礼不及"时"，也容易造成不和谐，船山称之为非尽善之道。最后，人虽懂礼，且能用礼，但不能灵活用礼，尤其是不能以礼自裁，亦不利于社会的和谐。总是以礼严格要求他人，却不能以礼要求自己，严于律他，宽于待己，导致自己不能自裁，这也是不和谐的重要因子。船山曰："庸人处变而不知自裁以礼，其贤者则改节降志以自贬损而免患。"② 阐明了礼在束躬不失其度过程中对人、对己的基本态度，如此必然造成礼之运用不顺畅。"无礼则为禽行而兽聚"③，禽兽之行径必然造成人世间的矛盾与冲突；无礼，则其行失其度不利和。礼乃人立身之本、和谐之源。人不能以礼立身，虽与之言，必不见信，不以礼立身，则社会必将不和谐。船山云："害其身者，不知礼义之为美而非毁之，虽与之言，必不见信也。"④ 不知礼义必将带来社会的动荡与不安，轻则损毁礼义本身，重则伤害自身之诚信。相比前两种情形，此种情形最为严重。无知者无畏，最无知的即是对礼的无知，虽教但必不信也，这是对人间规则最为致命的打击。无礼之践行乃兽行，人际交往则为狼性争夺，矛盾与冲突不期而至。综上几种情形，船山对贱礼之行径作了总结："违礼以往，则欲矫人之失而先自失也。"⑤ 自己尚且做不到，还妄图以礼规约他人，不是遵循"己欲立而立人，己欲达而达人"之古训，则礼之不存，可知之也，和谐社会的不可实现亦可知之也。

总之，礼乃人之所以为人的基本价值尺度，有礼乃人身心和谐的前提与基础，礼乃人际和谐得以确立的规矩。故此，船山总结道："以礼约之，则莫之禁而自禁矣。"⑥ 有礼，则人之行为在礼之规约之下，"非礼勿视，非礼勿听，非礼勿言，非礼勿动"（《论语·颜渊》），是非曲直等一

① 《卫灵公第十五》，《船山全书》（第七册），岳麓书社，1990，第 861 页。
② 《乐器篇》，《船山全书》（第十二册），岳麓书社，1992，第 324 页。
③ 《告子下》，《船山全书》（第八册），岳麓书社，1990，第 757 页。
④ 《离娄上》，《船山全书》（第八册），岳麓书社，1990，第 442 页。
⑤ 《檀弓下》，《船山全书》（第四册），岳麓书社，1991，第 221 页。
⑥ 《学记》，《船山全书》（第四册），岳麓书社，1991，第 878 页。

切以礼裁之。因之，则天下人与人、人与社会之间的和谐将不期而至。"裁之以礼，无不可焉，斯已耳。"① 船山在这里表达的含义比较深刻：人世间的一切如能在礼的规约之下，那么一切都将处于和谐之境地。如果人人都能自然地用礼，不是被迫用礼，则和谐自然可成。诚如船山所言："人之用礼，必须自然娴适而后为贵。使然，将困勉以下者终无当于礼，而天下不能由礼者多。且先王之道，亦但著为礼而已，未尝有所谓和也。从容不迫者，行礼者之自为之也。从容不迫而后可为贵，则先王之道非美，待人之和而后美。"② 以礼规约自己的行为所达到的和之境界，是真善美的具体体现。礼作为规范伦理，是对他人行为的一种规约，人可能不以礼为美，不循礼之人反而以礼为恶。规范之礼本身并不为美，只有在礼的规约之下达到人和之后才能成其为美，也即我们通常所说的"和美"，礼因和而美。"和"乃德性伦理，由规范伦理上升为性情之德，本身就是一种"和"之美的境界。故此，船山所向往的和谐社会就是一个以礼制人之行为，但礼之节和又不流于低俗的和谐社会。礼既是一种价值论，又是一种境界论。礼既能让人立身，同时又能使人节以达和。"以礼节之者，以礼立身，虽不与世侮而终不枉己，所以节和而不流。"③ 礼使人得以立，礼之价值在于使人和、内心之和、人际之和，此乃礼之价值的终极表现。船山呼吁学礼以载道，推己及人，则天下之和可期而至也。"动容中礼，而言皆载道，吾党既得而闻之，闻之而可法可则者在是矣。"④ 礼不但能使人立，而且能使人人立。人立、人人立、礼行天下，和可至也。达到这种境界需要人在日常生活中"无动非礼"，如此则和谐之道尽。

四　无动非礼则和谐之道尽

礼乃立身之道，尽礼则尽天下普世之道，也即成就天下之和。礼乃立身之本，人舍礼无以立身。船山曰："人之所以为人，中国之所以

---

①　《万章下》，《船山全书》（第八册），岳麓书社，1990，第 646 页。
②　《学而篇》，《船山全书》（第六册），岳麓书社，1991，第 591 页。
③　《有德篇》，《船山全书》（第十二册），岳麓书社，1992，第 250 页。
④　《公冶长第五》，《船山全书》（第七册），岳麓书社，1990，第 413 页。

为中国，君子之所以为君子，盖将舍是而无以立人之本，是《易》、《诗》、《书》、《春秋》之实蕴也。"① 人世间的交往，皆以礼为基本的交往原则，舍礼将无以立身。中国被称为"礼仪之邦"，在某种意义上亦说明了礼乃中国传统文化的基本特征。在古代的教育中，五经之教，皆归之于礼。礼乃人道原则的制高点，抓住了这个制高点，也即抓住了礼之实质，也就把握了人道。把握了人道，则"道以此而大，矩以此而立，絜以此而均，众以此而得，命以此而永"②。故此，船山将礼视为最高准则，人道将因此而发扬光大，人间之序因此而稳定有序。此乃中国成为"礼仪之邦"的直接原因。中国之所以为中国，华夏之所以为华夏，亦是礼使然也。

在船山看来，欲取得和谐，以礼立人是必不可少的。船山有一经典名言："夫言必以义，行必以礼，所与者必正，乃君子立身之道。"③ 人之言、动必须以礼为正人之道，离此无以立人。礼乃人之所为人的基本要素，离礼无以为人。船山特别强调以礼立身。他说："动无非礼，则皆合于当然之则矣。"④ 人之所以为人，关键在于礼乃人之本质特征。人之视、听、言、动等均与礼相挂搭，离礼之行则为禽之行。故此，礼乃人禽之分水岭。举止行为是无礼的，则不能成其为人；如不能以礼节其行为，则不能成其为人，而是禽兽之行。针对此种情形，船山提出了解决的具体办法。他说："强者力制其妄，敦行其节，动无非礼，则立身固矣。"⑤ 当人尚未完全陷入禽兽之行时，当人还能在理智的控制之下时，应以礼节其行，使其能在礼的约束之下，化民成俗，做到动无非礼，如此则立身有道。如若人人立身有道，则和谐可至。因此，以礼立身非常重要，此乃整个社会和谐的基础性条件。儒家哲人的历史使命在于如何使人能够安身立命、安道成性。礼为人之安身立命、安道成性提供了条件。船山作为明末清初的一位大哲学家，他有着强烈的历史使命感与责任感，他试

① 《礼记章句序》，《船山全书》（第四册），岳麓书社，1991，第9页。
② 《传第十章》，《船山全书》（第六册），岳麓书社，1991，第446页。
③ 《学而第一》，《船山全书》（第七册），岳麓书社，1990，第270页。
④ 《文王世子》，《船山全书》（第四册），岳麓书社，1991，第516页。
⑤ 《中正篇》，《船山全书》（第十二册），岳麓书社，1992，第171页。

图以礼使人安身立命、安道成性，进而成就整个社会的稳定与和谐。故此，他反复强调立人之道："动必以礼，与忠孝之理同源一致，察其所以用心而道不远矣。"① 人之所以立者，礼也。以礼立身在于用心于礼，心所思乃成就其为道，由此，礼乃人之道的最高之境界。"无动非礼，则立人之道尽矣。"② 无动非礼，则和谐之道尽也。如若能以礼立身，个人的举止行为都遵循着礼之规制，是立人之道的最高规则。人人若此，则天下可和也。如若将人看作一棵大树，仁义是其枝叶的话，那么礼即主干。这与船山的礼为主干的论断有异曲同工之妙："礼行乎表，而威仪即以定命；礼谨于内，而庄敬成乎节文。畅于四肢，发于事业，历乎变而不失，则唯礼以为之干也。"③ 表明礼在人的日常生活中的地位，也表明人之为人的关键在于礼。

以礼立身乃人类行为的法则，是人道的最高境界。内圣并以此作为外王的起点，则能齐家、治国、平天下，达到天下和谐的最高境界。个人要达到以礼立身的目的，关键在于志之坚定性、目标之稳定性与长期性，不论富贵贫贱皆不能移其志，唯其如此，才能真正实现以礼立身，才能为化民成俗。因之，船山云："以礼立身则所行皆裕，富贵贫贱不足以移之。"④ 对礼的执著源自对和谐的渴望，和谐社会的稳定与发展源自个人意志之坚定与稳定。这种对礼的执著，终将实现化民成俗的美好愿望：整个社会皆以崇礼为荣，以贱礼为耻。在这样一个和谐社会，"观礼于邦国，行礼于乡党，有礼者人敬之，而无礼者人慢之"⑤，则和谐社会可不期而至。故此，一方面通过崇礼，推己及人；另一方面通过内圣而外王，使整个社会均以礼为立身之道。可以想象，在隆礼的情形之下，整个社会都沐浴在礼意的和谐春风之中，如此则和谐不期而至，这是船山所期待的理想的和谐社会。

综上，船山视域中的礼乃立人之道。船山以礼为立人之道，有其特殊

---

① 《文王世子》，《船山全书》（第四册），岳麓书社，1991，第516页。
② 《三十篇》，《船山全书》（第十二册），岳麓书社，1992，第231页。
③ 《礼器》，《船山全书》（第四册），岳麓书社，1991，第580页。
④ 《曲礼上》，《船山全书》（第四册），岳麓书社，1991，第19页。
⑤ 《为政第二》，《船山全书》（第七册），岳麓书社，1990，第281页。

原因。在船山看来，宇宙是一个大生命场，这个大生命场中的万物皆是和谐相处的。人乃有智能的动物（在前面已作了论证，在此不再赘述），基于聪明才智，人在践礼之时，多注重礼之文，而不能使人真正得以立。故此，船山将这种行为视为礼之蛀虫。他说："礼待人而行，犹酒之待乐而成也。君子敦仁以致顺，则礼达于上下；小人饰文以窃理，徒为礼蠹而已矣。"① 船山对以礼立身持肯定态度，但对表面上垂礼，实际上是窃礼之行径深恶痛绝，称之为礼之蠹虫。这种窃礼之人事实上比那种不以礼立身之人更为可怕，故此，船山主张礼不为小人而设。小人是对礼之亵渎。"礼不为小人而设，而君子自居于大正；礼虽非小人所知，而终不可以自致怨怒于君子。"② 那些玩弄礼的小人，是得不到礼的恩赐的，他不可能以礼作为自己的行动指南；相反，小人懂礼却不用礼，是对礼之亵渎，两者均不能实现社会的和谐。小人窃礼，是对礼的亵渎，最终亦亵渎了人世间的和谐。礼不但没有使人立身，反而让人学会了文过饰非，其害大矣。这种以礼文过饰非的做法，应了老子的说法："上礼为之而莫之应，则攘臂而仍之。故失道而后德，失德而后仁，失仁而后义，失义而后礼。夫礼者，忠信之薄，而乱之首。"（《老子·三十八章》）。老子对待礼的态度非常明显：有人因礼而使用手段，使礼不能得以贯彻。故此，老子反礼是有其理由的。诚如老子所说："天下皆知美之为美，斯恶已；皆知善之为善，斯不善已。"（《老子·第二章》）天下之人以礼为美，有人为实现礼而奋斗，而亵渎礼，可以说是伪礼，伪礼对人类和谐的建构之危害大矣。故此，船山对那些亵渎礼之人是深恶痛绝的。船山不赞成礼乃小人之礼，礼乃君子之礼，是君子立身之道。船山对礼持肯定态度："礼以简束其身，矫偏而使一于正，则以此准己之得失者，即以此而定人之美恶，不待于好求恶，于恶求美，而美恶粲然，无或蔽之矣。"③ 船山此言，恰如其分地表明了礼在分辨人之好恶中的作用，进而在某种层面上肯定了礼乃人之立身之道，亦是人类的和谐之道。由此可知，礼乃化民成俗的理性工具，也是人类达到和谐之境的价值工具。船山总结道："礼乐兴，则风俗

① 《礼运》，《船山全书》（第四册），岳麓书社，1991，第571～572页。
② 《离娄下》，《船山全书》（第八册），岳麓书社，1990，第534页。
③ 《传第七章》，《船山全书》（第六册），岳麓书社，1991，第427页。

醇、邪枉化，固其必然之应也。"① 礼乐兴起，则能化民成俗；如若能将礼内化为人的道德品质的一部分，则用礼自然而成，人们亦能"择善固执"，从善如流，则天下和谐可至也。这正好应了船山的一句话，也即"以'礼'为尚，知所择也"②。

综上，船山在对待礼的问题上，始终坚持以礼立身，以礼作为自己的行动指南，坚决反对注重礼之文，而不注重礼之质之人。礼乃立身行事之黄金规则，动必以礼与无动非礼是行礼的基本态度与基本方式，如此，则天下和谐之道尽也。故此，以礼立身则有利于身心、人际和谐，离此则矛盾与冲突可至也。

五 教、习、修达礼以利和

礼乃人立身之道，人若能以礼立身，无动非礼与动必以礼，则天下自然和谐。在现实生活中，有人贱礼，贱礼则不能达成和谐之道。知礼、习礼、修礼使人动有矩度、亦能使人束躬不失其度。故此，船山在述及以礼立身之时，还着重强调习礼、修礼，唯其如此，才能使人更好地以礼立身。

人究竟如何才能知礼，并能以礼立身呢？教、习、修是固礼之必要环节。所谓"教"与"习"是主客双方双向互动的施教与受教过程。教师视为教育主体，把教育的对象视为客体；如若我们将学生看成是学习主体的话，那么教师的教也即相应地成为客体。所以教师与学生互为主体，可称之为"双主体"；以这种"双主体"的教学模式而引发的教师的教与学生的学乃一种"双主体"教育模式。这种教育模式有利于提升教育质量，使礼能更好地内化为人们道德品质、道德情感，以便更好地以礼立身。

就礼之教化而言，船山认为，礼之教化至关重要，而且在教化之前首先应当确立教育之本，立教的根本是什么？我们教育的目的何在？在船山看来，立教的根本在于以礼立身。船山确立了立教之根本为礼，如此方能

---

① 《卫灵公第十五》，《船山全书》（第七册），岳麓书社，1990，第841页。
② 《第二十七章》，《船山全书》（第六册），岳麓书社，1991，第563页。

从实践层面践行礼。船山云："《六经》皆圣人之教而尤莫尚于《礼》，以使人之实践于行，则善日崇而恶自远，盖易知简能，而化民成俗之妙，至于迁善而不知为之者，则圣神功化之极，不舍下学而得之矣。"① 在古代教育中，船山认为六经之教皆归之于礼，由此可知船山对礼是何其重视，同时也说明了礼教在古代社会是教育之本的问题。如若不了解教化之根本，则礼之践行又如何可能呢？故此船山曰："六经之教，化民成俗之大，而归之于《礼》，以明其安上治民之功而必不可废。盖《易》、《诗》、《书》、《乐》、《春秋》皆著其理，而《礼》则实见于事，则五经者礼之精意，而《礼》者五经之法象也。故不通于五经之微言，不知《礼》之所自起；而非秉《礼》以为实，则虽达于性情之旨，审于治乱之故，而高者驰于玄虚；卑者趋于功利，此过不及者之所以鲜能知味而道不行也。"② 立教的基础在于确立教化之根本，如此才能将礼之教化践行下去；也只有把握了立教之本，才能将礼教推行下去，使普天之下皆能享受到礼遇，以利人与人之间的和谐。基于此，船山曰："故立教之本，有端可识，而推广无难也。"③ 船山确立了教化的根本为礼，并试图将礼顺利推行下去。只有将礼推行下去，才能使整个社会在礼的规约之下化民成俗，才能为整个社会的和谐奠定礼制基础。当礼尚未成为人们道德生活之需时，必须以礼作为立教之本，将礼持续推行下去，唯其如此，才能礼行天下。确能如此，则"诚身以立人道，其以垂世立教者至深切著明矣"。④ 只有确立了教育之本，才能实现礼之推广并能化民成俗。

教化而外，学亦重要。礼作为立教之本，因此在学方面自然而然就能以礼作为学之目标与方向，与船山所说的"志道强礼为学之始基"⑤ 相一致。立礼为教为教之本，志道强礼乃学之始。教与学构成了礼教双向互动的教育模式，能顺利地将礼教推行下去。就学而言，船山重提了礼的基本作用，也即礼乃人们行为的基本规则与基本法则，有礼则成规矩与方圆；

① 《经解》，《船山全书》（第四册），岳麓书社，1991，第1177页。
② 《经解》，《船山全书》（第四册），岳麓书社，1991，第1171页。
③ 《传第七章》，《船山全书》（第六册），岳麓书社，1991，第429页。
④ 《祭义》，《船山全书》（第四册），岳麓书社，1991，第1135页。
⑤ 《中正篇》，《船山全书》（第十二册），岳麓书社，1992，第172页。

有礼则可立身行事。他说："礼，见于事而成法则也。诗以言达志，礼以实副名。故学礼可以正志，可以立体。"① 习礼，能使人立志，能使人立身，使人循礼而行，居正而行。在礼之关照下，人之行为有所矩度，因之可实现人际和谐。可见，习礼是人类和谐的前提与基础。教与习，能使人在礼之规约之下，切实感受到礼乃人类行为的"指挥棒"，礼乃人类和谐的"导航器"。因为"不学《礼》则动止无则，而庄敬之心不著，将无以立也"②。无礼则人之行为没有一定的规矩，无规矩不成方圆，无方圆将造成人际不和谐和紧张。可见习礼非常重要，习礼能使人养成其德行，使人养成良好的道德习俗，唯其如此，人与人之间的紧张关系才能得到缓解。船山对习礼的巨大作用发表了自己的看法。他说："习于礼乐而养成其德行，则敖慢不行而守其侯度，乃以国安而致令名也。"③ 习礼使人在礼之熏陶之下，浸染礼之熏陶，沐浴在礼之和煦的春光之下。通过日积月累的礼之熏习，最后将礼内化为自己的道德品质的一部分，从而使礼成为调适整个社会人与人之间的矛盾与冲突，并成就公序良俗的和谐社会的工具。

综上，实现社会的公序良俗，礼之教化与礼之修习必不可少。教与学为人提升道德水平与道德境界提供了基本保障。在礼之规约下，有利于化解人与人、人与社会之间的矛盾与冲突。

教与习达礼以外，修身达德与修身达礼亦非常重要。船山注重教与学以达礼，这是外在的方式获得礼；另外，船山注重个人以内在的方式获得礼——习与修；内外结合、内外双修，最终达礼。礼以和顺天下有一个预设性前提，即礼已根深蒂固于人们的心中，本着这一前提，修身能使人得礼之本。船山认为："修身存诚之德，为表正万物之本。"④ "表"即修己之道，"表正万物之本"，此处所说的"本"即"礼"，"礼"之获得与巩固，来源于修身存诚。修身则能得礼，得礼则能以礼治天下，实现天下和谐。船山强调修身为本，通过修身，得到表正万物之本——礼。他说：

---

① 《乐器篇》，《船山全书》（第十二册），岳麓书社，1992，第317页。
② 《季氏第十六》，《船山全书》（第七册），岳麓书社，1990，第896页。
③ 《射义》，《船山全书》（第四册），岳麓书社，1991，第1533页。
④ 《表记》，《船山全书》（第四册），岳麓书社，1991，第1318页。

"修身为本，格物为始，平天下为终，其善乃至。"① 通过修身达礼，以礼调适人之内心世界，调适人与人、人与社会之间的关系，终将平治天下而至太和。船山认为修身至关重要，修身即是从自我开始，由内圣而外王，即合乎"君子秉礼以修己，先王制礼以治人"②。修身应首先从自我做起，修身应当禀礼自修，唯此才能真正获得礼，才能实现以礼立身的价值目标。

禀礼修己，修身固礼。固礼而后又如何修身呢？船山作出了回应。他说："修身者，修其言行动之辟也。"③ 修身是修正人之言、行、动等不合乎礼的地方，修之行为不利于人际和谐的地方；简言之，即是将日常生活中不合乎礼的言行举止修习到合乎礼之行为规范，如此才能达到和谐之境地。可见，船山修身的主要目的在于固礼。修身与固礼是一种双向互动的关系，一方面修身能固礼；另一方面固礼也能更好地禀礼修身。通过修身持礼，使人之内心世界因持礼而达到一种审美愉悦。船山云："修身者，修之于言、行、动。言行之善者，必其动之善而后为根心之美。"④ 表明因持礼而所获得的内心世界的愉悦，修礼能获得内心世界的和谐之美。究竟如何修身？船山提出了以"心"为修之始基在修身的过程中，首先要修心。"欲修其身者，则心亦欲修之。心不欲修其身者，非供情欲之用，则直无之矣。《传》所谓'视不见，听不闻，事不知味'者是也。夫惟其有心，则所为视、所为听、所欲言、所自动者，胥此以为之主。"⑤ 修身必以心为修身之要，心不往之，修身难以为继；心到则修身以诚，如此才能礼行天下。心的基本价值在于使心致力于其道，用心而修，则修之可达。"天理存亡之几，国之存亡即于此而决，此修身之所以为本而必根极于正心诚意也。"⑥ 以礼修身，心向往之，正心诚意，则自然修成。以礼修身，内圣而外王，推己以及人，则礼自然而成，礼行天下；礼行天下，则和谐可不期而至。由此，船山所言的修身，实质是修礼，以礼为修己治

---

① 《大学》，《船山全书》（第四册），岳麓书社，1991，第 1470 页。
② 《礼器》，《船山全书》（第四册），岳麓书社，1991，第 582 页。
③ 《传第七章》，《船山全书》（第六册），岳麓书社，1991，第 427 页。
④ 《大学》，《船山全书》（第四册），岳麓书社，1991，第 1479 页。
⑤ 《圣经》，《船山全书》（第六册），岳麓书社，1991，第 401 页。
⑥ 《大学》，《船山全书》（第四册），岳麓书社，1991，第 1502 页。

人之道。"修己治人之实,礼而已矣。性之所由失者,习迁之也。坊习之流则反归于善,而情欲之发皆合乎天理自然之则矣。习俗泛滥以利其情欲者,为凡民之所乐趋,故坊之也不容不严。"① 为此,船山巧妙地说明了修礼的本质与特色,在此基础上说明了修礼之方向:"以敬为本,以仁义为纲,修身以立民极之道尽矣。"② 如此则能礼行天下,一个礼宜乐和的和谐社会在遵礼的前提下不期而至。

修身的目的在于使人达德,使人崇德,提升德性,德行天下。船山所言的禀礼修身,实际上是"修德立身"③,修德则能德运天下,和谐可至。船山认为礼乃至善的规范伦理,礼乃入德之门:"知止于至善乃入德之门。"④ 船山将礼视为至善的道德工具。修礼而后,才能行礼之道,才能检验其是否有德。故此,船山云:"行道而有得于心之谓德。得为心得,则修亦修之于心。"⑤ 修道,也即行礼并有所"得",亦可称之为"德"。可见,德与礼是紧密相连的,且在心之感悟中走向善。故此,修礼,在心之体悟中最终走向德;无礼,不能成其德。船山曰:"礼之不可已也,非特心之不正、道之不当然者,必于礼以防之也,虽天资近道,而能自全其质,以应事接物者,亦非礼则无以善成其德,而且敝将有所极矣。"⑥ 礼与善并称其德,有礼则必然有德,礼与德是人之所以为人的必备要素。礼即是德,德成就礼。即船山所说的"验其有礼,则知其果有德行"⑦。有德之人行为必然表现为有礼,也即德成就礼。故此,礼与德不可分割,二者是人之所以为人的标志。

第二节 礼以敬为本则心安而身泰

在船山看来,人之所以"和立",其主要原因归结为礼。在日常生

① 《坊记》,《船山全书》(第四册),岳麓书社,1991,第 1213 页。
② 《缁衣》,《船山全书》(第四册),岳麓书社,1991,第 1359 页。
③ 《第十七章》,《船山全书》(第六册),岳麓书社,1991,第 506 页。
④ 《大学》,《船山全书》(第四册),岳麓书社,1991,第 1468 页。
⑤ 《述而篇》,《船山全书》(第六册),岳麓书社,1991,第 697 页。
⑥ 《泰伯第八》,《船山全书》(第七册),岳麓书社,1990,第 527 页。
⑦ 《礼运》,《船山全书》(第四册),岳麓书社,1991,第 539 页。

活中以礼调适、规约人之行为，使人之行为合乎礼，因为礼能使人动有矩度，礼能束躬不失其度以利和，无动非礼则和谐之道尽。故此，礼乃人立身之道。如若我们进一步追问，礼能流行于世并使人心安身泰的原因是什么？船山认为"敬"乃礼存在的深层次原因。礼能流行于世并作为人们行动的指南，关键在于"礼以敬为本"。由此，如若说礼乃人之立身之道，那么从深层次的原因来说，敬亦是礼存之本，可见，敬亦是人之立身之道。因为无敬则无以成礼，简言之礼以敬为本，礼与敬皆为人立身之道。由于以礼能成就人际和谐，故此由敬亦能成就人之和。内敬，则在外表现为礼，以礼立身则能实现人之身心、人际和谐，因为内敬外必和。敬乃礼之本，敬亦是人得以立的深层次原因。

一 敬者礼之本

礼乃人之立身之道，有礼背后的深层次原因在于人心中有敬。"敬"是人得礼的深层次原因。那么何谓"敬"？敬与礼之间的关系是什么？内敬外必和，原因何在？

（一）"敬"之原初含义及船山将之升华

"敬"是礼存在的前提与基础，非敬无以成礼。何谓"敬"？《说文解字》中没有明确的解释。"敬"最早出现在《论语》中，并成为个人道德修养之方法。"敬"之原初含义主要指对人的景仰、崇拜之情。"敬"之含义一直为学界所尊崇，且延续到宋明时期。宋明理学家对"敬"的理解直接与其基本义挂搭。张载对"敬"的解释倾向于将"敬"与礼结合起来考察，基本合乎船山的基本理路。张子曰："'敬，礼之舆也'，不敬则礼不行。"[1] 张子解"敬"与船山有着惊人的相似，后文将对船山之"敬"进行详解。作为北宋五子的二程，对"敬"的理解是在"敬"之原初含义的基础之上的进一步发挥。程子曰："虑，则自然生敬，敬只是主一也。主一，则既不之东，又不之西，如是则只谓中。……敬以直内，

---

[1] 《正蒙·至当篇》，（宋）张载：《张载集》，中华书局，1978，第36页。

涵养此意，直内是本。"① 可见，在理学家看来，"'敬'是自我体验、自我操持的涵养方法"②。二程主敬，并认为"敬"是修身的基本方法。朱熹则全面承继与发展了二程关于敬乃修身的基本方法的观点。蒙培元先生说："经过朱熹的阐释，敬变成了全面的修养方法"，"敬之所以如此重要，在于它是提高道德实践的自主性、自觉性，进行自我改造的基本方法"。③ 总体说来，儒家主"敬"，并认为敬是自我改造与自我修养的基本方法，其目的在于提升道德境界方面：慎独，敬即是道德修养的工夫。④

船山作为宋明理学的总结与开新者，他对"敬"的注解基本是在宋明理学家们所注解的敬的基础之上的进一步延伸。船山尤其推崇张载之"敬"。他"希横渠之正学"，并自谦"力不能企"。船山对"敬"的解释基本上注重的是原初意义："敬"即为"敬重"之意。船山曰："'敬'，信而重之也。"⑤ "敬"乃敬重之意，且这种"敬重"是建立在对礼的信仰的基础之上的一种稳定情感。"敬"之意即是敬重之意，"'敬'，重也"⑥，此说然也。当然，船山还从"义"与"敬"的相互关系中寻找"敬"之含义。他说："'义'之体，敬也；其用，宜也。"⑦ 显然，船山以礼阐释"敬"，"义"即适宜，行为之宜，即是礼，也即船山已尝试着以"礼"解"敬"，礼因敬而成。如何由礼而成就"敬"，船山认为敬乃礼之所以立，使"敬"之含义得到了升华。

（二）敬者礼之所以立

在船山哲学视域中，礼与敬不可分离。"敬"乃礼之前提与基础：由敬生礼，在内为敬，在外则表现为礼；故此，礼与敬实际上可以表述为人之德性的两面，内心世界表现为敬，在外部世界则表现为一种行为规则——礼。"敬"与"礼"可以在某种层面上说是一体两面。"一体"指

---

① （宋）程颢、程颐：《二程集》，中华书局，2004，第149页。
② 蒙培元：《理学范畴系统》，人民出版社，1989，第405页。
③ 蒙培元：《理学范畴系统》，人民出版社，1989，第406~407页。
④ 陈力祥：《王船山礼学思想研究》，巴蜀书社，2008，第265页。
⑤ 《学记》，《船山全书》（第四册），岳麓书社，1991，第872页。
⑥ 《学记》，《船山全书》（第四册），岳麓书社，1991，第882页。
⑦ 《表记》，《船山全书》（第四册），岳麓书社，1991，第1333页。

人之德性，"两面"则表现为内在之"敬"与外在之"礼"。由此，船山曰："'礼'者，爱敬之节文。"① 礼由敬而成，由敬则能生礼。船山之"敬"，亦即尊重天下人共同的伦理规范而形成的道德品质，这即是礼。天下人共同遵守的伦理规范，对天下之人均有所约束与规范，是具有普世性的伦理规范，这种普世性的规范伦理即是礼。船山云："敬天下之德，礼也。"② "敬"与"礼"是表现为内与外两层次的东西，内敬则外有礼，外有礼则必然是由内敬而生，"敬"乃"礼"之所以生的前提与基础。由内心世界对神道设教之礼的敬畏，进而产生礼。"敬"乃礼产生的直接原因。船山云："敬者礼之所以立也，和者乐之所由生也。"③ 船山此言导出了礼之本。"夫敬者礼之本，恕者己私之反也。"④ "敬"乃礼所产生的直接原因，"敬"乃礼之本，如若将人比做一棵大树：那么"敬"为树根，为本；礼为树干、树枝及树叶。"敬"为礼之本，正如"敬"如树干、树枝、树叶得以苗壮成长之根基。树干、树叶、树枝等可视为具体的礼在外的表现。本不存，末将何在？也即敬不存，则礼焉将何在？故此，敬乃礼之本，非敬将无以成礼。"且使从本体而言之，则礼固以敬为本，而非以和。"⑤ 先有敬，然后有礼，进而有和，敬是礼之本，礼乃和之前提，和乃敬之最终结果，由敬达和。三者关系为：敬→礼→和，由敬达礼，由礼致和，礼是敬与和之间的中介环节。可见礼以敬为本，而不是以和为本，和是礼调适之后终极价值。船山曰："果仁矣，爱之曲体之矣；果有礼焉，敬之极致之矣。"⑥ 礼是结果，敬是原因，由敬达礼；易言之，礼乃敬之最终结果，由敬则必然达礼，即便不是圣人，只要内心有仁，亦可能由敬而达礼。"敬慎于中，故礼无不至。非圣人而能必其不失如此哉！"⑦ 存敬之

---

① 《祭义》，《船山全书》（第四册），岳麓书社，1991，第1133页。
② 船山之"敬天下之德，礼也"这句话，还可以有另外一种断句方法，即"敬，天下之德，礼也"。也即"敬"本身是一动词，可以视为尊重之意，也即"敬"本身即是规范伦理，与后面所说的礼是一样的。参见《第三十一章》，《船山全书》（第七册），岳麓书社，1990，第227页。
③ 《学而第一》，《船山全书》（第七册），岳麓书社，1990，第267页。
④ 《颜渊第十二》，《船山全书》（第七册），岳麓书社，1990，第686页。
⑤ 《学而篇》，《船山全书》（第六册），岳麓书社，1991，第593页。
⑥ 《离娄下》，《船山全书》（第八册），岳麓书社，1990，第538页。
⑦ 《乡党第十》，《船山全书》（第七册），岳麓书社，1990，第627页。

人即可达礼，而此存敬之人不一定是圣人，上智、下愚、中民之性之人均可存敬。存敬，则存礼；存礼，则和可至也。可见，见人有礼，则可知人有敬。"礼之所为必准物以将敬者可见矣"①，由礼可知敬，有礼必然存敬。反之，非礼，则必然无敬，因为非礼不能凸显内心之敬。船山说："非礼无以将敬，非敬则不能率礼，而何辞于不敬乎！"② 故此，"敬"与"礼"须臾不可离也，由敬而知礼，因为礼是敬的外在体现，敬以直内，礼以体外。"礼所谓以仁率亲、以义率祖、等上顺下，皆为至敬言也。然则礼之所以为礼者，以敬言而不以序言，审矣"③。礼乃内在之敬外在体现。敬在内，礼在外；古代社会，礼有调节等级秩序的作用，表面看来，礼在执行着"序"之作用，而不是"敬"之作用；其实，考察礼能够实现和合之序的背后原因，是"敬"凝聚了礼，是礼产生了和谐之序。以神道设教崇"敬"，由敬则能生礼，有礼则能"序"。

礼与敬不可须臾离也，如进一步深入考察，由敬而礼的背后原因是什么？船山从心理学的角度阐释了由敬缘何能达礼：心乃连接敬与礼之间的桥梁，敬乃心之合内外。

（三）敬乃心之合内外也

从心理学的角度来看，由敬可达礼，心乃促使人由敬到礼的决定性因素。由此，人之礼因敬而生，船山考察了其背后的原因：心可合内外由敬达礼。由敬达礼，二者转换的动力——心。心是一种动力机制，心能使人由敬而达礼，这与心之功能密不可分。船山曰："仁敬孝慈，其根于恻悯忠恕之心则一也。"④ 此言说明人所具有的德性源自恻悯、忠恕之心，不论是敬，还是仁、孝、慈等其他德性伦理亦是如此。由此，在心、敬、礼、和之间的关系可表示为：心（动力）→敬→礼→和。敬为礼之本，敬又是由心之动力机制而来，可见，心是礼之本源，"然其知敬信为人心之所固有，而以礼义为固结人心之本"⑤。故此，人心为敬之本，敬亦是

① 《八佾第三》，《船山全书》（第七册），岳麓书社，1990，第 322 页。
② 《公孙丑下》，《船山全书》（第八册），岳麓书社，1990，第 244 页。
③ 《阳货篇》，《船山全书》（第六册），岳麓书社，1991，第 867 页。
④ 《文王世子》，《船山全书》（第四册），岳麓书社，1991，第 518 页。
⑤ 《檀弓下》，《船山全书》（第四册），岳麓书社，1991，第 278 页。

礼之本。依此逻辑推理，心是礼之本，也是和之本，心所扮演的角色是原初动力的角色。

为了说明心乃和之动力，促使由敬向礼的转换，船山以《礼记》中所阐释的人欲问题说明心乃和之动力。礼之产生源自人对饮食声色的渴求，由于物欲诱惑，将会引起人对所欲之物的争夺。为避免人之争夺，则需要以礼进行节制，于是礼起焉。礼之所以起，其原因在于心存敬，是心之敬催生人之礼，礼的产生，其实亦是源自人心之恻怛、忠恕之心，而不是其他。船山说："《记》曰：'礼始于饮食。'又曰：'饮食男女，人之大欲存焉。'天理之节文，不舍人欲而别自为体；尽其宜、中其节则理也，弗之觉察而任之焉则欲也，亦存乎心之敬而已矣。"① 礼之产生是心之动力机制使然，故此，以礼立身，也即以敬立身，因为敬乃礼之极致是也。人之行为的彬彬有礼，其实是因为人内心之敬的外显而已。人之敬的最终外显，源自人心之动力机制。"礼者因人心之敬，而节文具焉，乃备夫仪文物采之各得其宜，以达其敬。以其敬行其礼，唯无所不用其慎，而后礼非虚设也。在圣人之自然中礼，宜若无所容其慎，而实不然。圣人之至慎，即圣人至敬之所昭也。"② 圣人日常行为之彬彬有礼，是圣人人心之至敬使然。船山还对心之动力机制的问题作了深入阐释，他认为：所敬之人表现为活生生的人，敬之外化表现为以礼待之，促使敬的形成则在于人之心，人之心不在外，在内。"所敬之人虽在外，然知其当敬而行吾心之敬以敬之，则不在外也"③，船山此言，进一步阐明了心乃人之敬的动力机制问题，人之心促使敬的最终形成。由敬生礼，心为动力而促使人由敬达礼，进而完成内心之敬向外在之礼的过渡，说明了心是合内之敬与外之礼的动力源泉，心即船山所说的"内合外"之动力因是也。船山曰："心之愙者，充满洋溢，必著于貌，内合外也。"④ 内心世界敬重之情必然外在以礼的形式表现出来，由敬向礼的转换，心之动力机制必不可少。

综上，敬乃礼之本，敬之动力机制在于人之心。从而圆满地解决了船

① 《曲礼上》，《船山全书》（第四册），岳麓书社，1991，第50页。
② 《八佾第三》，《船山全书》（第七册），岳麓书社，1990，第338页。
③ 《告子上》，《船山全书》（第八册），岳麓书社，1990，第689页。
④ 《祭义》，《船山全书》（第四册），岳麓书社，1991，第1143页。

山所提出敬为礼之本的问题。那么由内敬而达外之礼，其基本价值又如何呢？由此，船山提出了礼所以行敬之道的有关礼的价值的问题。

二 由敬达礼与礼行敬道以利和

在船山哲学视域中，敬与礼是一体的，由敬达礼，敬内礼外。由于礼乃人得以和立的依据，敬为礼之本，因之，敬亦是人得以和立的价值坐标。在日常生活中，人们更多关注的是人之礼，因为敬是人之内心世界的一种凝重的心理，不易为人所察觉。当礼流行于世间之时，我们亦选择了内心世界凝重之敬流行于世，因为"礼所以行其敬之道也"①。因为有敬才有礼，有礼则必然行敬之理。敬之标准在于敬其所当敬，敬要合宜，当敬则敬，则敬能尽其礼。"敬所当敬焉，敬必尽其礼焉。"② 船山谈及了敬之标准与敬所要达到的终极目标问题，为由敬达礼指明了方向。

由敬达礼，礼乃敬之极致，礼行则敬在其中。行礼之前，须先立敬，如此才能更好地推行礼。船山引用了周敦颐的存敬之语，以此表明行礼必以敬为本，以敬为前提。"周子曰：'圣王以敬为修身立政之本'，此之谓也。"③ 船山此处"此之谓也"，说明了礼行天下，则必然以"敬"作为外在之礼的基本前提，如此才能实现"政即礼也"的礼治和谐社会。为了强化"敬"的神圣性，船山非常赞赏古代社会的神道设教，道设教是对"敬"的神圣化，神圣化活动即是我们所说的以礼祭祖。许慎在《说文解字》中对"礼"进行了详细注解："礼，履也，所以事人致福也。"（清）段玉裁对许慎之注释进行了再注解。他说："礼，履也。……履、足所依也。引申之凡所依皆曰履。此假借之法。……所以事神致福也。从示，从豐。礼有五经，莫重于祭，故礼字从示，豐者行礼之器。"④ 许慎之解，强化了"敬"之地位，"敬"之极致外化而最终形成了礼，通过神道设教，强化"敬"，凸显礼。船山就神道设教谈了自己的看法。他说："君子主敬以敦行仁义，用为民表，其道既尽，而王者父天母地以为天下

---

① 《哀公问》，《船山全书》（第四册），岳麓书社，1991，第 1186 页。
② 《季氏第十六》，《船山全书》（第七册），岳麓书社，1990，第 889 页。
③ 《表记》，《船山全书》（第四册），岳麓书社，1991，第 1322 页。
④ （汉）许慎撰、（清）段玉裁注《说文解字注》，上海古籍出版社，1988，第 2 页。

君，大观在上，神道设教，幽明之治，初无二理。"① 通过神道设教，"敬"凸显在阴间，"礼"则表现为阳间，因敬显礼，以礼行敬之道。神道设教将"敬"之地位抬升，实际上抬升了礼之地位。礼中涵敬，礼之流行，则尽显天理。敬中生礼，也即敬中生理，礼行天下，则理行天下，此便是天理。"礼中自然之序，从敬生来，便是天理。"② 透过神道设教，船山凸显了"敬"，强化了礼，也就强化了天理；如若对神之亵渎，也即是对敬的贬损，对"敬"之贬损，就有伤于礼，亦有伤于天理。"'渎'则接神不以礼而神厌之，言神人一理，不可不敬也。"③ 对神之敬，提升了礼，成就了对人之敬，由神而人，由敬而礼。

　　神坛设教，将敬之地位提升到神圣之地位，久之，神坛设教之习俗将内化为人们之行为准则，由神坛主敬转向现实必敬，并以礼的形式彰显出来。船山曰："尽敬竭力以奉其先，则不期于俭而自不敢侈。而唯俭于自奉，则可专力以尽其仁孝而志无所分。"④ 崇其敬，从神坛之"敬"转化为单个家庭主敬，由神坛之礼逐渐转化为大众之礼。易言之，敬之地位由神坛设教转化为家庭设教，敬之地位逐渐攀升，礼之地位日益彰显。由此，对祖先之敬，起始于个人内心对神之敬。个人之敬，主要指的是统治者的神坛设教，比如我国古代就有天坛与地坛之设，天坛即是天子祭天的地方，地坛即是天子祭地的地方。天子通过祭天、祭地，以敬达礼，从而使礼行天下。天子乃神格意义之神，天子组织的祭祀活动，必将影响到普世大众，影响方式是"敬尽于己，则人自敬信之"⑤。天子对祖先之敬，将礼之地位提升了。天子通过神坛设教之敬，以敬御人，由"敬"而树立起对"礼"之敬畏。船山说："下习玩之，则虽杀人立威而人亦不畏之，言御下之必以敬也。"⑥ 敬畏是推行礼的最佳模式，在上位者尽敬，则在下位者效仿之，民"犹水之就下、兽之走圹也"⑦。可见主"敬"在

① 《表记》，《船山全书》（第四册），岳麓书社，1991，第 1353～1354 页。
② 《阳货篇》，《船山全书》（第六册），岳麓书社，1991，第 868 页。
③ 《表记》，《船山全书》（第四册），岳麓书社，1991，第 1321 页。
④ 《王制》，《船山全书》（第四册），岳麓书社，1991，第 330 页。
⑤ 《表记》，《船山全书》（第四册），岳麓书社，1991，第 1319 页。
⑥ 《表记》，《船山全书》（第四册），岳麓书社，1991，第 1321 页。
⑦ 《孟子·离娄》，（宋）朱熹：《四书章句集注》，中华书局，1983，第 281 页。

治理政事中有着巨大作用，因敬而尽礼，由敬可达礼；反之，如若居上位者敬之未笃，则礼亦必将趋之而衰。船山曰："敬之未笃，则礼必有所未尽；礼之未至，则其敬亦由之而衰。圣人为人伦之至，唯敬与礼之交至，无微不谨，在变如常，在迫益严，斯以不可及已。"① 由敬可隆礼，礼崩亦可知敬衰。如若立敬，也即立礼；立礼则天理流行，则政即礼也，天下可治、可和。"恭敬辞让，人性固有之德，而礼以宣著其节文以见之行者也。敬让之用行而道达于天下矣。"② 船山多次申言：崇敬则必然隆礼；隆礼则道达天下，天下可平治矣，为人处世，须以敬为本，才能礼行天下。"虽狎必敬，虽畏不忘其爱，则礼行乎其间矣。"③ 反之，如若无恭敬之心，则礼意必不流行于世。"礼著于仪文度数，而非有恭敬之心、撙节之度、退让之容，则礼意不显。君子知礼之无往不重，而必著明其大用，使人皆喻其生心而不容已，故内外交敬，俾礼意得因仪文以著，而礼达乎天下矣。"④ 非敬则无以达礼，由敬可达礼。船山甚至极端认为，在敬达到极致时，甚至可以忽略礼而专致力于敬，因为敬与礼是一致的。由敬达礼，由敬知礼。他说："然人能尽其哀敬之实，则礼之以节文其哀敬者自无不足，非礼为外而哀敬为内，可略外以专致于内也。"⑤ 由于敬是礼之本，内敬而外表现为礼之文，故此船山忽略礼，致力于敬的极端提法也不无道理，旨在凸显出礼，由敬而礼，"敬"的重要性不言而喻。

由敬达礼是一方面，此外，礼之流行，必显敬之道。船山云："礼以将其爱敬也。"⑥ 重视礼亦能凸显敬，通过对礼的把握，能将敬之道充分凸显出来。船山说："故礼所必有者，不可不及；礼之所必然者，不可或过。于大臣而敬之，有敬之之礼焉；于群臣而体之，有体之之礼焉。以是而使之，任之专而不疑其权之分，授之劳而不忧其心之怨。夫礼自在方策，唯人君以恭肃慎重之心行之尔。"⑦ 礼既不能过，亦不能不及，如此

---

① 《乡党第十》，《船山全书》（第七册），岳麓书社，1990，第626页。
② 《经解》，《船山全书》（第四册），岳麓书社，1991，第1176页。
③ 《曲礼上》，《船山全书》（第四册），岳麓书社，1991，第13页。
④ 《曲礼上》，《船山全书》（第四册），岳麓书社，1991，第17页。
⑤ 《檀弓上》，《船山全书》（第四册），岳麓书社，1991，第173页。
⑥ 《曲礼上》，《船山全书》（第四册），岳麓书社，1991，第47页。
⑦ 《八佾第三》，《船山全书》（第七册），岳麓书社，1990，第343页。

才能将敬凸显出来；如礼不及，抑或是礼已过，均不能准确把握敬。礼乃敬之外在写照，礼乃凸显敬之"活化石"：礼行天下之时，必然凸显人内心之敬；礼之伪，则必然失其敬。船山证曰："立志敦笃，所行皆实，直行而无盖藏以辟讥非也。君子于祸患毁谤耻辱之至，无规避之术，唯尽其诚敬而已，盖处变而唯不失其敬也。"① 日常生活中，礼不虚行，礼之文与礼之质相符，则敬必然出现。由礼之文，则必然表现出礼之质，也即由礼反观其"敬"。"有礼则人恒敬之，而待我以逆者，必我之无礼而未致其敬也。"② 有礼则凸显其敬，无礼则无以将敬，也即"君子行礼，无所不用其敬"③。

总之，敬与礼是一和谐的关系，由敬可知礼，由礼亦可反观其敬；敬与礼之间的关系为相互联系、相互影响、相互制约，"敬"与礼表现为人之一体两面。船山曰："内无爱敬之实，而外修其礼，固是里不诚；内有爱敬之实，而外略其礼，则是表不诚。事亲之礼，皆爱敬之实所形；而爱敬之实，必于事亲之礼而著。爱敬之实，不可见、不可闻者也。事亲之礼，体物而不可遗也。"④ 礼与敬之间的关系是辩证的，由敬达礼，有礼则可反观人之有敬；内敬，则外必然凸显其礼；有礼，则必显其和，也即船山所说的内敬则外必和。

三　内敬则外必和

传统哲学中，礼的基本价值在"和"，礼之存在为"和"而设，礼之和合价值在古典文献中屡见不鲜。如"和宁，礼之用也"（《礼记·燕义》），"礼之用，和为贵"（《礼记·儒行》）。在船山哲学视域中，礼的基本价值亦在和。内敬达礼，礼行天下则和，也即"内敬则外必和"。敬是内在的，礼是外在的，敬内礼外。敬是内在的德性伦理，礼是外在的规范伦理。德性之敬，很难察觉；规范之礼是外在的伦理规范，容易让人察觉。礼乃立身之道，能调适人之身心和谐；礼亦能调适人之心、性、情以

---

① 《表记》，《船山全书》（第四册），岳麓书社，1991，第1320页。
② 《离娄下》，《船山全书》（第八册），岳麓书社，1990，第538页。
③ 《哀公问》，《船山全书》（第四册），岳麓书社，1991，第1184页。
④ 《第二十章》，《船山全书》（第六册），岳麓书社，1991，第528页。

利和，同时，礼亦能调适人际和谐。人间和谐的最终取得，皆一依于礼。"礼行乎表，而威仪即以定命；礼谨于内，而庄敬成乎节文。畅于四肢，发于事业，历乎变而不失，则唯礼以为之干也。"① 人世间的和谐一依于礼，礼是外在的规范行为，容易为人所察觉；敬是内在的心理行为，不易为人所察觉。以礼和立，以礼调适人际关系，礼是最佳工具。"礼"乃立民极之工具。"存敬以立本，则函德于中，而仁义忠信之大用逢原而日生，君子建极以为民表之道备矣。"② 由敬而达礼，敬极则必然生礼，礼即是人之所以为人的最高道德标准，也即船山所说的"依人建极"③ 是也。"极"，即是船山所说的人之所以为人的最高的标准——礼。"极"原指房屋脊檩、房脊。如"其邻有夫妻臣妾登极者"④。在《诗经》中，"极"为顶点、终极之意，如"悠悠苍天，曷其有极"⑤，"极"尚不具备伦理道德之意。真正具有伦理意义的"极"是在《尚书》中提及的"作汝民极"⑥ 之"极"，其意为中正、准则，此意后来为理学开山鼻祖周敦颐所继承与发挥。他说："圣人定之以中正仁义，而主静立人极焉。"⑦ 此"极"蕴含前面所说的两种含义，即"极"既有顶点、终极之意，又有中正、准则之意，而且也具备伦理层面的含义。周子之"极"更为精确的含义应是人之为人的最高准则，后来宋明理学家吸收了周子之"极"的精髓，并与天理挂搭相联系，将"极"赋予形上层面的含义，发人深省。如朱熹"盖自上古圣神继天立极，而道统之传有自来矣"⑧，朱子之"极"，绍承了理学开山鼻祖周敦颐关于"极"的伦理学意蕴。船山也绍承了宋明理学家关于"极"在伦理层面的含义，并第一次提出了"依人

① 《礼器》，《船山全书》（第四册），岳麓书社，1991，第 580 页。
② 《表记》，《船山全书》（第四册），岳麓书社，1991，第 1322 页。
③ 《泰》，《船山全书》（第一册），岳麓书社，1988，第 850 页。
④ 《庄子·杂篇·则阳第二十五》，郭庆藩：《庄子集释》（下），中华书局，1961，第 894 页。
⑤ 《诗经·唐风·鸨羽》，（清）阮元：《十三经注疏》，中华书局，1980，第 365 页。
⑥ 《尚书·周书·君奭第十八》，（清）阮元：《十三经注疏》，中华书局，1980，第 225 页。
⑦ 尹红、谭松林：《周敦颐集》，岳麓书社，2002，第 8 页。
⑧ 《中庸章句序》，（宋）朱熹：《四书章句集注》，中华书局，1983，第 14 页。

建极"① 这个命题。船山以"礼"为极，以礼为人之所以为人的最高的道德标准，此标准是人世间和谐的基本保障。船山选择礼为调适并实现和谐之工具，而不选择敬为和谐之工具，主要源自礼乃规范伦理，而敬只是一种德性伦理，规范伦理主外，德性伦理主内使然也。

船山之内敬外和似乎是以独断论式的论断，内敬外和究竟何以可能？按照总→分→总的模式进行分析：内敬达礼，敬极而礼；从心理学角度来说，存敬之人之内心世界是宁静的，鉴于存敬，故此其内心世界无物欲之过分外求，因此其内心世界是平静的、和谐的。同时，内心之敬，在外则表现为人之视、听、言、动合乎礼，行为亦是合乎"礼"性的。由内而外，则人之身心和谐。有礼则有序，有序则天下可和；无敬，则天下无序，无序则无以致和。"且言序者，亦因敬而生其序也。若不敬，则亦无以为序。"② 内敬有序，序乃和之前提，由序而可和与内敬外可和有异曲同工之妙。船山曰："恒一于敬，不问于幽明，心安而身泰矣。"③ "恒一于敬"则表现为敬之极致，内敬则外必表现为礼，有礼能促使人之身心和谐，这是船山由敬达礼以致和的总体表达，并对礼之价值进行了总体分析。分而言之，内敬外和的重要原因在于外在之礼能使人兴让，"让"亦是一种美德，在"让"德的理性支配之下，在礼的合理规约之下，人与人之间的纷争可自然消失；纷争消失，则人世间的和谐不期而至。因为"礼行而兴让，则争怨无自起"④。就个体而言，人行礼，则有让，人之内心世界将不会处于矛盾与冲突当中；就人与人之间的关系而言，以礼待人，则礼"让"之德风行天下，人与人之间的矛盾与冲突也即自然消停，和谐可至矣。敬为礼之本，行礼外显为敬人以礼，礼的最大功能在于使个人之行为不超越其度以利和。如若人人都能将其视、听、言、动保持在礼之度内，和谐何尝不至？基于此，船山曰："礼有本，非但以敬人也，亦以束躬而不失其度也。"⑤ 礼之本虽为敬，但礼之功能并非仅仅为敬，除

---

① 陈力祥：《王船山礼学思想研究》，巴蜀书社，2008，第65页。
② 《阳货篇》，《船山全书》（第六册），岳麓书社，1991，第867页。
③ 《檀弓下》，《船山全书》（第四册），岳麓书社，1991，第266页。
④ 《聘义》，《船山全书》（第四册），岳麓书社，1991，第1550页。
⑤ 《八佾第三》，《船山全书》（第七册），岳麓书社，1990，第355页。

此，礼能使人之行为在"让"德中而不失其度，保持"中"、"和"状态。故此，从内敬则外必和的角度来说，事事物物皆以礼节之，则敬在其中矣；有敬则让亦在其中，天下可和矣。敬在心中，则"一事而各有节，或裼或袭，不偷徇其便而必中于礼，民不得而亵之矣。言君子之于敬，无斯须之或乱矣"①。由内敬，则外必有礼，有礼则让行天下，则和谐可至矣。由此，得礼，敬在其中，则自然得和。知敬以至敬之极致，则表现为礼。神坛设教不但扩充了敬，而且还扩充了对道德知识的认知。内崇"敬"，外隆礼、运礼，知行合一，必然赢得天下至和。"得而无失，民敬之而极于至善，然后知君子之学，谨于礼以为节文，修之于言动容色以定威仪，而知行并进，不但用于其聪明以几觉悟者，其用益显而取效益深也。"② 对道德知识的把握而后油然生敬，而对道德知识的践行而运礼，由敬则运礼，运礼则可和，由船山之言管窥其构建和谐社会之玄机：民敬则天下百姓至善，百姓至善，则可兴礼让之风，礼让之风盛行，则天下可和。可见，人之道德品质极为重要。"德一而纯，则无不敬而皆止于至善矣。"③ 至高德性是人世间和谐的必备因素。"和"本身就是一种德性伦理，从德性至善，则人之践礼更为切实可行，礼之切实可行，则和可至矣。敬乃礼之本，民之敬则和。行礼即是敬其所当敬之人，敬其当敬，则和谐可至。在儒家哲学中，人皆有其敬，天子有祭天、祭地活动，诸侯亦有其祭祀活动；不同的祭祀活动中涵盖着的"敬"之内蕴不一。鉴于天子、诸侯之礼不一样，而敬乃礼之本，由此，天子诸侯之敬亦不一样。船山主张天子诸侯以礼各尽其敬，各尽其礼，则天下和谐可至。船山主张礼治、反对徒法治政，如此则为和谐执政打下坚实基础。船山曰："尽其职分之所当为以敬其所尊，乃所以为天下之制也。人君以义制天下，必先自修其义于上，故天子、诸侯各尽敬于所尊以为民极，而非徒立法制以坊民也。"④ 礼有不同层级，天子、诸侯有不同层级之礼。由于礼有层级，则造成人内心之敬不一。君子、诸侯之间有不同层次的礼：天子通过神道设

---

① 《表记》，《船山全书》（第四册），岳麓书社，1991，第1319页。

② 《卫灵公篇》，《船山全书》（第六册），岳麓书社，1991，第835页。

③ 《缁衣》，《船山全书》（第四册），岳麓书社，1991，第1365页。

④ 《表记》，《船山全书》（第四册），岳麓书社，1991，第1333页。

教，隆礼、重礼，表面看来是对天之敬、对地之敬，实际上他们更为关注的是神道设教的效果：重敬以隆礼，并以礼坊民可利和。"君子尽礼以相敬于上，民乃尊严而不敢玩。"① 船山此言，恰当地说明了由敬而礼至和。在上者以礼相待，平民百姓则自然产生对礼之敬畏之情。对礼之敬畏，人内心之敬同时得到升华，具体言之，人世间的和谐虽然以礼之调适为中心，但和谐的实践路径却是神人之路：通过天子祭天、祭地，透过对天地之神的敬重而实现礼，进而以礼达民之和的和合效果。"敬者，礼之神也，神运乎仪文之中，然后安以敬而天下孚之"② 因神而人，由敬而礼，因礼而和，凸显敬在和谐社会构建的基本价值。敬伸而达礼，则礼行天下，则天下可和。可见，在神道设教过程中的祭祀有着特殊的意义："祭虽献酬交错而意不在欢，朝廷之事虽烦劳而威仪必整，皆笃敬以厚其终也。"③ 祭祀之事最终落脚点在"敬"上，敬之神，则礼伸；礼伸，则天下可和也。普天之下缘何以敬为本，因为崇敬立本，立本则彰显礼之和合价值。故此，对敬之体验，也即获得了对礼的体验，人之层级不一，那么敬之价值亦不同。船山曰："故敬者，王者以之祈天永命，君子以之修身立命，学者能体验而有得焉，则近世儒者窃道士胎息之说以言学，其陋见矣。"④ 虽然不同层次的人对敬的体悟程度不一，以敬立身的价值亦凸显得不一，但由敬而来的和合价值确属亘古不变的：内之敬，外必和。

内敬则外必和是一方面，如若内不敬，则外必不和。敬乃礼之本，礼乃敬之外显，无内敬之用，外无礼不能显其敬，则天下固不和矣。船山云："夫不仁之人之所以不得与于礼乐者，唯其无敬、和之心也。若天道之自然有此必相总属之序、必相听顺之和。则固流行而不息，人虽不仁，而亦不能违之。"⑤ 就那些无仁心之人而言，他们无"敬"，也即无礼，无礼则天下失序，失序的深层次表达即是失和。不仁之人亦不能失其敬，失其敬，则失礼，失礼则天下失和，从反面说明了立敬之重要，也即立敬

①　《表记》，《船山全书》（第四册），岳麓书社，1991，第1321页。
②　《至当篇》，《船山全书》（第十二册），岳麓书社，1992，第215页。
③　《表记》，《船山全书》（第四册），岳麓书社，1991，第1319页。
④　《表记》，《船山全书》（第四册），岳麓书社，1991，第1320页。
⑤　《阳货篇》，《船山全书》（第六册），岳麓书社，1991，第867页。

对和的基础性作用。船山说："君子之修己应物，敬以为本，礼以为用，则外不失人，内不失己，而事物之变无逆于心，然后人道立而不失乎所由生之理，盖修己治人之统宗，而安身利用之枢机也。"① 以敬立身则能以礼立身，以礼立身，则天下可和。就有德之人而言，则必然内以敬为本，外以礼为用。"内敬则外必和，心乎敬则行必以礼。"② 由敬而立，由敬而礼，由礼而立，由礼而和。由敬而和的逻辑可表示为：心（动力机制）→敬（本）→礼→以礼立身→和。从而完成了以敬为本，最终实现敬以达和也即礼以致和的逻辑过程。

---

① 《哀公问》，《船山全书》（第四册），岳麓书社，1991，第 1188 页。
② 《为政篇》，《船山全书》（第六册），岳麓书社，1991，第 607 页。

第五章

仁爱与合宜：礼以和处以立和

礼之和合哲学价值通过礼对个人行为的和立以及礼对人际关系的调适凸显出来。从个人角度来说，礼能养心、顺情，亦能和性；从个人立身的角度来说，敬乃礼之本，由敬则可达礼，礼以敬为本则心安身泰、内敬则外必和。礼之和合哲学价值不但在个人身上体现出来，还表现在礼能调适人际关系以利和。儒家哲学的一大特点即是通过内圣并试图外王。在礼的和合哲学价值方面，我们亦始终坚持由内而外的逻辑理路：由礼对内心世界的和谐、以礼立身使个人得以和立的逻辑过程，推演到以礼调适人际关系的和谐。易言之，礼之和合哲学价值所遵循的是由个人和立到群己、群际的和谐。

礼以立身而外，其他的价值就是以礼调适人际关系凸显出来。故此，礼之价值表现为礼以和爱，因为人间有敬，继而有礼，有礼则有爱。因之，人际和谐通过礼以实现相互之间的和爱。

在礼以和立之外，礼的基本价值在于兼爱与合宜。所谓兼爱，则以"仁"为核心，本仁行礼，实现人与人之间的代际和谐与代内和谐；爱不但表现为人世间的和爱，还表现在人与自然之间的和爱，也即以礼对待自然，实现人与自然之间的和谐。礼以兼爱，最终还要合宜，这就是我们所说的礼以和爱以立和。

第一节　行礼之本而极之于仁以立和

仁爱与合宜，说的是礼与仁义之间的关系。它们的关系表现为礼生仁义之用。仁义之用，就为礼之用，因为仁义之外显表现为礼。那么，何谓仁义？船山曰："仁义，善者也，性之德也。心含性而效动，故曰仁义之心也。仁义者，心之实也。若天之有阴阳也。"① 心涵仁义，仁义乃人之实心，本然之心。仁义之心外显，表现为礼之用。船山认为仁义之心实际上系天道所为，由天道过渡到人道即为仁义之心。"仁义礼皆天所立人之道，而人得以为道，是自然之辞也。"② 仁义乃人道，由天道而来，天道是仁义之形而上学基础，天道到人道而得仁义，仁义在人间挺立则为人道，人道即礼。"仁义之相得以立人道，犹阴阳之并行立天道。"③ 仁义在人世间的挺立即为礼，而礼又为人世间的和谐之基、和谐之本、和谐之源。由此，礼贯于仁义之中，施仁义，则礼外显，本仁义行礼，则礼行天下，则天下必定和谐。"礼贯于仁义之中而生仁义之大用。"④ 由此，仁义外显，则体现礼，由仁义而行礼，则天下必然和矣。以仁义行礼，则礼成天下，以礼为用，则天下可和。以礼致和，此乃以法强制人与人、人与社会之间的矛盾与冲突而致和所远不可及也。"仁义之施，所及各有量。惟根心以出，则立之有原，行之委曲详尽，斯所及者广而可久。若资成法勉强而率循之，则不能远及矣。"⑤ 本仁义之施，则天下可和，法是以外在的形式强制人们致和，这种和乃强人之和，非自然之和、非本心之和，是虚和；而礼则是以内在仁义的形式致和，以德为怀，则天下可和，这是内在之和，是本心之和，是实和。从以法致和与以礼致和的效果来看，法不及礼。本仁行礼，则礼行天下，天下可和。因为如若以礼调适人与人之间的关系，以仁为行礼之本，则爱人可得；如若以义行礼，则人与人之间的关系皆以合宜为度，则人与人之间能合宜而和处。因为"礼以显其用，而道德仁义乃成乎事矣"⑥，"成乎事"即是成就和谐之意。礼彰显仁义之用，故此，如果以仁义为立人之道，本仁义行礼，以仁义为政，则天下之政为仁政，天下之治为礼治，如此和可至也。船山曰："仁义之用，

① 《梁惠王上篇》，《船山全书》（第六册），岳麓书社，1991，第893页。
② 《第二十章》，《船山全书》（第六册），岳麓书社，1991，第518页。
③ 《第二十章》，《船山全书》（第六册），岳麓书社，1991，第516页。
④ 《第二十章》，《船山全书》（第六册），岳麓书社，1991，第517页。
⑤ 《表记》，《船山全书》（第四册），岳麓书社，1991，第1326~1327页。
⑥ 《曲礼上》，《船山全书》（第四册），岳麓书社，1991，第16页。

因于礼之体，则礼为仁义之所会通，而天所以其自然之品节以立人道者
也。礼生仁义，而仁义以修道，取人为政，咸此具焉，故曰'人道敏
政'也。"① 仁义的基本作用是仁爱与合宜，以此为立人之道，则天下和
可至。

仁义乃立人之道，仁义之用凸显为礼。从具体道德实践而言，"仁"
乃爱人，"义"既有道义之意，同时也有合宜之意。由此，将仁义分而言
之，则本仁行礼，则和可至也；义立而礼行，和亦可至也。

一　仁根心之惨怛以立爱

在船山礼学思想中，船山主张以礼和处。那么在何种条件之下能以礼
和处，这关涉到以礼和处的先决性条件：本仁行礼，在待人接物之时，始
终以"仁者爱人"（《礼记·中庸》）的态度对待他人，以仁爱之精神、
高尚之礼节对待他人。如此，人与人之间的关系才能和处，人与社会之间
的关系才能和谐。由此，在船山之和合哲学体系中，本仁行礼，礼以和
处，必须首先考察"仁"。

何谓"仁"？从"仁"之字形可以看出"仁"系"二"与"人"之
合，不是单个的人，"仁"之本义即是二人之间的相互关系，二人之间将
心比心、互相怜爱的精神境界和精神需求。葛荣晋先生说："仁是标志人
的道德品格、政治理想和道德境界的一个哲学范畴……仁最早不是出现在
甲骨文当中，'仁'最早见于《尚书·金藤》。"② 由葛先生关于"仁"之
解释可知，"仁"乃个体道德品质与道德境界，是一种道德理想，"仁"
所表现出来的是人世间温情脉脉的人际关系，是人类和谐的深层立足点。
许慎《说文解字》中："仁，亲也，从人二，从人，刃声。"段玉裁注
"仁"曰："亲者，密至也，会意。人偶犹言尔我亲密之词。……独则无
偶，偶则相亲，故其字从人二。"③ 由此可知，"仁"所体现的是人与人
之间的相互爱敬、相互尊崇、相互体贴、相互怜爱关系。

"仁"在中国古代经典中频频出现，基本义是爱人。历代哲人都对

①　《第二十章》，《船山全书》（第六册），岳麓书社，1991，第517页。
②　葛荣晋：《中国哲学范畴通论》，首都师范大学出版社，2001，第698页。
③　（汉）许慎撰、（清）段玉裁注《说文解字注》，浙江古籍出版社，2006，第365页。

"仁"有所阐释，但"仁"之含义基本没有脱离"爱人"之基本义。

船山在"仁"之原初含义的基础上对"仁"之阐释既有正学，也有价值开新的地方。船山关于"仁"之阐释逻辑理路如下：阐明了礼乃"人心之全德"、"本心之全德"，"人心之全德"存心合天理，仁爱精神的外显即为礼等层面。

"仁"乃"本心之全德"，船山从多角度阐明了"全德"。成就"本心之全德"的微妙之处在于以礼待人接物保持私欲尽去，即船山所说的"仁者，吾心存去之几"① 是也。本心是纯善之心，无任何私欲杂念于其间。"仁"之出现，就是要保留人最初的那种良知、良能。船山说："'仁'者，私欲尽去而心之德全也。"② 私欲是"本心之全德"的最大障碍，欲成就"本心之全德"，则须去人之私欲以达仁，去人之私欲，则存心之纯也，私欲尽去，纯心必存。故此，船山认为仁即是心之纯正是也。"仁者，心之纯也。"③ 当然，由于人心有时又被称为本心，因此，船山有时把"仁"称为"人心之全德"，比如："'仁'者，本心之全德"④ 是也；有时船山又把"仁"称为"人心之全德"。船山曰："'仁'者，人心之全德"⑤ 是也。由此，"仁"即是纯正的、没有任何私利的良知，"仁"是至善的德性伦理，这种德性伦理是人之所以为人的道德准则。这种"心之全德"的外化，则自觉转化为人们的道德意志。如若这种德性伦理外化为人们的行为规范，即彰显为人道之礼，从而使德性伦理转化为规范伦理，此时"仁"乃人道必备之要素。船山曰："'仁'则心德之全而人道之备也。"⑥ 人道即是人之所以为人的基本要素，是人禽之辨的区分点。有"仁"，则有人道，有人道，则表现为礼；无"仁"，也即无人道，则表现为无礼。所以"仁"是人道之礼的基础性条件，仁乃人之所以为人的必备要素。船山说："自其本心而言之，人之所以为人者，仁而已矣。"⑦ 礼乃人

① 《颜渊第十二》，《船山全书》（第七册），岳麓书社，1990，第684页。
② 《述而第七》，《船山全书》（第七册），岳麓书社，1990，第483页。
③ 《述而第七》，《船山全书》（第七册），岳麓书社，1990，第519页。
④ 《颜渊第十二》，《船山全书》（第七册），岳麓书社，1990，第679页。
⑤ 《泰伯第八》，《船山全书》（第七册），岳麓书社，1990，第537页。
⑥ 《述而第七》，《船山全书》（第七册），岳麓书社，1990，第518页。
⑦ 《公孙丑上》，《船山全书》（第八册），岳麓书社，1990，第223页。

禽之辨之"分水岭"。如前所述，礼所存在的基础为"敬"，"敬乃礼之本"，如若深入考察"敬"背后的原因为本心，"本心之全德"则是"仁"。由此，从发生学意义上来说，考察礼背后深层次的原因为仁以生礼。

当然，由发生学意义上的"仁"，促成人道，如若将内在"本心之全德"推行下去，则治理政事即表现为仁政。"而人君推其不忍之心，以休养其民者，曰仁"①，由内在之仁，外化为人们的治政行为，则表现为仁政，也即以仁爱之心治理政事，则表现为仁政、礼政。如若以仁爱之心对待天下万物，并辅以"为天地立心，为生民立命"的历史使命感与历史责任感，那么这颗仁爱之心即成为宇宙万物生生之源，这种生物之心即是我们所说的仁爱之心、一种普世性的仁民之心。船山曰："仁者，天地生物之心。"② 由单个人的仁爱之心，从宇宙之历史责任感出发，由仁推己及人，那么个人仁爱之心转化为生天地万物之心，则"仁"位居义、礼、知、信之首，"仁"之地位至关重要，船山表达了这一观点。他说："仁者，天地生物之心，得之最先，而兼统四者，所谓元者善之长也。"③ 仁不仅仅是本心之全德，这种人心之全德推而广之，则为演化为生化天地万物之心。

"仁"为何能演化为天地万物之心，并成为本心之全德，人心之全德，并能推广而成为生天地万物之心，关键在于"仁主于爱"④。仁的主体功能在于仁爱，因为仁爱，才能去私，才有"本心之全德"与"人心之全德"，仁之主导性功能在于爱的内驱力，在"爱"的驱动之下，成就生万物之心，因为"'仁'，敦爱而无私之谓"⑤，船山从仁爱精神之视角阐释了"仁"何以生万物的问题，并以此说明了"本心之全德"与"人心之全德"何以可能。船山关于"仁"之阐释既知其然，亦知其所以然。由本心之全德，船山阐释了人因去私而有其"本心之全德"，由"本心之

---

① 《告子下》，《船山全书》（第八册），岳麓书社，1990，第795页。
② 《第二十章》，《船山全书》（第七册），岳麓书社，1990，第163页。
③ 《公孙丑上》，《船山全书》（第八册），岳麓书社，1990，第221页。
④ 《离娄上》，《船山全书》（第八册），岳麓书社，1990，第477页。
⑤ 《檀弓下》，《船山全书》（第四册），岳麓书社，1991，第230页。

全德"外推，则扩展到天地生物之心；由天地生物之心，可以反观仁乃爱之理。船山关于"仁"的阐释形成了完整的逻辑过程："本心之全德"与"人心之全德"，造就了"天地生物之心"，亦造就了爱之理。船山曰："'仁'者，心之德，爱之理。"① 船山关于"仁"之基本义的阐释，为"仁"之进一步深化奠定了基础。

"仁"乃爱人之心，是人之所以为人、人区别于动物的根本标志之一。"仁"乃人道之备，仁乃"本心之全德"、"人心之全德"，仁乃爱之理，亦恰恰说明人之所以为人之理。由此，船山引出了"仁"的第二层含义："仁者，人之所以为人之理也。"② "仁"乃人之所以为人之道：因为有仁爱之精神，则表现出人理；无仁爱之精神，则无人之理。人间之理，是天之理的"理一分殊"；人之仁，亦是天之仁的"分殊"而已。天之理纯善无恶，那么由天之理过渡到人之理（礼）亦是纯善无恶的。但人之仁由于物欲之"遮蔽"，导致了天之仁不完全等于人之仁。如若放任私欲而违仁，则人与禽兽无异。"天之使人甘食悦色，天之仁也。天之仁，非人之仁也。天有以仁人，人亦有以仁天仁万物。恃天之仁而违其仁，去禽兽不远矣。"③ 人之仁与天之仁相一致的"仁"，才是真正意义上的"仁"，船山认为"仁"须去私以实现人心之全德，本心之全德，并以此合乎天理。"'仁'者，无私心而和天理之谓。"④ 无私欲，存本心之纯，则与天理合。船山认为：存人心之全德，或者说存本心之全德，则能与天理合一。船山说："仁者，存心即以合天理。"⑤ 天理的存在在于人之本心，存人之本心即能与天理合；反之，如若不能存人之本心，则不能顺天理。"仁者，顺乎人心、顺乎天理者也，而不仁则逆。"⑥ 仁则与天理同，不仁则与天理逆。可见："仁者，人之心，天之理也"⑦，从而将仁提升至天理的角度。

---

① 《梁惠王上》，《船山全书》（第八册），岳麓书社，1990，第25页。
② 《尽心下》，《船山全书》（第八册），岳麓书社，1990，第920页。
③ 《思问录内篇》，《船山全书》（第十二册），岳麓书社，1992，第406页。
④ 《告子下》，《船山全书》（第八册），岳麓书社，1990，第778页。
⑤ 《子罕第九》，《船山全书》（第七册），岳麓书社，1990，第559页。
⑥ 《尽心下》，《船山全书》（第八册），岳麓书社，1990，第900页。
⑦ 《宪问第十四》，《船山全书》（第七册），岳麓书社，1990，第786页。

如若将内在之"仁"转化为外在行为规范，则"仁"表现为"仁所以为天下之表"。"仁"作为至高的道德规范，是万化之源，其表现在外则为天下之表。"德至而教自行，仁所以为天下之表也。"① 此处"德至"即为仁。如前所述，仁乃义、礼、知、信之首位，故此，"仁"之外化，以之治政则为仁政，表现为"仁政"与德治，可从"仁"找出其源头。在统治者看来，以"仁"推行政事，则表现为仁政。"仁者，人所固有不忍之心也。因此不忍之心而推之以及于事，则为仁政。"② 仁政的获得，根植于为政者的仁爱之心，根植于人之"本心之全德"，根植于"人心之全德"。仁爱之心与天理之合，则是合天理之谓。在天理的规约之下，使"仁"成为德治之基。在古代社会政治伦理化与伦理政治化的社会当中，"仁者君道之极而为天下之表"③，此之谓也。船山所说的仁乃天下之表，说明了"表"之基本含义："表"乃表征、显现之意。那么由仁而外之表征即为礼。故此，欲是天下得以平治，实现人际之和，必然要以仁之外化，并由规范之礼实现人与人、人与社会、人与自然之间的和谐。

二 仁乃礼之本与礼者仁之用

船山关于"仁"的阐释，以仁乃根心之惨怛为基本出发点，指出仁乃"本心之全德"与"人心之全德"。仁爱之心外推，则仁乃生物之心，仁爱之心乃天地生万物之心，仁爱之心乃是存人心而合天理也。仁爱之心的外显则表现为"仁乃行天下之表"，仁与礼相挂搭。船山曰："君子以为吾心与万物并生之理，仁也；吾心所以治万物而得其序之理，礼也。"④ 仁乃本之于人心惨怛而立和，实际上是礼乃本之于人心之惨怛以立和：仁乃内在的德性伦理，礼乃外在的规范伦理，由仁而礼，则是由内在之仁向外在之礼的转向以立和，可见，仁乃礼本，礼乃仁之用以达和："仁乃礼之本体，礼乃仁之大用"⑤，仁乃礼之本与前文所说的敬乃礼之本似乎矛

---

① 《表记》，《船山全书》（第四册），岳麓书社，1991，第1343页。
② 《梁惠王上》，《船山全书》（第八册），岳麓书社，1990，第67页。
③ 《表记》，《船山全书》（第四册），岳麓书社，1991，第1328页。
④ 《离娄下》，《船山全书》（第八册），岳麓书社，1990，第537页。
⑤ 《颜渊十二》，《船山全书》（第六册），岳麓书社，1991，第225页。

盾，因为礼有仁之本与敬之本两个本，似乎有悖于常理。通过上文关于
"仁"之基本内涵的阐释，可以发现仁与礼是相互联系的。用图示表现仁
与礼之间的逻辑关系：仁（人心之全德）→敬→礼→和，这是由仁而礼
的完整的逻辑过程。由图示可知，仁乃敬之动力源，由仁而敬，敬乃礼之
本，仁为更深层次的礼之本、礼之源流。仁既是敬之本，又是礼之本，敬
则单单表现为礼之本。图示清晰显示，仁乃礼之本与敬乃礼之本并无矛
盾。

　　由以上仁与礼之间的逻辑关系可知，仁不仅为礼之本，亦为万善之
源。故此，体仁则能知礼，而礼又能秩序乎万物以达和，体仁则能体万善
以立和。诚如船山所言：　"万事万物皆天理之所秩序，故体仁则统万
善。"① 仁乃合天理者也，天理至善，天理乃万善之源，故此体仁则体万
善。仁乃天地生物之心，体仁亦能体万物之心也。鉴于仁乃天地生物之
心，故此，仁可涵载万物，统万善。在四端之中，仁乃居于四端之首。
"仁以函载万物而无有间断，统四端，兼万善，是以难也。"② 鉴于仁之完
善之功能，因仁兼万善，体仁与达仁亦有一定的难度。船山说仁乃万善之
源，是有其历史的原因的：船山生活在明末清初，清朝政权因不仁、不义
夺取了大明政权，这是清朝政府的失仁、失义、失礼。船山欲从人"本心
之全德"出发，凸显礼，以完善人世间的道德秩序与道德规范，从而挽救
危亡之中的晚明王朝。船山认为仁乃人禽、夷狄、君子小人之别的标志之
一。由于禽兽之夙明、小人亦有存夜气之时，禽兽、小人亦有存"仁"之
时，人与它们区别的因子在于"礼"，因为有礼才有外在行为的合理。故
此，礼乃人禽、夷狄之辨的关键性要素。船山曰："人之所以异于禽兽，仁
而已矣；中国之所以异于夷狄，仁而已矣；君子之所以异于小人，仁而已
矣。而禽狄之夙明，小人之夜气，仁未尝不存焉；唯其无礼也，故虽有存
焉者而不能显，虽有显焉者而无所藏。故子曰：'复礼为仁。'大哉礼乎！
天道之所藏而人道之所显。"③ 船山凸显仁有其深刻的社会历史根源。凸
显仁，即凸显礼，其主要作用在于以仁凸显人禽之别、华夏夷狄之别。

---

① 《大易篇》，《船山全书》（第十二册），岳麓书社，1992，第285页。
② 《表记》，《船山全书》（第四册），岳麓书社，1991，第1328页。
③ 《礼记章句序》，《船山全书》（第四册），岳麓书社，1991，第9页。

船山凸显仁礼，实际上是对当时社会现实的动荡与不安的真实隐射。不以礼对待他人，则人与人之间关系紧张，矛盾与冲突彰显，则失却人际和谐，只有以仁凸显出礼，才能真正实现我们礼宜乐和的和谐社会理想。

仁与礼不可分离，仁是礼产生的深层次原因，那么仁究竟如何达礼并因此以礼调适人际关系以实现人际之和呢？古代社会由仁到礼的实现过程，乃仁爱精神在宾主相互敬酒的过程当中而凸显。船山曰："仁著于酬酢之蕃变之谓礼。礼行而五德备矣。"① 由仁而礼的过程，实际上是仁爱精神的外显过程。仁乃礼乐的本质内容，礼是仁外在表现形式。"'仁'者，礼乐之实也。"② 仁乃礼乐之实体内容，要体现仁，唯有通过礼表现出来。可见，仁乃礼之本，在酬酢之中凸显了礼，也即凸显了礼乐人情，并使仁乃合礼乐是也。由仁而敬而礼，这是由仁至敬至礼的完整的逻辑过程。"仁者顺之体，体立于至足，举而措之以尽其用，则仁之利薄矣。仁为礼乐之合而天道人情之会也。"③ 由仁达礼，仁乃礼之基，仁乃礼之本；仁立则礼显，礼行则天下之事备。由仁而礼的过程中，仁之基本价值开始衰退，礼之和合价值开始彰显。仁最终促成礼乐，礼乐之成则是人情之极致使然。圣人乃以天下为己任，为人安身立命、安道成性作出努力。礼乐始于圣人制礼作乐，圣人仁爱精神之外显，需要外在的规范以凸显之，如此则礼成。礼定，则行礼以显仁。"仁之经纬斯为礼，日生于人心之不容已，而圣人显之。逮其制为定体而待人以其仁行之，则其体显而用固藏焉。"④ 圣人制礼作乐，其本在仁，仁在则礼生；礼行，则仁显。如若不仁，则礼焉将何在？如若不仁，则又将如何以礼和政；如礼不能使天下安和，则礼又将有何存在之价值。如若不仁，则悖礼，僭礼之迹象时有发生。船山引用孔子之语阐释了这一观点："子曰：'人而不仁，如礼何！'明乎此，则三代之英所以治政安君，而后世习其仪者之流于倍逆僭窃，其得失皆缘于此，所谓'道二，仁与不仁而已'也。"⑤ 从古代圣人制礼作

---

① 《思问录外篇》，《船山全书》（第十二册），岳麓书社，1992，第 466 页。
② 《檀弓上》，《船山全书》（第四册），岳麓书社，1991，第 154 页。
③ 《礼运》，《船山全书》（第四册），岳麓书社，1991，第 574 页。
④ 《礼记章句序》，《船山全书》（第四册），岳麓书社，1991，第 9 页。
⑤ 《礼运》，《船山全书》（第四册），岳麓书社，1991，第 573 页。

乐的基本经验来看，有仁则有礼，无仁即无礼。不存仁为礼之本，则无礼之行；无礼之行，则天下之矛盾与冲突必然凸现，混乱将至，普天之下必然以仁为礼之本，如此则能与天之理相合，为"和"提供内驱力。"而不存仁以为之本，则无以会通而合于天德也。"① 仁乃礼之基；礼运，则与仁相呼应，否则不能成之为礼。故此，船山认为"反仁，反礼而已"②。总之，仁乃礼之本，仁乃礼之基。

仁乃礼之基，单向度地说明了由仁而礼的过程，也就单向度地说明了仁在建构礼的基本价值中的作用。如果考察成礼之后，礼对仁又将产生何种影响呢？

仁乃礼之本，则礼为仁之用，"'礼'者仁之用"③。仁乃内在的东西，潜在却不外显，仁之外显则为礼，礼乃外在形式化的东西。人际交往表现为以礼交往，行礼之时，则仁在其中。船山曰："礼，仁之用，义之体，知之所征，信之所守也。"④ 礼乃仁之用，礼行则仁在其中。"礼者，仁之实也，而成乎虚。无欲也，故用天下之物而不以为泰；无私也，故建独制之极而不以为专。其静也正，则其动也成章而不杂。"⑤ 由仁而礼，仁乃礼之实际内容。就仁之具体实际而言，仁系内在的道德心理，不能自然彰显出来，表现为虚。由仁而外，内在无欲，心不因礼而动；礼外在表现为以礼为人极，亦即人道，人道即是礼。故此，行礼即是行礼之本，礼之本即是仁，行礼的过程中，将大爱普洒人间。所以圣人行礼必依其本，行礼之时，亦要凸显仁，达到仁之境地。"圣王修德以行礼之本而极之于仁。盖仁者大一之蕴，天地阴阳之和，人情大顺之则，而为礼之所自运。"⑥ 圣人行礼以达仁，则能以礼调适人之行为、人际关系，人与自然之间的关系，如此以礼达人极之和、阴阳之和，最终实现天人合一。

在现实生活中经常有失礼之时，失礼则失仁之本，则导致仁爱之心"坎陷"，即"本心之全德"、"人心之全德""坎陷"，人之礼灭，天之理

---

① 《礼运》，《船山全书》（第四册），岳麓书社，1991，第572页。

② 《有德篇》，《船山全书》（第十二册），岳麓书社，1992，第257页。

③ 《表记》，《船山全书》（第四册），岳麓书社，1991，第1330页。

④ 《内则》，《船山全书》（第四册），岳麓书社，1991，第718页。

⑤ 《贲》，《船山全书》（第一册），岳麓书社，1988，第876页。

⑥ 《礼运》，《船山全书》（第四册），岳麓书社，1991，第573页。

亦亡。故此，为礼行天下必然要恢复人之本然善性，复礼非常重要。船山说："心所不容已而礼不容已矣，故复礼斯为仁矣。礼者，复吾心之动而求安，以与事物相顺者也。"① 如若失礼，则人之心将处于矛盾与冲突之中，如此"克己复礼为仁"（《论语·颜渊》）非常关键。所谓"克己"是指扫除人之私欲与人欲，人之私欲与人欲皆是行礼之障碍，如此才能复礼，复礼才能为仁由己。"复礼则仁矣，故可教而学者无如礼也。"② 由于失礼，则"仁"必将坎陷，仁之坎陷需要复礼，复礼才能回归到仁。礼可习、可教，如此则复礼不远，则为仁亦不远。当其复礼之时，仁亦自然凸现，和谐之道自在其中，天下可和也。"在人之成德而言，则仁义礼信初无定次。故求仁为本，而当其精义，则义以成仁；当其复礼，则礼以行仁；当其主信，则信以敦仁；四德互相为缘起。"③ 由此，复礼则仁至也，仁至则礼可行也，礼行天下则天下可和。

仁礼之间的关系是从发生论角度来说的，则仁为礼之本，仁体礼用；由仁而礼，礼之运用，表现为礼体仁用。"缘仁制礼，则仁体也，礼用也；仁以行礼，则礼体也，仁用也。体用之错行而仁义之互藏，其宅固矣。"④ 船山此言，真实反映了仁与礼之间的关系。就仁之内而言，则仁为体，由仁达礼，则仁体礼用；就礼之外而言，则礼为体，仁为用，则礼体仁用。如若本仁行礼，必将促成人际和谐与代际和谐。

三 本仁行礼则致和

仁之原初义凸显出仁者爱人，爱敬在仁中。由仁达礼，礼运天下，那么如何本仁行礼以成就和谐之道。本仁行礼，怀着一颗仁爱之心行礼，礼行天下之时，也即和谐可致之时。行礼之时无一刻之违仁，则礼行天下。如若能真正做到本仁行礼，则和可至也。仁以行礼以至和有两个层面：一是本仁行礼与代内和谐；二是仁以行礼与代际和谐。

缘何本仁行礼以利和，有船山看来，仁之本义为仁爱与仁让，能够做

---

① 《天道篇》，《船山全书》（第十二册），岳麓书社，1992，第66页。
② 《内则》，《船山全书》（第四册），岳麓书社，1991，第718页。
③ 《大易篇》，《船山全书》（第十二册），岳麓书社，1992，第286～287页。
④ 《礼记章句序》，《船山全书》（第四册），岳麓书社，1991，第9页。

到仁爱与仁让，表明在实践中以仁爱与仁让精神践行礼，如若人与人能够仁让，那么人与人的代际和谐自然生成，且人与人之间的代内和谐亦自然而然。因为"'仁让有常'者，大道之归而礼之本也，以礼体之，使民有所率循而行于大道者也"①。仁让是践行礼之基础，仁让是推行人间正道的关键。在日常生活中，我们自觉、不自觉地遵循这样一种道理：你让我一尺，我敬你一丈，说白了，这里所说的即是你敬我让的谦谦君子风格，其内在的原因在于内心世界的仁爱精神，在外则表现为礼。人世间皆有仁让之精神，皆有你敬我让的风格，和谐又何尝不至呢？敬让之风在整个社会流行，则人与人之间、人与社会之间可和也。因为仁让，作为现实生活中的活生生的人均在考虑他人之利益，总是本着"己欲立而立人；己欲达而达人"（《论语·颜渊》）的仁爱思想，如此人间和谐又何尝不至呢？船山将"仁让有常"作为人间大道，大道流行，成为人们行动之典范，成为人们行为之指南，则和谐可至。

以上从总体层面阐明本仁行礼以利和谐的直接原因。我们经常能听到美丽的歌词：只要人人都献出一点爱，世界将变成美好的人间。这句美丽的歌词，正好是船山本仁礼以立和的最好诠释。

有仁爱之精神，人与人之间彼此以仁爱之精神谦让对方，那么人世间将是一幅美好的和谐生态图。仁爱之精神流行于人间，人际均以仁爱之精神对待之，"仁让有常"，船山曰："夫仁者，所以通人己之志而互相保者也。能保人则人亦保之，人保之而后能自保。"②仁爱的标准在于人与人之间相互仁爱，也即船山所言的通人己之志而互相保者也。"相互保者"，就个人而言，若能保证以仁爱之心对待他人，同时他人亦能保证以仁爱之心对待自己，也即相互之间均能以礼待之。如若我能以礼待他人，那么他人亦能以礼待我，相互谦让的习气自然形成，人际和谐何尝不至？如若人人皆能以仁爱之精神对待他人，礼亦在其中，因为体仁则能知礼。如若人世间仁让之风普世流行，那么这种仁让的社会风气使人安仁，安仁则能使人摈弃私欲而利他人。则本仁行礼之时，即是安仁之时，亦是安道成性之

---

① 《礼运》，《船山全书》（第四册），岳麓书社，1991，第539～540页。
② 《离娄上》，《船山全书》（第八册），岳麓书社，1990，第422页。

时。"安仁则私欲净尽，天理流行，中心惨怛，自行乎其所不容已，圣人仁覆天下之本也。"① 若能安仁，则能尽仁以行礼；安仁乃树立仁爱的道德信仰之前提，如若人间能树立仁爱之信仰，并本仁爱之精神行礼，则和谐可至，这是非常理想的和合状态。但另一方面，由于欲望之干扰，私欲阻止了本仁行礼，这直接妨碍了和谐社会的构建。故此，船山再次强调应本仁行礼，唯其如此，才能真正将仁爱之精神贯彻执行，也只有如此，我们才能由安仁直接转化为仁爱之道德信仰。本仁行礼之时，和谐的实现才会为时不远。但船山对本仁行礼持忧虑态度。他说："仁则必根心之惨怛以立爱，而后可以任重而行远。"② 这种忧虑，主要人在现实中的物欲的诱惑使然。一方面，我们须以仁爱精神，据人之本心而立爱，本仁行礼，如此人间之礼才能继续延续下去。另一方面，人世间的物欲诱惑太多，仁爱精神还不可能在短时间内成为人们的道德信仰，因此，本仁行礼，还有很长一段道路要走，可谓是任重道远。

船山既渴望仁让有常，能礼行天下以立和谐，同时又感觉任重道远。正因为任重道远，船山渴求每个人都须从自我做起，以仁爱之精神善待他人，以仁爱之心治身，人人慎独，以使仁爱之精神畅行天下。如若心存不仁之心，则时时加勉，时刻保持着仁爱之心，本仁行礼，则能礼行天下，和谐可至。船山曰："故为仁者以心治身，以身应天下，必存不过之则以自慊其心而慊天下之心，实有其功焉。"③ 仁者以心治身，就仁者自身而言，仁者可保持身心和谐；在仁者以仁爱之心应天下，也即礼行天下，则能促使人与人之间、人与社会之间的和谐，可见守仁之人功劳大矣。作为上层统治者，其终极任务是平治天下。在由仁而礼以平治天下的过程中，上层统治阶层如何让老百姓安仁、守仁，能将仁爱精神转化为道德意志、道德信仰，最终达到仁爱治心，礼行天下之目的，船山认为上层统治阶层的率先垂范非常重要。作为上层统治者应从自我做起，以仁爱之精神对待他人，使下层阶级能做到上行下效，礼行天下，如此则下层阶级能真正做到以不仁为耻，彼此之间相互感应、相互影响；能以不仁为耻而大兴礼

---

① 《表记》，《船山全书》（第四册），岳麓书社，1991，第1329页。
② 《表记》，《船山全书》（第四册），岳麓书社，1991，第1328页。
③ 《颜渊第十二》，《船山全书》（第七册），岳麓书社，1990，第681页。

乐，和可至也。就百姓而言，统治者不能期待百姓迅即安仁、守仁，并以仁爱行天下，关键在于使百姓做到有可模仿的对象，这是统治者长期平治天下当下不可推卸的责任与义务。船山曰："故制民之行，不期其即仁，而特敦仁于躬，任重致远，使民见上之所为，根心达外，因以感发兴起，耻为不仁，则教令大行而坊不逾矣。"① 礼行天下，统治者若能让老百姓安身立命、安道成性，掌握必要的治国方略必不可少。上层阶级通过自身慎独躬行于仁，本仁行礼，化民成俗，则其一言一动，举止着装非常重要。因为他们的言行举止是否合礼、合仁皆可影响百姓之行为，因为"其身正，不令而行；其身不正，虽令不从"（《论语·子路》）。船山对这一观点持肯定态度。他说："人君能动民愧耻之心，则即其衣服言动之间，皆有以反躬自省而远于不仁，则可进于君子之道矣。然必躬行于上者根心仁爱而德孚于下，乃足以入之深而感之至；不然，则虽衣服容止辞令授之以制，而民之不称者多矣。"② 上行下效对百姓仁爱之心的作用何其之大。因之，船山从上层阶级的角度阐释了如何践行仁，从而使上层阶级践行礼，礼行天下，和谐可行。船山关于礼行天下的途径主要通过垂范与劝喻：一方面历代帝王通过自身行为予以垂范，此外言语规劝亦必不可少，因为他们了解到："不能正其身，如正人何？"（《论语·子路》）只有身正，礼行天下，如此才能礼正天下。自身多有不足，则天下人耻之矣，道之不行，亦可知之矣。

上层阶级通过自身行为之垂范，使天下之人均能得到仁之恩赐。就君主而言，仁君能以散发财货以得民心，散发财货凸显君主仁爱之心外显，有仁爱之心，则表明他们在日常生活现身垂范，以礼待人，则人际和谐；不仁之君，则倾向于以不仁敛财，表明君主仁爱之心丧失，无仁爱之心则在日常生活中表现为无礼，无礼则人际和谐关系败坏，和谐不至。不仁之人，其行为无礼，无礼而导致各种社会矛盾与冲突，最终使不仁之人身败名裂，因为"仁者散财以得民，不仁者亡身以殖货"③。由此，本仁行礼，其价值指向为和谐，上行下效，且人与人之间，"以礼接人者，必以理

---

① 《表记》，《船山全书》（第四册），岳麓书社，1991，第 1331~1332 页。
② 《表记》，《船山全书》（第四册），岳麓书社，1991，第 1333 页。
③ 《大学》，《船山全书》（第四册），岳麓书社，1991，第 1502 页。

应；应以礼者，必更以礼接之"①。人与人之间因为仁爱而外显礼、践行礼而和谐，仁爱是人间和谐的内驱力。在仁爱精神的指导之下，以礼待人，"礼尚往来"，则人与人之间、人与社会之间的和谐之势必然造成。如若心怀仁爱之心，并试图以礼待天下之物，即使持不同意见之人，他们之间的矛盾与冲突均能因仁爱精神而化解，因为终归人性为善使然。船山曰："相反相仇则恶，和而解则爱。"② 在仁爱精神的感化之下，人与人之间的矛盾与冲突必将和而解，和谐可至也。

本仁行礼之时，如若能以礼待人，则人亦以礼待你。上层阶级能以仁爱精神为出发点，以礼为基本行为规范进行垂范与劝告，达到天下相反相仇，最终和而解以立天下之和。如若上层阶级不能如此仁爱礼待，和谐社会的建构亦不能到位，统治者必然要做到"引过自责"，并反省自己是否本仁行礼，"尽仁尽礼"③，如此则和谐社会可不期而至。统治者能做到尽仁尽礼，表明他们的德行能"与天地合其德，与日月合其明"（《周易·上经》）。德高望重，本仁行礼施之而无不顺。船山云："天之德、仁之藏也。仁者顺之体，故体信而达顺矣。天道人情，凝于仁，著于礼，本仁行礼而施之无不顺，皆其实然之德也。"④ 总之，本仁行礼，礼可行也；本仁施礼之人，可身心和谐；礼施之于外，则人与人之间、人与社会之间矛盾与冲突必然化解，和谐可至也。

上文所说的本仁行礼并最终达到和谐，这里所说的和谐主要是指普世和谐，包括代际和谐，亦涵盖着代内和谐。但船山更关注代际和谐问题，代际和谐更为重要。对待老龄之人，更应该本仁以礼待之，这是应然之孝，其目的在于以礼实现代际和谐。船山认为，年轻人要关心老年人的生活，行养老之礼，如此才能让老年人颐养天年。船山说："既行养老之礼，则因遍考国中老者年之递增，以复除其征役，使得自养其老也。"⑤ 对待老人，以礼待之，非礼则无以成。古代社会，以礼待老，

① 《曲礼上》，《船山全书》（第四册），岳麓书社，1991，第 18 页。
② 《太和篇》，《船山全书》（第十二册），岳麓书社，1992，第 41 页。
③ 《有德篇》，《船山全书》（第十二册），岳麓书社，1992，第 261 页。
④ 《礼运》，《船山全书》（第四册），岳麓书社，1991，第 577 页。
⑤ 《王制》，《船山全书》（第四册），岳麓书社，1991，第 359 页。

不让老年人年迈之时服兵役，以仁爱之心对待老人，以礼待老，则有利于老年人内心世界的和谐。随着年龄的增长，人皆均可为老人，此亦使服兵役之青年人看到了希望，因为青年兵役之人也必将成为老人，年老之时必将受到社会的尊重与礼敬。礼待老人对深化仁爱精神，为构建和谐社会提供了精神支持。船山对代际和谐问题相当重视，他认为代际和谐应建立健全的礼制制度，以确保代际和谐。他说："……养老恤孤之制，盖立教之本而六礼七教之所自惇也。"① 养老礼制的兴起，有利于整个社会的尊老、爱老，有利于化民成俗，使老者地位、身份得到应有的尊重，如此长幼之间则自然和谐，代际和谐则可指日可待。"人君养老以致孝，则民皆感发兴起而老老长长之教达矣。"② 老老长长并非等级上的秩序，而是实实在在的应然尊老爱老，诚如此，则代际和谐可至。船山特别所强调代际和谐，为推动当时社会的孝文化的发展，功不可没。

综上，以仁爱之精神立礼，由仁达礼，礼行天下，既能实现人之身心和谐，又能实现人际和谐。人际和谐之中，代内和谐与代际和谐是实现和谐的基本模式。和谐社会的实现，须以仁礼存心，才能本仁行礼，将仁爱之精神化为道德信仰，更好地推行礼之调适视域中的和谐发展。

仁礼存心，一方面是以仁爱之心待己、待物；另一方面则是将仁爱之心外化，礼行天下。如前所述，内在之"仁"是本心之全德，"心"乃"敬"之源头，"敬"又是礼之本，故此，从逻辑上推理"仁"乃礼之本，以仁爱精神礼待外物，如此构建人与人、人与社会、人与自然之间的和谐，则必然要以仁礼存心。船山曰："以仁礼存心，言以是存于心而不忘也。"③ 人际交往时，不可一刻违仁背礼，应将仁礼之心装心头，以礼处理人际关系、人与社会之间的关系以及人与自然之间的关系，则天下和谐可至。为实现社会之和谐、安宁，船山甚至强调仁礼存心而不可一刻违仁、违礼。他说："仁礼存乎心，吾之所不可有一念之违仁礼者，吾心之

---

① 《王制》，《船山全书》（第四册），岳麓书社，1991，第361页。
② 《王制》，《船山全书》（第四册），岳麓书社，1991，第361页。
③ 《离娄下》，《船山全书》（第八册），岳麓书社，1990，第535页。

本体也。"① 如若一刻违仁，则违仁之人内心世界必将处于矛盾与冲突之中；如若一刻违礼，则人与人、人与社会之间的和谐秩序必然打乱，进而造成整个社会的不和谐。君子处世，必将考虑仁礼存心。"故以仁存心，惟恐私伪之伤吾生理，而保全此心者无念忘之；以礼存心，惟恐荡逸之丧吾天则，而防闲此心者无念忘之"②，此言甚是。

总之，船山从仁乃人心之全德，仁乃本心之全德出发，阐释了仁与天理相合与相应。本仁行礼，仁爱思想的实施于人与人之间、人与社会之间，同时亦应该在宇宙万物之间得以施行。因为"天地人物之气，其原一也"③。宇宙万物之生，其源一也，由此推断，宇宙中的人、禽、动、植皆平等，源于一气的宇宙万物均有同等生存权利。人作为宇宙中最具理智的高等动物，人有理智把握自己的行为。在宇宙这个大生命场中，不但人与人之间应该以仁爱之精神相互对待，人与自然之间同样有仁爱之精神，如何在仁爱精神的指导下礼待自然万物，以实现人与自然之间的和谐，这是下文所要讨论的问题。

第二节　仁爱：礼待自然则不相悖害

将天人合一思想归约为人与自然之间的和谐，学术界大多是人云亦云，表面看来是一种共识。天人合一思想本是当代人为解决人与自然之间的矛盾与冲突而提出来的一种旨在实现人与自然和谐相处的高论。学术界将天人合一规约为人与自然之间的和谐的基本观点是在当代语境中提出来的，学术界表现出独断论的倾向。天人合一思想为何可规约为人与自然之间的和谐，学术界要么未尝涉猎，要么语焉不详。

船山作为宋明理学的总结与开新者，他对人与自然之间和谐的体悟比其他哲学家更为深刻：从本体层面，船山认为人与宇宙万物皆是一"气"而成，"和"本是宇宙太和之气的本色，万物皆"天人相绍"，天人之间应是和谐的。船山关于人与自然之间的和谐，遵循着从形而上到形而下的

① 《离娄下》，《船山全书》（第八册），岳麓书社，1990，第538页。
② 《离娄下》，《船山全书》（第八册），岳麓书社，1990，第537页。
③ 《告子上篇》，《船山全书》（第六册），岳麓书社，1991，第1052页。

理路，认为人是宇宙这个生命场中最具智慧的万物之灵，应该以仁爱精神礼待宇宙万物，如此，人与自然之间的和谐方能实现。船山关于天人合一的阐释，既完且备，实现了自古及今天人合一思想规约为人与自然之间和谐的完美解答。

一　太和之气乃万物之始

在船山哲学思想体系中，气是宇宙万物的本源。在宇宙这个大生命场中，万物化生皆归结为太和之气，这一点学术界已达成共识。人与自然之间的和谐，其本体论根源在于太和之气，也是人与自然之间和谐的哲学基础。

在船山哲学视域中，本体层面的气是万事万物的根源。万事万物皆由气开始，万物消散后又复归于气，①船山对此多有阐释。他说："天地人物之气，其原一也。"②"一"即是指"气"本为"一"，也即气乃万物之源。宇宙这个大生命场万物的产生在于本源之气，这种万物之本，是太和未分之气，是太和纲缊之气："纲缊，太和未分之本然"③，船山所说的气乃万物之源，万物之源亦是太和纲缊之气。气未发生分化的原初状态之气，这种气体的状态可称为太和之气，太和之气化生宇宙万物，太和使万物及万物之间处于和谐之境。宇宙万物在和谐状态未能展开之前，又称为元气，"天地之有元气，以之生物"④。宇宙万物，在本体层面是一致的，一切皆是宇宙本体之气使然，万物皆是宇宙本体的众相而已，而"气"则是宇宙万物之共相。船山曰："万物一府，死生同状。"⑤ 宇宙万物与气的关系可以归结为理一分殊的关系，亦可称为众相与共相之关系。宇宙万物源自太和纲缊之气，这是宇宙万物和谐之根源。

---

① 关于宇宙之气为万物之本源的观点，学术界多有阐释。比如，罗光先生的《王船山形而上学》，张立文先生的《正学与开新——王船山哲学思想》，萧萐父、许苏民先生的《王夫之评传》等，此外，陈力祥的《王船山礼学思想研究》中第 27 ~ 49 页亦有阐释。鉴于学术界对船山之本体多有阐释，故此，关于船山本体层面的阐释，本文不作重点探讨。

② 《告子上篇》，《船山全书》（第六册），岳麓书社，1991，第 1052 页。

③ 《太和篇》，《船山全书》（第十二册），岳麓书社，1992，第 15 页。

④ 《阳货篇》，《船山全书》（第六册），岳麓书社，1991，第 864 页。

⑤ 《天地》，《船山全书》（第十三册），岳麓书社，1993，第 225 页。

宇宙万物皆太和之气而成，这是宇宙万物化生的质料因。那么太和之气化生宇宙万物的动力因表现何在呢？船山认为：人与万物的产生，其动力因表现为宇宙万物之"神"。船山曰："天无体，太和绸缊之气，为万物所资始，屈伸变化，无迹而不可测，万物之神所资也。"① "神"乃万物屈伸变化之基，力量之源。"神"是阴阳二气交感而发生的作用力，并非神秘莫测。"言太和绸缊为太虚，以有体无形为性，可以资广生大生无所倚，道之本体也。二气之动，交感而生，凝滞而成物我之万象。"② "二气"指的是阴阳二气，阴阳二气之间相互吸引，相互排斥所产生的作用力，即是船山所说的"神"，"神"是聚散离合交感之力。"万物之生成，俱神为之变易，而各含绸缊太和之一气，是以圣狂异趣，灵蠢异情，而感之自通，有不测之化焉。万物之妙，神也；其形色，糟粕也；糟粕异而神同，感之以神而神应矣。"③ 船山认为阴阳二气之间相互吸引，产生气之"交感"，"交感"使万物得以生。船山所说的太和未分之气，"气"有阴阳之分，有阴阳二气则二者之间必然产生相互作用，这种力量即为"神"。此外，船山还认为阴气、阳气内部，同样有阴阳二气之区分，船山认为阴气中有阴阳二气，阳气中亦同样有阴阳二气。因为阴阳二气之间、阴阳二气内部的神秘力量之交感，使万物得以生。"凡阴阳之名义不一，阴亦有阴阳，阳亦有阳阴，非判然二物，终不相杂之谓。"④ 可见，"神"乃万物产生的动力因，是万物得以生生不息的重要原因。阴阳二气的交感力量源自阳之气轻则升而负阴，阴之浊则聚而抱阳，这是万物产生的动力因。"天地之化，人物之生，皆具阴阳二气。其中阳之气散，阴之气聚，阴抱阳而聚，阳不能安于聚必散，其散也阴亦与之均散而返于太虚。"⑤ 船山此言，既说明了万物产生的动力因，又说明了万物何去何从，其主要原因均在于万物之动力因。由此，万物之变化的动力因，在于阴阳二气的伸展变化之交感。船山曰："唯万物之始，皆阴

① 《参两篇》，《船山全书》（第十二册），岳麓书社，1992，第50页。
② 《太和篇》，《船山全书》（第十二册），岳麓书社，1992，第40~41页。
③ 《太和篇》，《船山全书》（第十二册），岳麓书社，1992，第43~44页。
④ 《参两篇》，《船山全书》（第十二册），岳麓书社，1992，第57页。
⑤ 《参两篇》，《船山全书》（第十二册），岳麓书社，1992，第57页。

阳之撰。"① 又曰:"故乾坤并建而捷立,以为大始,以为成物。"② 宇宙万物的产生,主要在于阴阳二气之交感而成,其力量主要取决于"神",可称为"是生"。除了"是生"而外,还有"化生","化生"是由阴阳二气交感而产生宇宙万物的具体过程,也即是一显性过程。基于"化生",宇宙万物得以产生显现。"气化者,气之化也。阴阳具于太虚缊缊之中,其一阴一阳,或动或静,相与摩荡,乘其时位以著其功能,五行万物之融结流止、飞潜动植,各自成其条理而不妄。"③ 在化生阶段,万物最终得以出现在宇宙这个大生命场中,万物皆和谐地得以生存,无任何外界条件之干扰,一切皆自然而然,自存而不相扰。"天地人物之化,其阴其阳,其度其数,其质其才,其情其欲,其动其效,好恶离合,吉凶生死,有定无定,变与不变,各有所极;而为其太常,皆自然也。"④ 故此,太和缊缊之气,通过"神"之力量,经历着从"是生"向"化生"的转换,最终能使万物和谐的生活在宇宙这个生命场中。缘何宇宙万物能和谐地得以生存在宇宙这个大的生命场中,这主要得益于太和缊缊之气。

二 太和缊缊以致宇宙生命场之和

宇宙万物产生以后,万物皆在自在之理中得以生存,和谐为太和之本质特征。形上之本和,则宇宙中形而下之器皆和,实现了从本体之和到形而下之和的转换。因为"人物同受太和之气以生,本一也"⑤,太和之气是宇宙万物和谐的主要因素,万物和谐,归结为太和,太和分殊,造就宇宙万物和谐。由此,宇宙万物的和谐往来,皆源自太和之气。在船山看来,太和本是和之极致,是和谐的最高等级、乃万物和之源流。在化生万物之前,至和是其本身之特色;化生万物之后,则表现为万物之和,和之本质特征仍在其间。"太和,和之至也。道者,天地人物之通理,即所谓太极也。阴阳异撰,而其缊缊于太虚之中,合同而不相悖害,浑沦无间,

---

① 《乾》,《船山全书》(第一册),岳麓书社,1988,第42页。
② 《序卦传》,《船山全书》(第一册),岳麓书社,1988,第1093页。
③ 《太和篇》,《船山全书》(第十二册),岳麓书社,1992,第32页。
④ 《天运》,《船山全书》(第十三册),岳麓书社,1993,第255~256页。
⑤ 《作者篇》,《船山全书》(第十二册),岳麓书社,1992,第221页。

和之至矣。未有形器之先，本无不和，既有形器之后，其和不失，故曰太和。"① 太和乃和之至也，万物亦是太和之气的流行变化所致，可见，"和"是万物所具有的基本特征。由形而上之气，到具体的形而下之器，均表现出"和"之特色。因为形而下之器之"和"主要来自太和，也即宇宙万物所具有的"和"之特质主要来自太和微妙的分殊变化。船山说："天地人物消长死生自然之数，皆太和必有之几。"② "健顺合而太和，其几必动，气以成形，神以居理，性固具足于神气之中，天地之生人物，人之肖德于天地者，唯此而已矣。"③ 基于太和之气微妙的变化，使得宇宙万物皆具和谐之特征。就万物而言，万物所具有的和谐的本质特征，关键在于太和之气。在宇宙这个大生命场中，和谐乃为万物的内在特征。故此，"阴阳之撰具焉，绵缊不息，必无止机。故一物去而一物生，一事已而一事兴，一念息而一念起，以生生无穷，而尽天下之理，皆太虚之和气必动之几也。"④ 宇宙万物之和，即是遵循着太和→和的基本模式。在由太和而和的模式中，万物皆生活在和谐之道中，此即"四时百物各正其秩序，为古今不易之道"⑤ 是也。各正其秩序，说的即是万物皆在和谐之道中。太和乃和之至，和是其本质特色，也即分殊的宇宙万物之和来自太和，不离太和。船山曰："自缊以化成，天下之物、天下之事、天下之情，得失吉凶，赜而存焉，而不忧物变事机或轶乎其外。"⑥ "轶乎其外"，即是说宇宙万物之和皆在太和的宇宙秩序之中。在宇宙这个大生命场中，一切皆由太和之气构建而形成和谐的宇宙氛围。由太和之气的构建、变化发展而衍生宇宙万物，这些宇宙万物之间各自按照自己的运动规律，彼此之间成就宇宙万物之间的和谐之道。飞禽动植，彼此之间和谐地生存变化而不相悖害。张学智先生说："天之气本有和气、通气、化气、成气之实，而后因其符合人心中关于气的运行状态的理想，故称其为元亨利贞。所谓和气、通气、化气、成气亦不过表示，气的运行有其本始和

---

① 《太和篇》，《船山全书》（第十二册），岳麓书社，1992，第15页。
② 《太和篇》，《船山全书》（第十二册），岳麓书社，1992，第16页。
③ 《太和篇》，《船山全书》（第十二册），岳麓书社，1992，第17页。
④ 《可状篇》，《船山全书》（第十二册），岳麓书社，1992，第364页。
⑤ 《神化篇》，《船山全书》（第十二册），岳麓书社，1992，第76页。
⑥ 《既济》，《船山全书》（第一册），岳麓书社，1988，第490页。

谐,按其本始和谐故有顺通、和畅之发展,在此顺通和畅之发展中化生出万物……一切皆按其本性之必然性发展、蜕变、终结。一切都是本然的、和谐的。"① 张先生此言,事实上证明了宇宙万物之和谐,主要源自太和,太和成就了宇宙万物和谐之序。此思想与船山思想不谋而合,船山说:"太虚即气,缊缊之本体,阴阳合于太和,虽其实气也,而未可名之为气;其升降飞扬,莫之为而为万物之资始者,于此言之则谓之天。气化者,气之化也。阴阳具于太虚缊缊之中,其一阴一阳,或动或静,相与摩荡,乘其时位以著其功能,五行万物之融结流止、飞潜动植,各自成其条理而不妄,则物有物之道,人有人之道,鬼神有鬼神之道,而知之必明,处之必当,皆循此以为当然之则,于此言之则谓之道。"② 船山认为宇宙是一和谐的大生命场,船山将这种和谐的境况称为宇宙和谐之道,宇宙这个生命场之和谐乃太和之气使然。

太和之气使宇宙这个生命场保持着和谐,作为宇宙万物,其和谐状态皆由此而成。由太和之气生生的宇宙万物,和谐亦是其基本特征,万物皆不失其和。船山曰:"太和之气,阴阳浑合,互相容保其精,得太和之纯粹,故阳非孤阳,阴非寡阴,相函而成质,乃不失其和而久安。"③ 因太和之气生化万物,宇宙这个大生命场中万物之间的和谐,皆由于太和而不失其和。太和而后,"人物之生,皆缊缊一气之伸聚,虽圣人不能有所损益于太和。"④ 太和即是大和,"和"神圣不可损,是最原始的本真之和,不可损、不可易。

三 天即太和与天命之和

宇宙这个大生命场经由太和而和,动力因还源自"天人相绍"。古代哲学中天有三重含义:主宰之天,义理之天,自然之天。现代社会科技的发展,人口的暴增,人与自然之间的矛盾与冲突越来越成为当代社会的主要问题。为了解决人与自然之间的矛盾与冲突,天人合一即是当代人处理

---

① 张学智:《王夫之太和观念的诚与变合》,《中华文化论坛》2004 年第 1 期。
② 《太和篇》,《船山全书》(第十二册),岳麓书社,1992,第 32 ~ 33 页。
③ 《参两篇》,《船山全书》(第十二册),岳麓书社,1992,第 54 页。
④ 《太和篇》,《船山全书》(第十二册),岳麓书社,1992,第 44 页。

人与自然之间和谐相处的主观愿望，认为天人合一是人与自然之间和谐的途径。事实上，谈及王船山的天人合一思想时，我们可从两个层面对传统的天人合一思想进行解构。其一，学术界将天人合一规约为人与自然之间的和谐的思想是一种独断论，学术界只知其然，未讲其所以然；其二，船山之天人合一思想，事实上是本体层面的太和，也即天的层面阐释天人合一思想的，与以往谈及的自然之天的和谐有着本质上的差别。

船山之天人和谐，始于"天人相绍"。船山所言及的天人之和主要来自本体之和，其来源为太和，太和即天，途径是天人相绍。船山曰："既云天，则更不可析气而别言之。天者，所以张主纲维是气者也。"① 又如："天之阴阳五行，流荡出内于两间……天即此为体，即此为化。"② 船山所言之天，主要是从本体阴阳之气层面而言的，天即气，气即太和。他说："天之所以为天而化生万物者，太和也，阴阳也，聚散之神。"③ 太和化生万物，实际上即是由天化生宇宙万物。因之，船山所说的天人合一之"天"乃是本体之天，与我们日常所说的天人合一之"天"——自然之天迥异。船山所说的天人合一，说的是本体层面应然之和谐问题。他说："凡人物之生，皆天生之也。未有生而生之者，天之事；既有生而养之者，则天委其责于人物，而天事尽矣。"④ 可见，本体层面的"天"乃万物和谐的重要原因。天生万物，则具体表现为宇宙万物之间的和谐。

宇宙这个大生命场的和谐，唯有人才是宇宙万物得以和谐的关键因素。在由天生人并由此而形成的人与宇宙生命场诸要素之间的和谐，须以人为坐标轴来解决其问题。因为人能发挥其智能，人之智能中表现出和谐的可继因子，即天人之间存在某种隐秘的关系，这种关系为"天人相绍"。船山曰："天人相绍之际，存乎天者莫妙于继。"⑤ 即是说，人世间的和谐，其主要因素在于人能"继"天，也即"继"太和而和。人

---

① 《第一章》，《船山全书》（第六册），岳麓书社，1991，第459页。
② 《第一章》，《船山全书》（第六册），岳麓书社，1991，第454页。
③ 《可状篇》，《船山全书》（第十二册），岳麓书社，1992，第369页。
④ 《告子上》，《船山全书》（第八册），岳麓书社，1990，第705页。
⑤ 《系辞上传第五章》，《船山全书》（第一册），岳麓书社，1988，第1007页。

"继"天得和,天不但具有本体层面的含义,"天"还扮演着主宰之天的角色。在船山看来,天之角色在于"命"。"究天人合一之原,所以明夫人之生也,皆天命流行之实,而以其神化之粹精为性,乃以为日用事物当然之理,无非阴阳变化自然之秩叙而不可违。"① 船山所说的"天",既有本体层面的太和之意蕴,又有主宰之天的含义。在本体之天与主宰之天的双重含义规约下,使船山所说的天人合一得以可能。因之,宇宙这个大生命场的和谐之道,实则天命使然。人则是以"继"天以圆天命。"天下之物,皆天命所流行,太和所屈伸之化,既有形而又各成其阴阳刚柔之体,故一而异。惟其本一,故能合;惟其异,故必相须以成而有合。然则感而合者,所以化物之异而适于太和者也。"② 天下万物之和,源自太和之根本,只不过是天在万物之和中,既扮演本体层面的角色,亦扮演者主宰之天的角色罢了。天之命,使万物皆在宇宙这个大的生命场中皆以"和"之姿态生存着,宇宙万物自由自在的和谐的生存,实际上要归结为"天之佑"。"天地之化,至精至密。一卉一木,一禽一虫,察于至小者皆以不测而秒尽其理;或寒或暑,或雨或晴,应以其候者抑不可豫测其候。故《易》体之,以使人行法俟命,无时不惧,以受天之佑。"③ 由此,宇宙万物皆得以和,此和谐之道事实上归因于"天之佑"。在船山看来,排除人欲之干扰,宇宙万物实际上是和谐并不相悖害的,因为一切和谐的客观因子皆来自"天之佑"、"天之秩","天之秩"实际上亦是天之道使然,船山对此亦有高见。他说:"天地所以位之理,则中是也;万物所以育之理,则和是也。"④ 天命流行导致宇宙万物之和,天命合法性主要源自《易》爻之中正,九五至尊实际上亦暗含了天的至尊地位,天之至尊亦导致了天命的权利合法性。在天命流行的情况之下,亦导致了宇宙万物的和谐,中即和是也。

天命也好,天之化生万物也罢,最终皆能导致宇宙万物的和谐,这种和谐只是上天的一厢情愿的理想状态。现实生活中,人与人、人与社会、

---

① 《乾称篇》,《船山全书》(第十二册),岳麓书社,1992,第351页。
② 《乐器篇》,《船山全书》(第十二册),岳麓书社,1992,第365页。
③ 《周易内传发例》,《船山全书》(第一册),岳麓书社,1988,第668页。
④ 《第一章》,《船山全书》(第六册),岳麓书社,1991,第474页。

人与自然之间的和谐状态经常被打破，导致了人与人、人与社会、人与自然之间的紧张与无序。人与自然本应在天命之下和谐相处，鉴于人之欲望贲张，人类向自然索取的张力超越了自然的承受能力，从而使人与自然之间的和谐秩序被打乱，最终导致人与自然之间的矛盾与冲突。船山对人与自然之间的和谐给予了新的解读，他认为人待自然以礼，以仁心为己心，真诚对待宇宙中与自己同样的太和化生之物，如此人与自然之间的和谐才能有所待。

四　人与自然和而不相悖害

船山本体论哲学视域中，人世间本该是和谐的，也即不仅是人与人、人与社会之间是和谐的，人与自然之间的和谐也是顺理成章之事。太和之气生化万物的过程中，人由于禀赋的气之层级不一样，导致了人在宇宙生命场中的地位不一样。鉴于人之智能之"巧"，往往不遵循宇宙中的和谐之道，从而导致人与宇宙万物之间的不和谐。为此，船山将宇宙万物视为具有与人有同等生命的个体，并以礼待之以实现人与自然之间的和谐。船山曰："礼原于天而为生人之本，性之藏而命之主也，得之者生，失之者死，天下国家以之而正，唯圣人知天人之合于斯而不可斯须去，所为继天而育物也。"[1] 人与天地其他万物虽得天命而生，人在宇宙中所禀赋的气的层级不一样，导致了人与其他宇宙万物之差分：一是人与其他动物智能的差分；二是礼之差分，此乃人与其他宇宙万物之最大的差分。太和之气以生人，天命之生人，天命实际上涵括着礼于其间，以礼待物是宇宙其他万物得以和谐相处的基础，亦是人与其他宇宙万物得以和谐相处的前提。由太和所化生的宇宙万物的和谐世界，船山始终抓住礼之实质，并以礼待宇宙万物，并以此实现人与自然之间的和谐。事实上，在宇宙这个生命场中，万物一府，铸就了人与其他宇宙万物平等的生命权、生存权。无论是人与人之间的交往，还是人与宇宙其他万物的交往，我们始终将宇宙万物视为平等的主体，并有如以礼待人一样待之，方能实现人与自然之间的和谐。船山始终关注以礼之调适以实现和谐，此乃船山和谐社会始终贯彻的

---

[1] 《礼运》《船山全书》（第四册），岳麓书社，1991，第571页。

目标。在阐释人与自然之间的和谐关系时，船山始终贯彻以礼应事接物。他说："和者，应事接物皆适得其宜，不与理相乖，不与物相戾也。"① 应事接物，以是否合乎礼为其标准。因之，如若人能以礼待自然，不与理相乖，也即不与礼相乖，则必然实现人与自然之间的和谐。由此，礼"通乎万类，会嘉美以无害悖，其德均也"②。人与宇宙万物之间的和谐，是以礼为其调适之工具。在礼之调适下，使人与自然之间无悖并能和谐相处。人待自然正如人待人一样，以礼待之，和谐何尝不至。

将自然万物视为与人平等的主体，在理念上消除人与其他宇宙万物之差异，礼待万物，则和谐必至。人与自然之间和谐，其背后的动因在于消除人与自然之间的差异，将人与自然视为平等的主体，并以仁爱之精神对待之，如此则能真正实现人与自然之间的和谐。原因何在，船山认为"仁不伤物"③。在船山看来，仁即是对宇宙万物的仁爱，不会构成对宇宙万物之伤害。仁者不但爱人，亦爱宇宙万物，包括自然。

以仁爱精神对待宇宙万物，此种仁爱精神的凸显，即是天之大爱精神在人间的践行。船山曰："天者，人之大本也，人皆生于天，而托父母以成形，父母为形之本，而天为神之本；自天而言之，则我与万物同本而生，而爱不得不兼。"④ 天化生万物之时，人与其他宇宙万物皆具有同等的地位，上天仁民爱物使然，人与天乃同一层次的被关爱的对象。"民胞物与"是最好的阐释，其间体现出了天对万物的仁爱，从本体层次阐释了人与宇宙万物皆具有同等地位、同等层次的宇宙之物，上天的兼爱不遗万物。当然，天对宇宙万物是恩赐的，对人亦是关照的。在船山看来，人由于禀赋的气乃"二气之良能"，决定了人在宇宙中的具有强大的智慧与智能。"仁"作为天恩赐万物的人道，是天恩赐于人，并让人能以仁爱之精神对待宇宙万物。因此，仁爱精神是宇宙万物得以和生的依据，"仁"先于其他德性，"仁"具有生生之功能。"仁者，天地生物之心，得之最

---

① 《中庸》，《船山全书》（第六册），岳麓书社，1991，第127页。
② 《坤》，《船山全书》（第一册），岳麓书社，1988，第75页。
③ 《檀弓上》，《船山全书》（第四册），岳麓书社，1991，第182页。
④ 《滕文公上》，《船山全书》（第八册），岳麓书社，1990，第346页。

先，而兼统四者，所谓元者善之长也。"① 仁之生生功能，使宇宙万物得以和生，使宇宙万物在仁爱的光辉之下和处、和生。在仁义忠信四者当中，"仁"最为关键，因为仁主管生生。船山将四者功能进行详细划分。他说："秉爱之理以长育于物，仁也；受心之制以裁成乎物，义也；有可尽之心以行仁义而无所慊，忠也；有至实之心以体仁义而无所爽，信也：凡此皆信之实也。"② 在仁义忠信四者当中，仁的生生功能使它处于核心地位，此谓"仁者，天地生物之心"③ 是也。在船山看来，仁即是仁爱精神的发挥，从而使仁具有更为广阔的和生空间。

仁以和生而外，仁的另一种哲学意蕴则包含着宽容精神，这是仁之精神的深入拓展。这种包容性在一定程度上有利于人对自然、对对象物以及对自然的包容。人对自然界的包容，其间亦能实现人与自然之间的和谐。船山曰："仁以容其所待容之众，义以执其所必执之宜，礼以敬其所用敬之事物，知以别其所当别之是非。"④ 仁体现出对宇宙万物的包容，对宇宙万物之仁爱，并对自然以包容，以礼敬其所为，如此则必然造成人与宇宙万物的和谐相处。以仁爱之精神对待万物，将宇宙其他万物视为平等之主体，与万物并生而不相悖害，此是仁爱精神的最佳体现。"君子以为吾心与万物并生之理，仁也。"⑤ 由此，以仁待物，礼待自然，人与万物必然能和谐相处，使人与自然"和而不相悖害"⑥。

总之，以仁爱精神对待万物，则人与自然之间必然和谐。但人终归是生活在此岸世界之人，人非生活在彼岸世界；人首先是感性动物，然后才是理性动物。鉴于人为现实欲望所吸引，人时刻皆处于天理与人欲的矛盾与冲突之中，由此造成人与自然之间的不和谐。为此，船山教导人类以仁爱之精神对待自然，如此方能缓解人与自然之间的矛盾与冲突，从而在更大层面上实现人与自然之间的和谐。船山曰："人生于大地，而名分以安

① 《公孙丑上》，《船山全书》（第八册），岳麓书社，1990，第 221 页。
② 《告子上》，《船山全书》（第八册），岳麓书社，1990，第 742 页。
③ 《第二十章》，《船山全书》（第七册），岳麓书社，1990，第 163 页。
④ 《第二十九章》，《船山全书》（第六册），岳麓书社，1991，第 571 页。
⑤ 《离娄下》，《船山全书》（第八册），岳麓书社，1990，第 537 页。
⑥ 《神化篇》，《船山全书》（第十二册），岳麓书社，1992，第 80 页。

其生，亲爱以厚其生，皆本之不可忘者也。"① 人作为宇宙万物之灵，通过礼以正名分，通过差等之爱以实现人际等级和谐。

人与自然之间的和谐关涉到人如何生活实践的问题。在具体的社会实践中，人与自然之间的和谐，取决于单个人的行为。因为在宇宙这个大生命场中，人最具智慧，欲实现人与自然之间的和谐，船山认为应适当节制人之欲望，使百姓不违农时，船山承续了孟子关于农时问题。孟子曰："不违农时，谷不可胜食也；数罟不入洿池，鱼鳖不可胜食也；斧斤以时入山林，材木不可胜用也。谷与鱼鳖不可胜食，材木不可胜用，是使民养生丧死无憾也。"② 孟子此言关涉到人与自然和谐的两个基本问题：其一，"时"对人与自然和谐至关重要；其二，对自然的过分攫取则"物极必反"，造成人与自然之间的不和谐。船山认为人与自然之间的和谐必须遵循自然本身的规律，即合"时"宜。违"时"即违背了自然规律，也即违背了天道，天道关乎人道；违背天道，自然背离人道，因之，天人之间的和谐关系将打破。船山以《礼记·月令》为例说明了"时"之重要："十二月之令皆当顺时而行，以起下行令违时则三才交咎之义。其繫之正月者，发例于始也。"③ "顺时而行"，表明了人与自然和谐的内在动因；不顺时，则人将不依农时而任意宰割自然，由此必将造成人与自然之间的矛盾与冲突。故此，船山认为应该将自然界看成与人同等的生命主体，人类才不会不依农时任意宰割自然，人与自然之间才有和谐之可能。不仅如此，船山还以事例证实人在实践活动中应因"时"而动以利人与自然之和。"农事方始，不当以鱼龟故失水利。山林长养材木，方春焚之，则不复生。"④ 人应将天之仁爱精神发扬光大，将为人类提供物质生活资料的自然看成与自身同等的生命主体，不违农时，人与自然之间的和谐可至。违背农时，涸泽而渔、焚林而猎的行为不是人这种智慧之人可为的，此类行为必然导致物种灭绝，环境破坏，如此行为是人之兽行。"人之生理在生气之中，原自盎然充满，条达荣茂。伐而绝之，使不得以畅茂，而又不

---

① 《哀公问》，《船山全书》（第四册），岳麓书社，1991，第 1180 页。
② 《孟子集注卷一》，（宋）朱熹：《四书章句集注》，中华书局，1983，第 203 页。
③ 《月令》，《船山全书》（第四册），岳麓书社，1991，第 382 页。
④ 《月令》，《船山全书》（第四册），岳麓书社，1991，第 387 页。

施以琢磨之功，任其顽质，则天然之美既丧，而人事又废，君子而野人，人而禽，胥此为之。"① 船山认为人涸泽而渔、焚林而猎的过分做法不妥，这是对我们赖以生存的自然界的毁灭性猎取，系禽兽之行，此种行为将人类置于与自然的对立，最终毁灭的是人类自己。

　　人与自然之间的和谐必然要规约百姓行为，统治者正确的规章制度必不可少。古代学在官府，上行下效。就人与自然之间的关系而言，应之以相应的法律制度，以规制百姓不能过度消费、攫取自然资源，以期以礼实现人与自然之间的和谐。"先王因俗之不可尽拂而无大害于义者，聊扔之以安民心，而制之自上，限之以礼，使无私为淫祀也。"② 人类对自然的攫取，制度规范必不可少。船山主张以礼代法、以礼待人、以礼待物。对自然，以礼节之，以仁待之，此乃处理人与自然之间关系的最佳选择。"节用，礼之本；爱人，乐之本；使民以时，则政简而刑不滥，制数皆藉此以行。慈俭存于心，万化之原也。"③ 船山主张以合宜的方式仁爱自然、礼待自然，将宇宙间其他万物皆视为与人一样的同等生命主体。在向自然界获取物质生活材料之时，讲求"时"，因"时"而动，而不是随心所欲对自然任意宰割。如若对自然横加宰割、不相时而动，则人与自然之间的矛盾与冲突加剧，统治者有着不可推卸的责任。因之，统治者应对百姓轻徭薄赋，尽力满足百姓之欲，因时求取，用之以礼，久之，化民成俗，人与自然之间的和谐可不期而至。船山曰："田畴易，税敛薄，则所可欲者已足；食以时，用以礼，已足而无妄欲，即养以寓教，民不知而自化矣。"④ 人类生活在地球上，人与自然之间和谐与否，统治阶层肩负着制度规约的历史使命，使百姓心怀仁爱之心，礼待自然，则和谐可至。船山就为何要从制度层面对百姓进行规约提出了看法。他说："上天生杀之机，物无心而效其化，故王者于此候之，以肖天心而顺物理，因以禁民而为之制也。"⑤ 天生化万物，人效天以起生杀万物之念，则破坏人与自然

---

① 《俟解》，《船山全书》（第十二册），岳麓书社，1992，第 486～487 页。
② 《月令》，《船山全书》（第四册），岳麓书社，1991，第 395 页。
③ 《有德篇》，《船山全书》（第十二册），岳麓书社，1992，第 270 页。
④ 《有司篇》，《船山全书》（第十二册），岳麓书社，1992，第 268 页。
⑤ 《王制》，《船山全书》（第四册），岳麓书社，1991，第 320 页。

之间的和谐，王者应以合适的制度规约百姓之行为，使人与自然之间的和谐得到制度层面的庇护。制度而外，为满足百姓之欲，如若遵循不伤害自然的原则，作为统治者应采取补助的方式以满足百姓之需，使百姓切实做到不伤害自然。"王者制民之用，禁其淫侈而又为补助之。"① 实现人与自然之间的和谐，制度安排必不可少，政府适当的经济补偿亦能满足百姓之欲，从而使人与自然之间的矛盾与冲突得到缓解，人与自然之间的和谐可至。

在制度规约之下，即使人有欲望贲张之心，亦不敢有实践欲望之行。以仁爱之心为本心，以礼待物为赤心，则使"和者于物不逆，乐者于心不厌"②，则宇宙这个大生命场中的各类生命之间自然和谐。鉴于各类生命之和，均是太和生化而成。太和作为至和标志，生化万物理应为和。但万物失其和，原因何在？船山认为人之智导致人之巧。老子曰："不见可欲，使心不乱。……常使民无知无欲，使知者不敢为，则无不治。"③ 由此，人与自然之间的不和谐，关键在于人之欲望贲张使然。欲望是人类痛苦的根源，亦是人类不和谐的终极因子；人与自然的不和谐，原因不在天，而在人，是人之欲将人推向与自然之间的对立。船山认为："天地违其和，则能天，能地，而不能久。人违其和，则能得，能失，而不能同。"④ 人有得，得到的是人从自然界所取的为欲望所消受的对象，所失则是人类从自然界过度攫取之后，导致人与自然之间关系的失衡的不良后果。人与自然万物因太和而和，人本不应失其和，人失其和，最终失去与万物一体的太和之气。鉴于人欲贲张，导致人与自然之间的不和谐，人类自身具有不可推卸的责任。但人类最终的祥和，归结为人与自然之天的和谐，与本体之天可以说已没有关系，主要是人为因素使然。"灾祥之至谓为人感者，要以和则致祥，乖则致戾为其大较，至祥沴之致，或此或彼，天造无心，亦奚必以此感者即以此应，拘于其墟而不相移易哉！"⑤

---

① 《王制》，《船山全书》（第四册），岳麓书社，1991，第 323 页。
② 《诚明篇》，《船山全书》（第十二册），岳麓书社，1992，第 136 页。
③ 朱谦之：《老子校释》，中华书局，1984，第 14～15 页。
④ 《老子衍》，《船山全书》（第十三册），岳麓书社，1993，第 30 页。
⑤ 《月令》，《船山全书》（第四册），岳麓书社，1991，第 372 页。

综上，人与自然之间的和谐，从本体层面来说，本应是和谐的。但鉴于人自身之智，最终导致人与自然之间的矛盾与冲突。但人类通过仁心以立本，礼待自然以立和，传统天人之间的和谐可至，天人合一在此种意义上才回到了传统。

第三节　循义行礼不枉道以致和

礼宜乐和的和谐社会理想的建构，其总体逻辑为由内而外：内，即以礼调适人之心、性、情以利和；外，即以礼立身，则由敬达礼，内敬则外必和；以礼立身则动有矩度以利和，无动非礼则和谐之道尽。此外，以礼待人则彰显仁爱与合宜，礼以和处，本仁行礼，以礼和处则和至，仁爱则与自然不相悖害以达人与自然之间的和谐。和谐的到达均以合宜为度，即循义行礼不枉道以致和。循义行礼不枉道以致和，是对前面礼之调适以实现和谐社会的总结：不论由礼之调适实现人之内心世界的和谐也好，还是以礼立身使人和立，本仁行礼以实现人际之和、以礼调适实现人与自然之间的和谐也罢，此类和谐最终状态皆规约为合宜，即人与人之间关系的合宜，人与社会之间关系的合宜，人与自然之间关系的合宜。以礼之调适以利和谐在于一切以"合宜"为最高标准。循义行礼不枉道以致和，既是对前文的总结，亦是对下文政通人和的和谐社会理想的开启。

循义行礼不枉道以致和，那么何为"义"？船山之"义"是否为我们日常所说的道义呢？下文将着重介绍。

一　义乃居正有常合宜之道

"义"反映的是人与人之间的道义关系，不合道义的行为必然会造成人际关系的矛盾与冲突，循义行礼是成就和谐的前提与基础。谈及循义行礼以致和之时，对"义"的了解显得尤为重要。"义"在甲骨文中作"䍩"，本义为"从我羊"。"义"乃会意字，从甲骨文字形看来，"䍩"字在中间横线的下方有两个不同的东西，可视为两人不同的经济基础，中间一横，可视为同等水平线之上的经济基础，两人并肩而立。由甲骨文字形可知"义"本身表现为两人之间的关系，两人经济基础不一，但在道义的支持下，两人所处的位置最终为同一水平线，这也就凸显出了"义"之原初含义。"义"在许慎《说文解字》中没有注解，可谓憾事，因为"义利问题是中国哲学的核心问题之一，有关义利关系的讨论一直是中国哲学的核心话语。先秦以降，中国哲学史上的'义利之辨'、'理欲之辨'从未停止过"①。如二程曰："天下之事，惟义利而已。"② 说明了义利关系问题在中国哲学史上的重要地位。朱熹认为"义利之说乃儒者第一义"③，更是凸显了义利的重要性。在中国哲学史上，"义"与"利"总是以对举的形式出现。"义"与"仁"一样，在《尚书》中最早出现，在《尚书》中"义"凡 22 见，比如"以义制事，以礼制心"即是④。"义"最基本的含义有以下几种：其一，"义"为道义之意。其二，"义"为人之动机之意。其三，"义"为适宜之意。如《中庸》中"义者宜也，尊贤为大"⑤，"义"即是"宜"之意。后来历代诸儒对"义"的解释基本是在其原初意义的基础之上的承继与开新，不断将"义"之内涵提高到新的高度。

船山作为明末清初的旷世大儒，他对"义"的解释别出心裁，自成体系，令人耳目一新。船山认为"义"乃事物得宜处，而得宜处又是人心之制而成，这种人心之制成就了"义"即是天理之公。船山"义"之阐释，经历着"具体的诠释→义理的诠释→真实的诠释三层次"，主要展开为"表层结构→深层结构→整体结构"⑥。具体诠释方面，船山认为"义"之主要内涵为：处事得宜为"义"，即义为合宜、适宜、不过、无不及、中庸之意。船山曰："事之所宜然者曰义。"⑦ 人的对待各种事物的态度、在理欲关系等层面所把握的尺度为合宜。将"义"解释为合宜，

① 陈力祥：《王船山义利观辨正》，《江淮论坛》2006 年第 6 期。

② （宋）程颢、程颐：《二程集》，中华书局 2004 年版，第 114 页。

③ （宋）朱熹：《朱子语类》，上海古籍出版社，四库全书本，第 24 页。

④ 《尚书·商书·仲虺之诰第二》，（清）阮元《十三经注疏》，中华书局，1980，第 161页。

⑤ 《中庸章句第十九》，（宋）朱熹：《四书章句集注》，中华书局，1983，第 28 页。

⑥ 张立文：《中国哲学逻辑结构论》，中国社会科学出版社，2002，第 77 页。

⑦ 《里仁第四》，《船山全书》（第七册），岳麓书社，1990，第 371 页。

主要是从静态层面描述事物是合宜的；关于"义"的阐释，船山还从动态角度描述"义"之内涵与外延：动态层面的"义"主要是为行动、行为的合宜。船山曰："行焉而各适其宜之谓'义'。"① 人之行为以及在人与人的交往过程中的举止言动等，皆要以合宜为度，唯其如此，由人之不合礼行为所引发的各种矛盾与冲突才能有效解决。"义"为合宜，此种含义是在"义"之原初含义基础上的进一步展开。船山虽主张人之行为在静态中的合宜，但他更主张人之行为在动态中的合宜。他说："义在事，则谓之宜；方其未有事，则亦未有所宜。"② 义在事，则表现在人之行为合宜在动态过程中的凸显。如若不在动态的过程中，则无"义"之彰显，或者说"义"之彰显不明显。船山关于"义"的深层含义可在人之视、听、言、动中得以检验，故此，"义"与礼在一定程度上表现出来，因为行为规范中检验的标准为礼。合宜即在人之具体行为中表现出来即为合宜，船山曰："夫所谓义者，惟推而广之，通人己、大小、常变以酌其所宜，然则于事无不安，情无不顺。"③ 船山界定人之行为的合宜是在动态中考察的，表现为人际关系、大小、常变等诸多范畴，从而使人之行为的合宜扩充到了更为宽泛的领域。总体说来，人之行为的合宜，主要表现为"行"，也即"用"的层面。船山言曰："'义'之体，敬也；其用，宜也。"④ "义"的产生，是人内心世界的活动开始的，外在用中得以凸显，在人之行为活动中凸显出来，而人之活动有一个基本尺度：礼。可见人之行为合宜与否与礼相挂搭。船山关于"义"的阐释，以层层深入、步步为营为手段，将"义"之深层含义推进。当提及船山"义"之体为"敬"之时，与前文谈及礼之体亦为"敬"有着同源之感。"敬"之源头在人之心，由此，"义"之源头亦在心。"义"与"心"在一定程度上相联系，于是"义"乃人心之制"义"的第二重含义。船山将"义"从具体的、表层结构阐释进一步向深层次阐释推进，心理学角度是其选择的方式。船山曰："本心固有曰'忠'，用情不疑曰'信'，处事得宜曰'义'，

---

① 《祭统》，《船山全书》（第四册），岳麓书社，1991，第1164页。
② 《卫灵公篇》，《船山全书》（第六册），岳麓书社，1991，第831页。
③ 《里仁第四》，《船山全书》（第七册），岳麓书社，1990，第382页。
④ 《表记》，《船山全书》（第四册），岳麓书社，1991，第1333页。

因物不逆曰'理'。固有其情而无所疑,则发之于外,事皆得宜而物理顺矣。非己所固有而不信于心,则虽外托义理,而持之也不固。"① 为人处世合宜,合宜状态的取得,关键在于以人之本心裁制之,人之心是人之行为合宜的动力因。由人之本心之关照,使人之行为逐渐过渡到人处事合宜处,船山选择从心理学的角度对"义"进行阐释算是把握了"义"之源头活水。人之行为外显,则表现为"义";未外显之前,人之行为在很大层面上是人心之制使然。如:"'义'者,心之制,事之宜也"②;又如"义者,心之制也"③;再如,"'义'者,人心之裁制"④;诸如此类将"义"解释为"人心之制"的提法在船山原典中屡见不鲜。"义"之内涵为"人心之裁制",说明"义"与人心相互关联,"义"的产生,与人心之动力机制紧密关联。"义"乃以人心规约人之外界行为,并使人之行为合乎理性,合乎礼的价值尺度,遵循着由内而外的逻辑理路。反之,"义"之合理与否,关键在于人之内心世界平静与否,人之内心世界是否和谐,由此则可反观义是否合乎理性。船山曰:"义者,是之主;利者,非之门也。义不系于物之重轻,而在心之安否。名可安焉,实可安焉,义协于心,而成乎天下之至也。若见物而不见义,此天下所以汙君子者,而断然去之久矣。义利之辨莫切于取舍辞受;推之于进退存亡,亦此而已。"⑤ "义"乃人通过理性判定人之是非的重要尺度,义与利既是对立的,又是相互联系的。从对立面来说,"义"是义道,是合宜的标准;"利"是人之欲望的"催化剂",与"非"相挂搭,在此层面上说"义"与"利"是截然相分的;另外,"义"与"利"是又是相互联系的。因为"义"是建立在"利"之非的基础之上,没有"利"之非,就没有义之宜;如若没有所谓的"利",也就没有所谓的"义";同样,没有所谓的"义",也就不能凸显出"利"。在"义"与"利"的是非取舍中,心之动力机制非常重要。不论"义"为事之宜、心之制,成就

---

① 《礼器》,《船山全书》(第四册),岳麓书社,1991,第581~582页。
② 《梁惠王上》,《船山全书》(第八册),岳麓书社,1990,第25页。
③ 《公孙丑下》,《船山全书》(第八册),岳麓书社,1990,第289页。
④ 《公孙丑上》,《船山全书》(第八册),岳麓书社,1990,第175页。
⑤ 《公孙丑下》,《船山全书》(第八册),岳麓书社,1990,第249~250页。

真正意义上的"义"需要经历长时间的考验，因为"义"作为心之制来说，这种"制"非一念而成定制，而是要经过长期检验方可。"义"作为事之宜，应长期固守合宜为宜。船山曰："义者心之制，非一念之为定制也；义者事之宜，而事协时会以为宜，非一端之为咸宜也。"①"义"乃心之制、事之宜，需要稳定的、长期的心之制，事物之合宜亦不是偶尔的一次合宜，而是稳定的、长期的合宜。成就"义"，依靠稳定的心理意念与事物标准，构成了以心之裁制为基础的天下固有之道，这就是"义"。船山曰："天下固有之理谓之道，吾心所以宰制乎天下者谓之义。道自在天地之间，人且合将去，义则正所以合者也。均自人而言之，则现成之理，因事物而著于心者道也；事之至前，其道隐而不可见，乃以吾心之制，裁度以求道之中者义也。"② 由此，"义"乃人心之裁制、处事得宜为"义"，人人皆以"义"为事物之得宜处，则此"义"为天下之公器，成为普天之下人们用来裁制人们行为的工具。易言之，"义"为"人心之裁制"、人之行为规范必然是天下公认的不可昧的人心之裁制。"夫人之所不可昧者，义也"③，此说是也。"义"不是一人所认定的正义，而是普天之下认定的"义"，"义"乃天下大正之公器，义可转化为天下之正义。船山言曰："义者，因时大正之谓。"④ "义"乃天下之大正，如若不是普天之下的普遍公理，不能为人们所接受，则不能称之为"义"。

"义"为天下大正之公器，为天下人之所以立的直接原因即在此。船山曰："义者，吾性之不容已，即天下之所自立。"⑤ 由此，"义"由个人内心之裁制，事物之合宜逐渐转化为天下公器，也即表明"义"乃天下之所共由之路，船山之"义"，由表层逐渐向深层转换。船山将"义"作了一个形象的比喻。他说："夫义为直行而不可曲之常经，犹人之路也。"⑥ 船山之喻，巧妙地将"义"由内在的人心之裁制，逐渐转化为天

①　《离娄下》，《船山全书》（第八册），岳麓书社，1990，第500页。

②　《公孙丑上篇》，《船山全书》（第六册），岳麓书社，1991，第929页。

③　《告子上》，《船山全书》（第八册），岳麓书社，1990，第721页。

④　《大易篇》，《船山全书》（第十二册），岳麓书社，1992，第295页。

⑤　《季氏第十六》，《船山全书》（第七册），岳麓书社，1990，第893页。

⑥　《万章下》，《船山全书》（第八册），岳麓书社，1990，第666页。

下之人共由之路，也即"义"转化为天下之公理，逐渐成就宋明理学家
关于"义"的形上层面：可见，"义"为天理之公，是"义"的第三层
次含义，亦是船山在更高意义上的诠释。船山之"义"完成了由"义"
之具体的诠释，过渡到"义"之义理方面的诠释，再到"义"之真实诠
释的三层次的渡越。

如前，"义"乃人心之裁制，不是偶然的一次人心裁制，而是稳定
地、长期地对人之行为的裁制，才能使"义"为天下之"路"，成为天
下之公器。他说："义者，居正有常而不易之谓。阴阳不偏，循环不息，
守正以待感，物得其宜，为经常不易之道，此仁义中正之理所从出。曰
诚，曰无妄，曰不息，曰敦化，皆谓此也。"① "义"乃居正有常之道，
而不是易变之道。"义"乃仁义中正之道，所以能成就天下之公理，长
久为人们心中据守、利用并成为人世间不易之则，即成为天理。"义"
由天下不变之道，逐渐过渡到天下之公器，并成为天下之定理，是人们
心中稳定的行为规范，促使了由"义"向礼的转化。"义者，一定不易
之矩则也。乃万事之变迁，皆不逾于当然之定理，而一事之当前，则一
因其所固然之准则。"② 一定不易之矩则、固然之准则就是我们所说的天
理。因为"理即礼也"，船山此处业已暗含了义与理之间的关系，亦说明
了义与礼之间的关系，"义"的深层次含义表述得淋漓尽致。船山曰：
"'义'者，天理之所宜；'利'者，人情之所欲。"③ 又如："义者天理之
公，利者人欲之私。"④ 船山关于"义"乃天理之所宜的提法，多处可
见。船山从义利之间的关系表明"义"乃天理之所宜，利乃人情之所至，
从天理与人欲的关系中析出"义"乃天理之节文。

综上，船山将"义"释为事之所合宜者，"义"为人心所裁制，
"义"乃天理之所宜，在很大层面上表明"义"由表层结构向深层结构诠
释的深入，"义"之诠释的逐渐深入与整体结构的完成。

"义"乃一定不易之矩则，"义"为天理之宜然，已凸显了"义"与

---

① 《太和篇》，《船山全书》（第十二册），岳麓书社，1992，第37~38页。
② 《里仁第四》，《船山全书》（第七册），岳麓书社，1990，第371页。
③ 《里仁第四》，《船山全书》（第七册），岳麓书社，1990，第381页。
④ 《里仁第四》，《船山全书》（第七册），岳麓书社，1990，第382页。

礼之间的关系。在船山之经典中，礼亦有与"义"几近之义。船山曰："礼者，大中至正之矩。"① 朱熹对"矩"的解释为："矩，法度之器，所以为方者也。"② "义"与礼之间存在必然联系。行礼之时，以合宜、适度为标准，以构建船山视域中的和谐社会。

二　礼以义起与义以礼伸

构建礼宜乐和的和谐社会，如何以礼调适人与人、人与社会、人与自然之间的关系，礼之调适如何能够合宜至关重要。在船山看来，循义行礼乃是社会和谐合宜之前提，那么我们所预设的前提就是义与礼有一稳定的联系：循义行礼。礼与义之间的关系有两个层面，也即礼以义起与义以礼伸；礼与义之间的关系是相互联系、相互影响、相互制约的。

礼是人之所以为人的规范伦理，而义则是应天地万物之理使人得以合宜的价值尺度。船山曰："义者天地利物之理，而人得以宜；礼者天地秩物之文，而人得以立。"③ 礼是规范、尺度、标准，义是规范、尺度、标准是否适宜、是否合适的"衡量"器。义和礼之间是内容和形式的关系。船山说："'礼'者，义之文；'义'者，礼之干。"④ 礼乃形式，即为文；义则是礼之实质性内容，则是礼之质。"'义'者，礼之质；'礼'者，义之实也。"⑤ 义和礼之间的关系可以简单地概括为质和文之间的关系，也即内容和形式之间的关系。内容与形式不可分割，由此义与礼是不可分离的、相辅相成的。船山曰："义是心中见得宜处，以之制事；礼乃事物当然之节文，以之制心：此是内外交相养之道。固不可云以义制心，以礼制事。以礼制事，则礼外矣；以义制心，则义又外矣。若但于可食、不可食上，分得天理、人欲分明，则以礼制事之谓，饮食亦在外而非内矣。"⑥ 义乃礼之质，表现出实体性的价值功用，与具体义以制事密切相关，义主外；而礼则是事物当然之节文，表现出礼以制心，亦表现为礼主内。

---

① 《檀弓下》，《船山全书》（第四册），岳麓书社，1991，第244页。
② 《论语·为政第二》，（宋）朱熹：《四书章句集注》，中华书局，1983，第54页。
③ 《第二十章》，《船山全书》（第六册），岳麓书社，1991，第518页。
④ 《冠义》，《船山全书》（第四册），岳麓书社，1991，第1505～1506页。
⑤ 《礼运》，《船山全书》（第四册），岳麓书社，1991，第539页。
⑥ 《乡党篇》，《船山全书》（第六册），岳麓书社，1991，第745页。

义与礼之间的关系不可分割。礼以义起与义以礼伸更为明确地说明了二者之间的关系。

(一) 礼以义起

循义行礼以建构和谐社会，乃船山行礼之尺度与宗旨。礼以义起，义中必然涵盖着礼之特质，船山说："'义'者，礼之精意。"①"义"乃礼之精华，是礼之质，"义"乃礼之所以立的前提与基础。船山曰："'义'者，人心之宜，礼之所自建者也。存于中则为义，天之则也；施于行则为礼，动之文也。"②"义"乃人之内心世界衡量行礼是否合宜的尺度，义乃礼之前提，"义"为质，礼为文。为说明义与礼之间的特殊关系，船山以"田地"的耕种来说明。船山曰："'田'，谓礼所自植。'耕之'，修治使淳美也。'陈'，分别其宜也。'种之'者，义为礼本，犹种之生苗也。义非学不精，'耨之'者，去其似义而非者也。"③船山将"田"比喻为礼得以立的直接原因，在田地上进行耕作，使田地规划更为精美、合宜。"陈"是指在田地上分门别类地进行耕作，在不同土地上因地制宜播种，正如礼为义本一样。"种"与"田"本是两件事，但"种"与"田地"又是不可分离的，因为只有在合适耕种的基础之上，田地才能开花结果；只有在合宜的基础之上，才能有耕种的可能。船山说："礼为义之实，而礼抑缘义以起，义礼合一而不可离，故必陈义以为种也。"④礼即是在田地耕种之后得到的果实，表现在外为人所看到的外在形式。欲得到果实，离不开田有耕作的潜能与耕作之后所具有的生根、发芽之势。由于"义"乃根据不同的田地而进行的耕种，故此，由合宜的耕作亦能获得不同的收获。船山说："义之所在，礼有时而变。"⑤将礼比喻为田地能够种植之原因，将义比喻为种田以后发芽、生苗，这是将礼比喻为有种植潜能的直接检验。在不同的土地上有种植不同植物的潜能，在外则表现为可能有不同的生根、发芽之苗之势。在不同土地上的耕种不同的植物，此乃合

---

① 《礼运》，《船山全书》（第四册），岳麓书社，1991，第539页。
② 《礼运》，《船山全书》（第四册），岳麓书社，1991，第570~571页。
③ 《礼运》，《船山全书》（第四册），岳麓书社，1991，第572页。
④ 《礼运》，《船山全书》（第四册），岳麓书社，1991，第572页。
⑤ 《公孙丑下》，《船山全书》（第八册），岳麓书社，1990，第289页。

宜之表现。不同场合的礼之践行，就其实质而言亦是以合宜为其标准。船山云："礼之所自出，义之当然也，精之，则尽变矣。"① 因之，"义"与"礼"之间的关系也就明晰了：礼之显现，关键在于义，以合宜为其标准，因为"'义'者，礼之所自立也"②，"义"，是礼得以凸显的直接原因。船山关于义与礼之间的比喻，各种类生物生苗、开花结果直接表现比喻为礼，所以义乃礼之所以起的直接原因，且"生苗"亦表现出类的具体差异性，类似于一般与个别之间的关系。"'礼义'者，因义制礼，而礼各有义也。"③ 田可适用耕作之理，理本不可见，通过耕作，生苗可见，以礼为喻则表现出"礼"之迹象，故此，义、礼关系为"所谓礼以义起也"④，礼以义起，义以礼伸。

（二）义以礼伸

"义以礼伸"⑤ 说明了礼在不同场合的适当践行，恰恰是礼之合宜、合乎义的标准。礼乃义之文，而义乃礼之质，义的彰显最终不能离开礼之文，也即"义"通过礼之文而彰显，如此才有义以礼伸的出现。船山曰："义为礼之制，'柄'也；礼为义之章，'序'也。"⑥ 义是礼彰显、限定模式，义最终要通过礼彰显出来，礼可延伸义之价值，义可通过礼之价值而表现出来；义之内涵可通过礼而彰显出来，"义"通过礼最终而彰显礼之合宜、合适，也即义乃礼之质，义乃天理之所宜。"盖礼者义之节，而义以礼而始著其必然之则也。"⑦ 义通过礼而最终表现出来，也可认为礼乃义之实体，"礼者义之实，修礼而义达矣"⑧。礼在外，易见。义在内，不易见。礼展现为义之实实在在的内容，通过礼教习礼是否合宜，这样就达到了"义"。礼虽制心，但礼系义在外的表现形式，外在表现形式的合宜，能更好地彰显出义；礼不完善，不尽善尽美，亦不能体现出义之合宜

① 《三十篇》，《船山全书》（第十二册），岳麓书社，1992，第231页。
② 《祭义》，《船山全书》（第四册），岳麓书社，1991，第1101页。
③ 《礼运》，《船山全书》（第四册），岳麓书社，1991，第565页。
④ 《檀弓下》，《船山全书》（第四册），岳麓书社，1991，第265页。
⑤ 《滕文公下》，《船山全书》（第八册），岳麓书社，1990，第382页。
⑥ 《礼运》，《船山全书》（第四册），岳麓书社，1991，第572页。
⑦ 《卫灵公第十五》，《船山全书》（第七册），岳麓书社，1990，第847页。
⑧ 《礼运》，《船山全书》（第四册），岳麓书社，1991，第577页。

处。如若不能以礼而表现出其合理性，则应将礼之尽善处凸显出来，以表现出义之合宜性内涵。由此可知，义因礼而得到更为深入的拓展，有礼则能更为深入展现出"义"合宜性内涵的一面。因此，船山曰："义以礼伸，而有礼则无伤于义也。"① 由此，船山深化了有礼对义的深远影响。

总之，义与礼之间是相互联系、相互影响、相互制约的。礼以义起，义以礼伸，共同构成义与礼之间的双向互动关系，礼与义之间存在合宜的关系。礼之度如何估量着合宜，这就关涉到和谐社会构建之时，义立礼行以得和。

三　义立礼行以得和

和谐社会的建构，人与人之间的和谐非常重要。如何使人与人之间的关系变得和谐，这主要倚赖于礼之调适。以礼之调适构建和谐社会，在何种情形之下能使人与人之间的关系趋向和谐，在何种情形之下礼之调适是合宜的，这意味着义立礼行以得和非常关键。

上文谈及义之内涵经历着从具体的诠释，到本真诠释的转换。万变不离其宗，义之原初内涵表现为合宜、恰到好处。船山曰："义者，一事有一事之宜，因乎时位者也。"② 义表现为事务之合宜，如若以礼处理人际关系，则能使人与人之间关系的合宜，特征是和谐。在义（合宜）中行礼，则能造就人际关系的和谐与稳定。"义"乃人间所流行的合宜的基本价值尺度，有礼义则能造成人际关系的稳定，使民行有所依，举止言行有所定则，"礼义所以辨上下，定民志"③。礼在古代社会辨上下，使人很容易联系到礼在古代社会的定尊卑之哲学意蕴。礼之价值在古代社会凸显出一种等级和谐价值。姑且不论礼对和谐社会构建的消极因子，撇开礼之价值的消极成分。从义与礼的义理价值剖析其和合哲学价值非常必要。

（一）义立礼行求其称

如前所述，礼之价值在于调适人之内心世界、人与人、人与自然、人与社会之间的矛盾与冲突，并以此实现普世和谐。义之摄入，为礼之调适

---

① 《滕文公下》，《船山全书》（第八册），岳麓书社，1990，第382页。
② 《中正篇》，《船山全书》（第十二册），岳麓书社，1992，第172页。
③ 《尽心下》，《船山全书》（第八册），岳麓书社，1990，第913页。

的合宜性以及在何种层面上合宜地以礼调适并实现和谐社会提供了可能。义立礼行缘何能实现和谐社会？礼之调适并实现和谐社会背后动因是什么？这是下文所要解决的问题。

义的基本价值在于在礼的规约下，使人之举止言行等合宜。故此，当义立礼行之时，则可能出现合宜之局面。礼与义相依，礼之调适遵循义的规则，也即遵循合宜之原则。义本身随时以处变："知此事之所宜者在此，彼事之所宜者在彼，义初其常而守其常，义当其变而随其变，与义相依，无之有间焉耳已。"① 鉴于义能随时以处变，义与礼相依，礼之调适关系的产生，其合宜性亦能随时以处变。一切因时间、空间而起，礼之调适功能的实现亦随缘而变。义立礼行之时，缘何能以礼之调适并实现和谐社会提供现实基础，一切由义之合宜而起。针对义能使礼之调适趋于合宜之状态，船山有感而发。他说："礼之斟酌于天地民物之宜。"② 船山从义之视角谈及了礼之调适的合理性、合宜性，从而为义立礼行以求其称提供了现实可能性。鉴于义在礼之调适中的合宜性，使礼之调适以实现人之内心世界、人与人、人与社会、人与自然皆提供了合宜性与可能性。

仁与义作为处理人际和谐的基本钥匙，是人之所以为人之道："立人之道曰仁与义"③，立人之道在于仁义，本仁行礼，义立礼行，则能以礼之调适以造就人际和谐。义利之辨中，本义行礼，则能和谐。儒家哲人更多的主张义以为主，重义轻利，船山亦不例外。他说："立人之道曰义，生人之用曰利。出义入利，人道不立；出利入害，人用不生。"④ 以义为指导，重义轻利，以义为重，以义行礼，则必将造就和谐。具体说来，义立礼行能造就和谐的原因在于立义行礼以求其称。

从道义角度来说，儒家哲人更为关注"义"，义为先而礼行，则礼无所滞也。鉴于行礼是在义的基础之上的合宜，在物欲基础之上的利的争夺是人类矛盾与冲突的根源，在义之关照下，礼行则和无所碍。义以为先而礼行的基础上，人之行为以人心为之裁制，并以此是否合宜为前提；此

---

① 《里仁第四》，《船山全书》（第七册），岳麓书社，1990，第371页。
② 《礼器》，《船山全书》（第四册），岳麓书社，1991，第582页。
③ 《大传》，《船山全书》（第四册），岳麓书社，1991，第835页。
④ 《禹贡》，《船山全书》（第二册），岳麓书社，1988，第277页。

外，义以行礼，人之行为以礼为尺度，以义为标准。礼行过程中，礼以显义，和谐可至。船山曰："君子则酌乎事之所宜，而裁以其心之制，不谋利，不计功，执其当然而不可扰，惟义而已矣。所主者义，则无不可行矣；而恃其心之无私，或有直情径行之失。乃君子之行也，又以礼焉，备乎文以传其质，彬彬乎中度矣。盖礼者义之节，而义以礼而始著其必然之则也。"① 在以义为是非合宜标准的前提之下，讲求道义还是重视功利，是判断是非对错的道德标准。讲求道义，则人心可安；人心之安，则能造就人之身心和谐以义利之辨为视角可深入阐释义立礼行而得和的深层次原因。"君子之应天下，归于至是者而已。是与非原无定形，而其大别也，则在义利。义者，是之主；利者，非之门也。义不系于物之重轻，而在心之安否。名可安焉，实可安焉，义协于心，而成乎天下之至是。"② 义立礼行，就行礼者本人而言，则内心世界和谐；从其行为对他人的影响来说，则亦可造就和谐。不和谐的因素主要由财货之争所致，因利益引发冲突则引起争端，如是不和谐因子增大；轻视财货之人则将义居于心中，以义制事，以礼加勉，则争端不起，由此和谐因子增大。无怪船山有如此感慨："凡争之起率由财兴，财轻则自勉于礼矣。"③ 船山此言阐明了不和谐因素的物质性原因，与马克思关于物质利益的冲突是一切不和谐因素的根源的观点不谋而合。因物质利益的不合道义，此乃人类不和谐的根源，船山昭示以义为则，轻利重义，并以礼为自己行为之航向标。船山义利之辨，实际上暗含着以义为制事标准。因为："'义'，睦邻定乱之道也。"④ 讲求义，才能定乱以立和，义系人们行动之指南。以义为指导，使利合宜于义，以求得人之内心世界的和谐，即"利合于义，则心得所安"⑤，人心所安，则行为和谐，行为和谐则人己和谐。人心之安宁，秩序之稳定，一切取之于义利之博弈。义胜，礼盛行，则和；利胜义，非礼之风盛行，则矛盾与冲突四起。社会和谐的深层次原因即是"利用而合于义也"⑥，则社会安定，和谐可至。

---

① 《卫灵公第十五》，《船山全书》（第七册），岳麓书社，1990，第847页。

② 《公孙丑下》，《船山全书》（第八册），岳麓书社，1990，第249页。

③ 《聘义》，《船山全书》（第四册），岳麓书社，1991，第1550页。

④ 《檀弓下》，《船山全书》（第四册），岳麓书社，1991，第229页。

⑤ 《大易篇》，《船山全书》（第十二册），岳麓书社，1992，第285页。

⑥ 《大易篇》，《船山全书》（第十二册），岳麓书社，1992，第309页。

　　欲使利合于义，则立义非常重要；只有立义，才能保证礼之实行不偏离和谐之轨道。船山主张立义，然后恒一于义，然后义立礼行，和谐不期而至。用图示表示：立义→恒一于义→义立礼行→和谐不期而至。

　　（二）恒一于义则和可至

　　在义以行礼以利和之时，船山率先主张先行立义，因为立义则礼行，礼行则至和。船山认为："立义有五，而及其行之适乎事理之用，则皆称而已矣。"① 立义有五：是指在天地之祭、鬼神之祭、丧祭、百官之祭、诸侯之祭中用礼，以礼凸显人之义，此时义以制事，义以行礼，义以求其称。义能制事，求礼之称，不违礼，皆合义，以礼和。义以制事，则事有成。在义与礼的相互制约过程中，"义有成制，考道者可以不失"②。义以制事，义有其成制，人循其制，则礼可行天下。天下之道有规可循，义在外亦能通过各种途径与形式以礼表现出来。义以制事，外在表现形式——礼之规约下，则能造就人世间和谐与否。考察义道之流行则可知其得失，亦可不因义而失礼，亦不可因失义而失礼，失礼而失却和谐之道。义以礼伸，则礼行天下，以礼调适人与人、人与社会之间的矛盾与冲突，调适的状态如果处于一种合宜状态，如此则必然造就和谐之势。由义而礼，礼征天下，和谐可至。和谐之道流行，首先彰显的是义：彰显的是人与人之间关系的合宜，人与社会之间关系的合宜，人与自然之间关系的合宜；同时这种合宜关系的取得，同时亦凸显了礼。由和谐之表征，则可知义不可掩，礼亦不可掩。由义而礼，因礼而和，则凸显出天下之和。"义不可袭者也，君子验之于心，小人验之于天……义不义，决于心而即征于外，验之天而益信，岂可掩哉！"③ 义不可藏，因礼而显，因和而彰。

　　立义而礼，因礼而和。欲实现人之和，则需恒一于义，也即集义，并对义的一以贯之、锲而不舍的执著。如此，立义以后，礼行天下而无所不用义，船山对集义提出了自己的见解。他说："义，曰生者也。曰生，则一事之义，止了一事之用；必须积集，而后所行之无非义。"④ 义往往只

———————————

① 《礼器》，《船山全书》（第四册），岳麓书社，1991，第586页。
② 《表记》，《船山全书》（第四册），岳麓书社，1991，第1328页。
③ 《齐高帝》，《船山全书》（第十册），岳麓书社，1988，第600~601页。
④ 《公孙丑上篇》，《船山全书》（第六册），岳麓书社，1991，第929页。

能单显在某件事情上，一事之义，则合一事之宜。如若义之合宜只关涉到具体事务，则义不可远，和亦难至。如果有一以贯之之义，此义乃天下之公器，则礼可行，和可至。"时有否泰而身安，恒一于义，而心日广、德日润矣。"① 就个人而言，恒一于义，则能增进自己的德性。如若人皆能以义为本，且能慎独行之，则义以行礼，礼行天下。

由立义，到恒一于义，最终到义立礼行，这是顺理成章之逻辑。义之成，并终成行礼。儒家哲人强调重义轻利，重视义道，"则私欲不行，义立而礼行矣"②。义立，礼行天下，则"和"为时不远。船山认为义起的深层次原因在于人心，从发生学意义上说明了礼行之原因。他说："礼由义起，义根于心，而礼行焉。"③ 船山既说明了义产生的动力机制问题，亦从一定层面上凸显了礼之动力机制问题，从而为行礼提供了先行条件。行礼的终极价值在于求其宜称，因为由义而礼，以礼制事，则天下和谐可至，此亦体现义乃合宜之内蕴。故此，在船山看来，义之合宜，使礼之节文之价值得以呈现。船山曰："义之全体精矣，以制事物而无不宜，而其不为之心，则此乍然之羞恶，无异心也。吾性之礼，节文无不具焉，而不僭之则，即此不容已之辞让之心也。"④ 义以制事，礼以制心，节文则不动心，于利不动心，则凸显为内心平和；在外则表现为人之行为有节，则表现为人际和谐。故此，礼之节文，起始于义。义以行礼，则表现节文之合宜。礼虽节文，但其目的是更好地凸显义之宜。船山曰："制礼之精义，体义理于心以求其宜称，而根心以无疑于理之固然，则忠信之德即此而存矣。非忠信之至，不足以审义理之变通，所谓'无本不立'也。"⑤义之规制，使礼能更好地调适人之行为，使人之行为在更大层面上能得到礼之规制。船山曰："先王示其所贵尚，使勇敢有行义者皆必以礼为贵，则恃力袭义而矜独行者，无不变化气质以勉于礼矣。"⑥ 在义之关照下，义立礼行，则能使那些具有不和谐因子的人皆能勉于礼、归于和矣，其间

① 《神化篇》，《船山全书》（第十二册），岳麓书社，1992，第89页。
② 《曲礼上》，《船山全书》（第四册），岳麓书社，1991，第13页。
③ 《告子下》，《船山全书》（第八册），岳麓书社，1990，第754页。
④ 《公孙丑上》，《船山全书》（第八册），岳麓书社，1990，第219页。
⑤ 《礼器》，《船山全书》（第四册），岳麓书社，1991，第592页。
⑥ 《聘义》，《船山全书》（第四册），岳麓书社，1991，第1553页。

恒一于义是常理。礼能彰显出和之特质；非礼，则不宜，不宜亦不可能和。有礼则和，和则合宜，合宜则显义也。"礼以章之，非礼而不合……仁不昧而后义生，礼以行义者也。"① 由此，义以行礼，礼以行义，再次由礼而凸显出义之价值。义与礼的合宜、相称，方能体现出礼之和谐价值。

恒一于义立礼，义立礼行，则和谐可至。可见，义立礼行以达和是其终极价值。因为义立礼行，和谐可至，有德之人以义为言之正，以礼为自己行之矩，此乃君子立人处世之道。"夫言必以义，行必以礼，所与者必正，乃君子立身之道。"② 以义礼为处世之道必将与人类社会的和谐相挂搭。君子立人之道以义礼为基本标准，人之言动举止，既合乎义，同时亦合乎礼，礼行于世，和谐可不期而至。义礼之间，只有将义与礼之位置与功能摆正："礼以养之，义以裁之，不期然而自然。"③ 礼以养人心之和，鉴于其内心之和，则外在行为表现出和的迹象；就义而言，以义对事物进行裁制，其关节点在于道义。人之视、听、言、动等行为皆合乎义，礼以义起，义以礼伸，则和谐"不期然而自然"也。只有本着以义制事，以礼制心的态度，和谐社会才能切实得到构建。船山曰："以义制事，以礼制心，守义礼为法，裁而行之，乃以成正而无缺。"④ 既遵循义，又守礼，将义礼存心，守之义礼如法，则社会和谐构不期然而然。故此，构建和谐社会需以礼为其构建途径，恒一于义，"循义以行，不枉道以速获也"⑤。

① 《郊特牲》，《船山全书》（第四册），岳麓书社，1991，第 657 页。
② 《学而第一》，《船山全书》（第七册），岳麓书社，1990，第 270 页。
③ 《子路第十三》，《船山全书》（第七册），岳麓书社，1990，第 751 页。
④ 《尽心下篇》，《船山全书》（第六册），岳麓书社，1991，第 1144 页。
⑤ 《少仪》，《船山全书》（第四册），岳麓书社，1991，第 849 页。

第六章

政通人和：大经礼正则自得其和

船山和谐社会的建构，总体遵循着修身、齐家、治国、平天下的逻辑顺序：即由内而外的和谐，由个人和谐，再到人际和谐、再到国家和谐、再到普世和谐。具体言之，也即由礼之调适人之心、性、情实现人之内心世界的和谐，再到以礼立身的个人和谐，过渡到本仁行礼以致和与义立礼行的人际和谐、再到礼诗自然实现人与自然之间的和谐，最后到礼以治政的普世和谐。船山和谐社会的建构，主要目的在于以礼和政，并以此实现普天之下的和谐。船山强调礼政，并因此而实现政通人和。在礼之调适并化解人之内心世界、人与人、人与自然、人与社会的矛盾与冲突之后，最终出现的迹象是以礼和政，并由此成乎平治之气象。本章可以说是对前文的总结，亦是和谐社会构建的较高境界：最终实现礼宜乐和的和谐社会。

第一节　以礼和政成乎平治之气象

和谐社会的构建，礼对整个社会的平治功不可没。船山主张以礼治政，反对以法治政；主张以礼坊民，反对以法待民；主张以礼代法、以礼治政，如此整个社会皆可处于礼意隆隆的和谐之境中。船山认为在治政过程中，礼的基本价值在于统治，化民成俗，治定制礼乃建中和之极，礼乃治政致和之最佳工具。

一　礼以统治与政以因俗

以礼坊民，则是整个社会和谐的基本前提，礼的基本价值在人与社会和谐中体现得尤为明显，因为"'礼'者，立国之大经大法。"① 礼在古代社会的地位是治国平天下之公器。古代社会的礼治思想与以德治国的提法，其深层次原因在礼。礼乃中国传统文化的核心，历经几千年至今仍经久不衰，在很大层面上说明了礼有其存在的价值特别是其礼以统治之价值。如若我们追本溯源，礼经历着神坛设教到礼以统治的转变，三皇五帝功不可没。

（一）先王齐民共由于道

治国以礼为本，如此才能实现社会的和谐；礼之价值的彰显，是有责任担当的儒家哲人为"天地立心，为生民立命"的结果。礼产生有其原初含义：事神致福，礼之产生，礼的治国平天下之价值的彰显，主要来自事神之传统。船山曰："礼所以治政安君，故政之所自立，必原于礼之所自生。礼本于天，殽于地，列于鬼神，莫不有自然之理，而高卑奠位，秩序章焉。得其理以顺其序，则鬼神以之傧，制度以之考，仁义以之别矣。"② 礼之和合哲学价值于治政安君中彰显。船山认为考察礼之源流，才能对礼这种道德规范心存敬畏，才能有对礼之价值的尊崇。故此，古代社会通过神道设教，使礼之价值的神圣性更为彰显，使人在更大层面上对礼的基本价值产生道德敬畏，使礼的基本价值更好地推行下去，归因于古代社会重视考察礼之源流。船山曰："本天，效地，别仁义，起兴作，考制度，以傧鬼神，礼由是立，而凡人君所以治致安君，使上下交正而远于倍窃，亦即此而在焉。"③ 考察礼之源流，其目的是隆礼重礼，使人对礼产生浓厚的道德情感，进而对礼产生道德敬畏，从而将礼的基本价值更好地推行下去。船山曰："君子事神治民皆隆礼以自立，无所褒越以自强，为守身保国之大本而政无不行也。"④ 船山强调隆礼治政，提升礼之地位，如此才能以礼更好地治国安君，为和谐社会的建构奠定基础。

船山认为：古人神道设教以隆礼，其目的在于凸显礼之地位，彰显礼的基本价值先王神道设教功不可没。船山考察了先王以礼治政的背后原

① 《王制》，《船山全书》（第四册），岳麓书社，1991，第351页。
② 《礼运》，《船山全书》（第四册），岳麓书社，1991，第554页。
③ 《礼运》，《船山全书》（第四册），岳麓书社，1991，第555页。
④ 《哀公问》，《船山全书》（第四册），岳麓书社，1991，第1186页。

因："先王忧人失其性而制为礼乐以为之节，又以政刑辅之，所以遏人欲之横流而存其天理也。"① 人性本善，但人由于物欲之诱惑，使人暂时可能丧失其善良的本性，先王通过神道设教隆礼，以礼节欲，以恢复人之本然善性，此乃礼产生的现实原因。船山将这些物欲横流之人称之为小人，治理这些小人的方法就是以礼齐之，礼先刑后，使人恢复人之本然善性，最终实现天下人皆得之"真则"。"先王之治，齐小人以礼，而出乎礼即入乎刑，未当本性命以立教，以喻民于同然皆得之真则。"② 先王制礼，目标瞄准治理国政，政通人和。先王通过神道设教，将礼之神圣性推向了极致，通过神道设教将尊礼、守礼转化为人们道德信仰，如此更好地推行礼，使礼成为治国之公器。"先王本身议道以制礼，为治国之器垂之后世，君子奉之以正国，则天则定而邪正明，虽有邪说诐行附仁义以行其私者，莫之能乱矣。"③ 先王将礼不断推行下去，使礼成为后世之人治国之公器，让现实之人皆遵从之、选择之，则人世间礼意流行，和谐之风不断吹遍九州，礼之和合价值得以彰显。先王推行礼政、将礼之价值最大化的同时，亦是将礼之和合价值最大化之时。船山云："礼为治乱之原而无物不有，无事不著，故极其用之极致，虽非愚贱之所共与，而先王推其躬行之实以务民义，必举夫人所可知可能而不可斯须离者立为大纲，以使民率由之，而政理兴焉，则益可无疑于政与礼之有殊用矣。"④ 先王治政，皆以礼为本，礼无处不在、无处不存，如此则礼行天下，治乱皆得其宜。先王治政，皆有共通性之道，人道是也，人道即是礼，也即船山治理政事的关键在于共通性的道德规范——礼。这种共通性之道——礼之流行不息而不废的原因在于礼有其价值。礼之衰，系国之衰乱的表现；礼之盛行，则表现为国之平治，和谐可至。船山说："大道之行，三代之英，相为表里，所以齐天下而共由于道，其继起为功而不可废者有如此。礼衰而乱，文具徒设，则大道之精意尽泯，圣人之所由叹也。"⑤ 礼之流行，以礼治

① 《乐记》，《船山全书》（第四册），岳麓书社，1991，第899页。
② 《泰伯第八》，《船山全书》（第七册），岳麓书社，1990，第541页。
③ 《经解》，《船山全书》（第四册），岳麓书社，1991，第1175页。
④ 《仲尼燕居》，《船山全书》（第四册），岳麓书社，1991，第1202页。
⑤ 《礼运》，《船山全书》（第四册），岳麓书社，1991，第540页。

政，和谐可至，即表现出礼之实学特质。船山推出先王隆礼，初衷是以神道设教让世人尊礼、崇礼，而后则是通过学习的方式，广而播之以提升礼之道、广开和谐之路。船山曰："先王以礼齐民，学为之首，则系学于礼，道莫重焉。"① 通过学习的方式提升礼、运用礼，最终使礼表现出修己治人之经世致用的实学特质、特别是礼之和合特质。

（二）"礼"乃修己治人之实

先王从神学层面落实到世俗层面彰显了以礼治政，以礼治政本质上是以礼修己治人。修己治人是指统治者努力提升自己的道德修养，更好地治理百姓。上层修身明礼，则下层效之，并以礼为治国之策。"修明于上而下皆则之者，唯礼而已矣"②。由此，礼之世俗价值的凸显主要经历着神坛设教，到上层阶级的修礼、隆礼，最终达到以礼坊民，礼行天下之目的。通俗地讲，此乃以德服人、以德治国之谓也。以礼修己治人，内圣外王，礼行天下，则和谐可至。船山说："知以吾三近之德修身而治人，则天人皆知，而诚身顺亲，仁义礼之无不举也，人道之所以能敏政也。"③ 通过修身立德，使人之德性得以凸显，推己及人，以礼治政，则天下和谐可待。修身治国平天下非常重要，修身并以礼治国，由此才能保证治国平天下的顺利实现。"夫自修身以至于为天下，不可一日而无礼。天叙天秩，人所共由，礼之本也。"④ 船山此言的理论基础来自《礼记·礼运》中所讨论的理论问题，修身、齐家、治国、平天下不可一刻无礼，凸显了礼之重要性。"偃复问曰：'如此乎，礼之急也？'孔子曰：'夫礼，先王以承天之道，以治人之情，故失之者死，得之者生。'"（《礼记·礼运》）孔子与其学生的对话，实际上阐释了礼在治国平天下的重要性，凸显出一日无礼则天下治乱的惨状。

人之行为是否合乎道德理性、是否合乎人伦之道，皆以礼为基本尺度。礼不可或缺，主要源自礼修己治人的价值。通过修己治人使礼之价值得以彰显，船山形象地将礼比喻为"矛"，"矛"乃战斗之公器，无

---

① 《学记》，《船山全书》（第四册），岳麓书社，1991，第 869 页。
② 《礼运》，《船山全书》（第四册），岳麓书社，1991，第 557 页。
③ 《中庸》，《船山全书》（第四册），岳麓书社，1991，第 1280 页。
④ 《为政第二》，《船山全书》（第七册），岳麓书社，1990，第 312 页。

"矛"则失去战胜敌人之机会。在与敌人的战斗中，"矛"之作用极为重要。礼如矛，只不过礼的基本价值运用在治理国政，"知礼以为茅，不敢绝天以安于卑陋。"① 以礼治理国政，则以礼之调适而表现出来和合价值得以彰显。因为以礼执政，则一切是非得失皆能在礼之规约下得以纠正，和谐之道得以确认。船山曰："立礼为则，有失自见，不能由礼者，则知其不肖也。"② 衡量人之行为得失，人之行为得当与否，天下平治与否，一切皆由礼之调适是否合宜为标准。礼不但能养人之心、顺人之情、和人之性；礼还能使人在礼之规约之下得以立，同时还能以礼调适人际关系。一言以蔽之，礼之和合哲学价值大矣，人世间一切矛盾与冲突皆可在礼之调适之下得以完善与发展。先王治政，选定以礼为公器，则必将实现平治天下的美好目标。

先王修身以礼，其终极价值为治国平天下，修己治人是治国平天下之基础，治国平天下是修己治人之目标，治国平天下不可一日无礼，因为以礼可坊民。上修礼，下效礼；立礼为则，坊民见效。由于礼之价值在治国过程中的凸显，以礼坊民必不可少："坊民之本，立教以作则。"③ 船山所说的"坊"、"本"指的是什么呢？坊民之价值表现又何在？船山回答曰："'坊'者，治人之道。'表'者，修己之道。修己治人之实，礼而已矣。性之所由失者，习迁之也。坊习之流则反归于善，而情欲之发皆合乎天理自然之则矣。习俗泛滥以利其情欲者，为凡民之所乐趋，故坊之也不容不严。"④ 也即通过礼以治民，使礼之价值能在更大层面上得以彰显。治国平天下之公器即是礼，而不是法。以礼坊民，以此则能以德治国，以德服人，天下可固也。坊民之初，先立其"表"，先修自身，推己及人，则天下可和矣。"凡为坊者，必先立表以为之则，表虽无与于坊，而为坊之所自出，是坊末而表本也。"⑤ 为此，要做到以礼坊民，应先正其身，修身为先，修身为要"不能正其身，如正人何？"（《论语·子路》）欲正人，

---

① 《系辞上传第八章》，《船山全书》（第一册），岳麓书社，1988，第1015页。

② 《礼运》，《船山全书》（第四册），岳麓书社，1991，第539页。

③ 《表记》，《船山全书》（第四册），岳麓书社，1991，第1322页。

④ 《坊记》，《船山全书》（第四册），岳麓书社，1991，第1213页。

⑤ 《表记》，《船山全书》（第四册），岳麓书社，1991，第1317页。

先正己，如此才能将以礼坊民推行下去。如若"以礼坊民，民犹踰之，既不可以坊为无益而废之，抑不可更峻其坊而束民以不堪，则唯反躬自治以正其表，斯正己之尽而物可得而正矣。故三代以礼坊民，而踰之也率在末君失德之世，则知表之为重，而亦不可咎坊之徒劳矣。"① 以礼坊民，正己修身，不失其德，如此则能将礼以坊民切实践行下去。否则，不正己修身，礼以坊民则成为空中楼阁、水中之月而已。

礼之价值在于礼以坊民，礼以统治，最终使礼之价值得以最为完美的呈现。就上层阶级而言，一方面上层人物要通过修身以提升自身之德行，成就内圣之德；另一方面则要完整把握礼之深层蕴含，使礼真正成为治国安政的基本工具，将礼定位为治国之大经。"德礼之精意，民不能知，挈其要以定大经。"② 在政治哲学之视域中，礼乃治国安邦之公器，只有以礼治政，才能为治国安邦、实现和谐；也只有以礼治政，整个社会才能在礼的规约之下，化民成俗，进而使整个社会进入"无为"而治的理想社会。礼以化民成俗，人能自然而然地以礼作为自己的行为规范，因之，社会和谐可不期而至，"礼以统治，而政以因俗"③。在运礼并以礼统治之时，礼的基本价值的彰显在于化民成俗，并以此抵制暴政，礼教正俗而诈力革，社会才能真正得到平治，和谐社会亦可不期而至。

二　礼教正俗以立和

总体看来，儒家哲人均反对以纯法、暴力的方式平治天下，因为纯法、暴力不利于社会和谐。船山主张以礼治政，这与他所生活的时代紧密相关：明末清初，清朝统治者以武力的方式迅速取代了明朝政权，在船山看来，这不合礼，亦不合理。作为一名正统的儒学大师，船山反对以纯法治理国家，乃时势使然也。

（一）礼教正俗以立和

在船山看来，礼教能正俗。船山不但点明了以礼正俗的理由，还阐明了礼教如何正俗以及礼教正俗的成效。

---

① 《表记》，《船山全书》（第四册），岳麓书社，1991，第1317页。
② 《有德篇》，《船山全书》（第十二册），岳麓书社，1992，第266页。
③ 《贲》，《船山全书》（第一册），岳麓书社，1988，第877~878页。

1. 以礼正俗之缘由

礼教的基本作用在于化民成俗，让天下之人在礼教规约之下能自然而然地接受礼教之熏陶，并使其能自觉遵守礼，从而为和谐社会的构建奠定基础。缘何以礼教正俗，船山分析了其中的原因：其一，大道不著则风俗薄。船山曰："大道不著则好恶私而风俗薄，故禹欲授益而百姓不归，周公总己而四国流言虽欲公天下，不可得已。"① 大道即是礼，如若礼意不流行，则天下之人皆以恶为美，则天下斯恶矣。如此，必然造成普天之下的矛盾与冲突，天下不得而治，社会和谐亦不可能也。其二，无礼天地阴阳乱。从第一重原因中，如若大道不著，则自然导致崇礼之风日渐衰落，进而导致无礼，无礼则上下乱，上下乱则造成风俗败坏，则整个社会即将处于矛盾与冲突中。"民不敬，则无礼而上下乱；民不忠，则无心而国以危；民不劝，则苟且偷薄而风俗坏。"② 可见，无礼是造成社会风俗败坏的直接原因，无礼则天地必将大乱。船山说："无礼而黩，有巫道焉，则地天通而阴阳乱。"③ 无礼不但造成人与人：人与社会的矛盾与冲突，不和谐是必然之势，无礼必将造成普天之下的混乱，无礼造成社会风气的混乱，造成天下的不可平治。由此，必须强化礼在化民成俗中的作用，如此才能成就优序良俗的和谐社会。

礼教的重要作用在于化民成俗。"礼乐者，君子所以化成天下而为元后父母之实者也。然非达于其原，则积之不厚而用之不弘，五至三无之道，所以达其原而深体之矣。"④ 礼之基本价值为化民成俗，弄清了这一点，则能弄清执政之原点，亦为实现和谐提供基础与保障。先王通过神道设教以隆礼，通过修身以厚礼，其目的皆在于以礼化民成俗，使整个社会达到无为而治之目标。礼之价值不仅仅彰显在人与人之间的关系和谐，更重要的是表现为礼在治政过程中的终极价值。"礼行乎表，而威仪即以定命；礼谨于内，而庄敬成乎节文。畅于四肢，发于事业，历乎变而不失，则唯礼以为之干也。"⑤ 礼乃治国安邦之公器，舍礼无他，礼之政治伦理

---

① 《礼运》，《船山全书》（第四册），岳麓书社，1991，第538页。
② 《为政第二》，《船山全书》（第七册），岳麓书社，1990，第309页。
③ 《系辞上传第八章》，《船山全书》（第一册），岳麓书社，1988，第1015页。
④ 《孔子闲居》，《船山全书》（第四册），岳麓书社，1991，第1203~1204页。
⑤ 《礼器》，《船山全书》（第四册），岳麓书社，1991，第580页。

价值业已凸显出来。礼之价值在化民成俗中的作用无以替代，那么如何化民成俗，化民成俗的实践途径如何？这是下文所要讨论的主要问题。

2. 礼教何以正俗以立和

礼之价值在于化民成俗，化民成俗之途径主要涵盖如下几个层面：其一，絜矩制道而化民成俗。在船山看来，礼为絜矩之道，礼为规范伦理，以礼则能实现人际和谐。船山曰："上絜矩以制道，使天下之为上下、前后、左右率由之以寡过，所谓'均齐方正'也。"① 上层阶级能以絜矩之道齐民，则能应对各种矛盾与冲突，化民于庸俗之利的争端之中，以利人与人之间相互尊重、相互礼让，社会的和谐氛围逐渐浓厚，则和谐可至。诚如船山所言："絜矩而以民心为己心，则是爱民如子，而民爱之如父母矣。"② 天下皆能以礼作为絜矩之道，礼待百姓，则能使人养成相互尊重之风、礼让之风，则优序良俗自然形成，和谐之境可达也。

其二，上修下行以潜移默喻变化民之气质。上层统治者修身，上行下效，使礼成为人们生活中不可或缺的部分，进而使人们在生活中有规可循，有礼可遵。因礼而使人们日常行为合乎理性，遵守礼道以立和。船山曰："修之于躬，而非礼则不安；布之为治，而非礼则不尚。言法言，行法行，明其教，崇其术，则礼行于上而达于下。"③ 上层统治者遵循礼，以礼为修身之本，并以神道设教使百姓敬畏礼；从心理学的视角观之，人均有从众心理，上行则下必效，行礼变化百姓气质以实现化民成俗之目标。"礼以为大闲，则人无不可用之材，而皆变化其气质之偏，君之所以立于无过之地以为天下寡过者也。"④ 上层人物修身，下层人物禀礼以变化其气质，久之则化民成俗可见，和谐亦可实现，此则潜移默喻之效体现而已。诚如船山所言："以此作则于上，庶几民感于上之所敬修者，潜移默喻，以习知制度官礼之各有本原而非以强天下，则不待告戒而礼自达焉。是人情之所自治，必本于天地阴阳之精理，亦愈可见矣。"⑤ 通过上

① 《大学》，《船山全书》（第四册），岳麓书社，1991，第 1496 页。
② 《大学》，《船山全书》（第四册），岳麓书社，1991，第 1497 页。
③ 《宪问第十四》，《船山全书》（第七册），岳麓书社，1990，第 818 页。
④ 《礼运》，《船山全书》（第四册），岳麓书社，1991，第 558 页。
⑤ 《礼运》，《船山全书》（第四册），岳麓书社，1991，第 568 页。

层人物的躬行于礼，则下层人物必效之，如此社会和谐可至。

其三，上所躬行化民于仁厚。作为上层阶级，修身非常必要，因为如此则可影响他人变化气质。上层人物身体力行，使礼之践行切实贯彻执行下去，则能化民于仁厚。因为"所行则天下之大道，酌进退辞受之攸宜，而率礼不越，义无不审也。得志，则仁以息民，礼以善俗，义以裁物，民之生以厚而德以正，共由之矣"①。上层人士通过躬行礼，使礼更好地贯彻执行下去，达致化民成俗。躬行比修行具有更高层面的价值，躬行为化民成俗提供更为优越的效果。船山说："上所躬行，以化民于仁厚而为立教之本也。"② 躬行比修身在化民成俗角度现实性更强、效果更佳。

其四，礼让而化民成俗。"让"是一种美德，是促进人际和谐的非常重要的一环。"让"中有礼，通过礼让，让人感觉到人世间的温情脉脉。在礼让过程中，如若你让我一分，则我敬你一丈。礼"让"，相互尊重得到实现，礼让之风盛行，化民成俗之风亦吹奏，和谐之风更为强劲。故此，在为政之时，如若能以礼让治国，则天下可和。子曰："能以礼让为国乎？何有！不能以礼让为国，如礼何？"（《论语·里仁》），礼让乃治国之要，礼让能坊民之争、礼让系立教之本。船山曰："让善者，教让之本，以坊民之争者也。然臣子之于君亲，引咎推美，自其天性之不容已，而人君之取善于下，亦其好善之诚，初非以坊民故而矫为之，但让道行而争自止，则亦有坊之道焉。"③ 礼让乃人之本性，是自然而然之事，非外力使然。礼让之道能坊民之争，如形成礼让习俗，如此则能增进人际和谐。如若礼让，"苟如是，则族党之中，不竞于利，不骛于争，礼让之风成而干戈之气静。古君子之以平治天下，率此而已矣"④。礼让，则能化解人与人之间因利益而起的矛盾与冲突，礼让之风气自然形成，化民成俗亦可自然而然，天下亦必将和谐。礼让价值大矣，礼让成风，民已成俗，则治国平天下非礼莫属。船山曰："国之所

---

① 《滕文公下》，《船山全书》（第八册），岳麓书社，1990，第360页。
② 《王制》，《船山全书》（第四册），岳麓书社，1991，第336页。
③ 《坊记》，《船山全书》（第四册），岳麓书社，1991，第1225页。
④ 《泰伯第八》，《船山全书》（第七册），岳麓书社，1990，第528~529页。

以立者，礼也。礼之所自生者，让也。无礼，则上下不辨，民志不定，而争乱作，固已。"① 礼让亦能使人化民成俗，则普天之下的人皆沐浴在礼让的和逊之风中，社会和谐将不期而至。

3. 礼教正俗之成效

礼以化民成俗建立在礼以正俗的基础之上的，船山曰："礼乐兴，则风俗醇、邪枉化，固其必然之应也。"② 在礼教正俗的基础之上，礼以化民成俗以利和的基本路线为：礼乐兴→风俗醇→邪枉化→社会和谐。和谐社会的建构，其根源在于礼乐，礼乐为和谐社会之源头活水。礼乐而后，则风俗醇，和谐社会达致，优序良俗的社会风气因礼意流行而成，"此皆民俗之厚，不待教治，而无非礼意之流行也"③。化民成俗，则整个社会沐浴在民风淳朴的春风之下，整个社会均处于其乐融融的和乐环境之中，所有这些皆要归结为"以礼齐民而民用成俗也"④。以礼齐民而民用成俗，表明礼在构建和谐社会中的重要作用，同时也表明了以礼齐民之核心主旨是以人为本的人本主义哲学思想。"以人立政，犹以地种树，其成速矣，而蒲苇又易生之物，其成尤速也。言人存政举，其易如此。"⑤只有"以人为依"、"依人建极"，才能真正实现礼治天下，实现以礼化民成俗，唯其如此，整个社会才能真正和谐；如若不能以礼化民成俗，而是以严刑酷法治理百姓，势必造成整个社会的不和谐。

船山主张以礼治政，反对以纯法治政，船山说："以礼教正俗而诈力革，以忠厚任官而刑罚简，此先王所以安天下也。"⑥ 船山阐释先王治政之方略，本质上凸显的是船山本人之政治主张：礼先于刑则所为易从而能化。礼教之后，船山竭力反对以暴力手段、或者说是以纯法手段实现天下之平治，相吻合。

（二）礼先于刑则所为易从而能化

船山力主以礼建构和谐社会，反对以严刑酷法构建和谐社会。礼能化

---

① 《里仁第四》，《船山全书》（第七册），岳麓书社，1990，第 374 页。
② 《卫灵公第十五》，《船山全书》（第七册），岳麓书社，1990，第 841 页。
③ 《礼运》，《船山全书》（第四册），岳麓书社，1991，第 537 页。
④ 《大传》，《船山全书》（第四册），岳麓书社，1991，第 836 页。
⑤ 《中庸》，《船山全书》（第四册），岳麓书社，1991，第 1279 页。
⑥ 《泰伯第八》，《船山全书》（第七册），岳麓书社，1990，第 542～543 页。

民成俗以使整个社会处于礼义浓浓的和谐意境之中。以礼治政，则整个社会必将处于老子所说的"无为而治"的自然和谐社会之中；如若以纯法治理平民百姓，则百姓口服但心不服，纯法不能化民成俗。故此，船山力主以礼治民，而不是以法治民。

船山主张以礼治民，因为"礼先于刑，所为易从而能化也"①，船山主张礼治为先，反对法治。船山作为明末清初之思想巨擘，在传统道德层面，主张以德治国，在礼之践行层面主张礼治。以礼法之辨为视角可以管窥船山礼治情结，即于"立法治民与禽兽同"中彰显礼治情结；于"刑以辅礼"中彰显礼治情结，以礼法之辨为视角彰显了王船山之礼治情结，亦可以管窥船山重礼治轻法治的礼之践行思想。

其一，于立法治民与禽兽同中彰显船山之礼治情结。在为政方面，船山承接了儒家关于为政以德的仁政传统，主张礼治，倡导德教。船山说："先王之制礼，法易简而天下之理皆得也。"② 以礼代法，礼乃简易之法，船山主张法易简而隆礼治，船山主张法简，反对繁缛的法律条文限制人之自由，反对以强制手段限制人之自由的以法治为主的他律。他说："唯夫上刑愈密，法愈繁，而民愈偷，士失其职，民怨其上。以此立国，杂霸之术，所以为上下交病之道也。"③ 在船山看来，以强制性手段限定人们的行为是不可取的，因为繁杂的法律制度的制定既耗费大量的人力与物力，又让上层人物心力交瘁；就民而言，他们因背上沉重的法律包袱而多生怨气，故此繁杂法律条文的制定与施行都不具备可能的条件。此外，对这种繁杂法律制度的执行，上有法律政策，下有反法律对策。"其立法也，刑名法术不胜其繁；将以正分也，而孰知其上下之乱乎？法網多，则逃之者愈巧；民志疑，则守之也无恒；分不能定也。何也？唯无礼义也。礼行，而下不逾分以自侈；义行，而下不崇利以干君。自上躬行之而笃迪之，则不待立法而臣民自靖，不待用制而臣民自服。如其上无所师，下无所从，典章徒存而教不行，廉耻丧而相与以偷。"④ 船

---

① 《中正篇》，《船山全书》（第十二册），岳麓书社，1992，第 173 页。
② 《服问》，《船山全书》（第四册），岳麓书社，1991，第 1420 页。
③ 《礼运》，《船山全书》（第四册），岳麓书社，1991，第 553 页。
④ 《尽心下》，《船山全书》（第八册），岳麓书社，1990，第 914 页。

山主张礼治，因为礼治则能让人有礼义廉耻、能让人做到以礼自律，以礼自爱，则能达到无为而治、无为而无不为之理政目的。由此可知船山之礼治情结，船山是强烈反对法治，主张礼治，认为立法治民于禽兽同。

其二，于"刑以佐礼"中的凸显船山礼治情结。船山主张礼治，反对法治，那么法的地位如何？法之存在究竟有没有必要？船山认为"立法治民与禽兽同"，主张为国以礼而不以刑，暗含着法在船山思想体系中不占据着主导地位。在治政过程中为国以礼，"刑以佐礼"。船山曰："教有所不屑，而不教亦仁；刑出于无心，而刑以佐礼。"①。礼法之辨中，法在为政中充其量处于次要地位，而礼才是治政的主导性要素。船山认为，法的政治哲学价值在于他律，而礼的政治哲学价值在于自律。他律是外在强制，而自律则是内心道德良知的凸显。他说："以刑治者，治人者也；以礼治者，自治者也。"② 礼治能唤起自己心中的道德律，催人慎独、自律；而法治则是外界力量对人精神境界的一种强制性措施。船山反对法治，主张礼治，尤其反对以徒法治民，因为徒法不足以立民。政不得以立，其原因在于"均于徒法"③。政治上如若运用单一的法律理政，忽视礼治，片面强调徒法理政，则此种政事乃政治上的"瑕疵"。针对具体政事如果运用单一的法律，且在日常行为之中滥用法律，"法不宜民"，如此还不如不制定法。"与其任法也，无宁绌法。"④ 由此可以管窥船山对徒法治民的憎恨，同时亦彰显对礼治的尊崇。

总体说来，法的基本地位是辅礼以实现治国平天下之大任。治政过程中，船山强调道德教化的优先性，强调礼治德教对人道德意识自律的培养。"治天下以天下，而责一人之独至于己，故养先于教，礼先于刑，所为易从而能化也。"⑤ 从政治哲学视角来说，礼是矫治人内心世界的道德黄金律，因为礼容易使人接受教化，则能最终实现治国平天下之和合目

---

① 《离娄下》，《船山全书》（第八册），岳麓书社，1990，第541页。
② 《春秋家说》卷下，《船山全书》（第五册），岳麓书社，1993，第348页。
③ 《离娄上》，《船山全书》（第八册），岳麓书社，1990，第412页。
④ 《雍也第六》，《船山全书》（第七册），岳麓书社，1990，第440页。
⑤ 《中正篇》，《船山全书》（第十二册），岳麓书社，1992，第173页。

的。礼治，是法治所无法比拟的，礼与和谐社会相挂搭，法与社会动荡相联系。船山云："故礼者，齐民之要道，非一切政刑之所可及也。"① 表现出船山强烈的礼治倾向，法以佐礼。

三 礼行政立无不宜"和"

礼能化民成俗，礼之价值决定治政以礼不以法。选择礼治，则选择了礼治视域中的和谐社会。船山主张以礼执政，而不是以法治政，执政必以礼。

（一）执政必以礼

在礼与政的基本关系中，礼为体，政为用，礼体政用，则社会必将和谐。船山说："礼，体也；政，用也。体用合一，而皆承天以治人，则礼之不可已而为治乱之大司明矣。"② 唯有尊礼、崇礼，践行礼，则社会各种矛盾与冲突必将在礼之规约之下得到缓解，实现礼宜之和谐社会。治政须以礼为本，本乱则天下国家不可平治。"是以君子行礼必慎其本，本乱而求末之治，不可得也。"③ 可见礼在构建和谐社会中的重要作用，以礼为本，则天下必然平治。治政即要抓本，紧扣礼之本，如此则能实现社会和谐。作为上层统治者必须立本，立本才能践行礼，才能以礼治政，切实履行礼之中和价值，从上至下均应把握这一原则。船山说："王者动必以礼，故德盛配天地而为立教之本也。"王者立教以礼并躬行，民心向之，景仰之，则优序良俗成矣。"王者兼利万物，明照四海，则民莫不尊亲，而治定制礼，乃以有所制作而无不成也。"④ 以礼治政，则政无不举，政无不和。上层统治者须以身作则，推行礼，践行礼，实施礼政，则社会不期和而和。在确立礼为执政工具之时，必然遵循上自天子，下至平民百姓之路，如此才能树立起对礼的道德信仰，船山亦提出了树立道德信仰之路。他说："谨制度修礼法当自天子始，天子正而后诸侯正，诸侯正而后大夫莫敢不正。反是，则乱之始也。"⑤ 礼之推行，遵循由上而下之路径，

---

① 《宪问第十四》，《船山全书》（第七册），岳麓书社，1990，第819页。
② 《礼运》，《船山全书》（第四册），岳麓书社，1991，第556页。
③ 《曾子问》，《船山全书》（第四册），岳麓书社，1991，第499页。
④ 《经解》，《船山全书》（第四册），岳麓书社，1991，第1174页。
⑤ 《礼运》，《船山全书》（第四册），岳麓书社，1991，第552页。

如此才能树立起礼之道德权威，因道德内化而成就道德信仰，最终能使人做到礼行政立。礼之权威的获取，一方面来自统治者的躬行推动，另一方面则是来自神道设教的推波助澜。《礼记·礼运》中表达神道设教这一观点。"是故夫礼，必本于天，殽于地，列于鬼神，达于丧、祭、射、御、冠、昏、朝、聘，故圣人以礼示之，故天下国家可得而正也。"统治者以神道设教确立礼之道德权威，并身体力行践行之，并使百姓效仿并践行之，礼行天下，进而可使社会平治与和谐。神道设教在某种层面上表明礼在天道方面的权威性，礼源自天，故礼是神圣的、不可亵渎的。天道到人道，人道显天道，人因人道之礼而存，政则以人道之礼而兴。船山曰："人道之大，与天道互相为功。人以此存，而政以此举，亦在乎自尽其道而已矣。"① 人道之礼在政治的平治中得以彰显，由此可知礼与政是一体的，谈及政，则必然是礼之政；谈及礼，则必然表现为政之礼。礼即政也，政即礼也，由礼可知政，由政亦可知礼。"礼所以治政；而有礼之政，政即礼也。故或言政，或言礼，其实一也。礼以自正而正人，则政治而君安，不待刑而自服。若无礼以正上下而虑下之倍窃，则必过为刑法以钤束之。"② 有礼则政治，无礼则政衰，礼与政之间存在同一性关联。礼之价值的凸显，从大的角度来说体现在平治天下，这倒是应了船山之言："以成乎平治之气象者，礼也。"③ 礼之出现，其价值目标即是瞄准天下之平治，从《大学》所强调的"八目"来说，礼之价值关键在于落实最后层面——平治天下。欲平治天下，从小处着眼，大处落实，如此才能将平治天下的目的切实贯彻执行下去。礼教是必不可少，如若"礼教不行，民罹大恶，人君所当引咎"④。礼教不行，政治失灵，则不可能实现社会的优序良俗则社会必将失和，其害大矣。

（二）礼宜政立以适和

执政必以礼，非礼则天下无以能治。因之，构建和谐社会之时，礼乃

---

① 《第二十章》，《船山全书》（第七册），岳麓书社，1990，第184~185页。
② 《礼运》，《船山全书》（第四册），岳麓书社，1991，第553页。
③ 《先进第十一》，《船山全书》（第七册），岳麓书社，1990，第677页。
④ 《檀弓下》，《船山全书》（第四册），岳麓书社，1991，第285页。

治政必然之工具，离礼则无以为和。船山曰："大经正则自得其和矣。"①
"大经"即礼，有大经则和，无大经则天下必然失和。礼以行政并实现社
会的普世和谐，是礼之和合哲学价值的凸显。以礼之调适并实现的和谐：
不论是人之内心世界的和谐，抑或是人之身心和谐，还是人际和谐也罢，
归根结底都归结为政治和谐。大经正则自得其和，是对前文和谐思想的归
纳与总结。

礼能指引整个社会走向和谐，礼是终极和谐因子，有礼则政通人
和，无礼则社会秩序混乱。船山说："先王本天道以治人情，故礼行政
立而无不宜也。"② 船山既阐明了礼之来源的合法性问题，同时亦说明了
以礼治政的终极价值问题，礼行，社会可和；礼不行，社会失和。由礼
治政是对和谐社会的终极关怀，唯有礼具有和谐社会构建的基本价值，
易言之，唯有礼具有构建和谐社会的基本因子。早在《易经》中"礼"
与"和"相挂搭：履与和相通。比如说："《履》，以和行"（《易经·系
辞下》），"《履》，和而至"（《易经·系辞上》），"履"即礼，在《系辞
下》中，说明礼是人类行动之指南，礼是人与人、人与社会之间关系的
"调节器"，由礼可至和。在《系辞上》中所表明的是礼行天下的终极价
值，和谐可至，注重的是礼在构建和谐社会的结果。总之，在以礼构建
和谐社会的过程中，"和宁，礼之用也"（《礼记·燕义》）。礼之用，即
是礼的价值的彰显。礼可至和，和则是礼之和，离礼无和，"礼之以和
为贵"（《礼记·儒行》），此说是也。

如前，以礼构建和谐社会，则仁自然在其中。鉴于仁乃礼之本，如若
以礼治政，即是仁政。"仁者，人所固有不忍之心也。因此不忍之心而推
之以及于事，则为仁政。"③ 仁政也即人政，也即以人为本的政治，此类
政治，可以称之为和谐之政。本仁行礼，以礼治政，则仁爱之心寓于其
间，如此则政可和矣。船山说："夫仁、义、礼之交尽，则身无不修；身
无不修，则人无不可取，而政无不举。"④ 内心之仁是践行礼之动力，礼

---

① 《有德篇》，《船山全书》（第十二册），岳麓书社，1992，第255页。
② 《礼运》，《船山全书》（第四册），岳麓书社，1991，第566页。
③ 《梁惠王上》，《船山全书》（第八册），岳麓书社，1990，第67页。
④ 《第二十章》，《船山全书》（第七册），岳麓书社，1990，第174页。

则是内在之仁扩张的外在形式；外在礼之践行，合乎内在仁爱之心。无论是内在之仁的内在张力，还是外在之礼的彰显，最终都要以适宜为基本尺度。仁、义、礼三者之间在博弈中彰显礼之和合价值。以礼治政，则"礼之既立，政即行焉"①。于此，"政即行焉"，表明船山视域中的和谐社会由礼之践行起航，因为"礼所以运天下而使之各得其宜，而其所自运行者，为二气五行三才之德所发挥以见诸事业，故洋溢周流于人情事理之间而莫不顺也。盖唯礼有所自运，故可以运天下而无不行焉"②。礼行天下，有礼之人能养人心之和、让人身心和谐、人际可和，政通人和。以礼治政，则可以礼絜矩人之行为，使人之行为不偏离礼之道，进入和合之境，则天下可和矣。就礼之践行而言，人人平等，人皆有权利以礼规约自己的行为，如若切实如此，则和可达也。"与民同好恶而不专其利，皆推广絜矩之意也。能如是，则亲贤乐利各得其所而天下平矣。"③ 践行礼之机会人人均等，普世之间礼之践行，则普世之间必然和乐。"民乐而君乃得有其乐矣"④，不但是民和乐，其君亦和乐，整个国家形成一幅栩栩如生的和谐和乐生态图。

在礼以和政而构建的和谐社会中，其乐融融的生态场景清晰可见。以礼治政，由礼可管窥和合之政：有礼，则政通人和；无礼，则天下秩序混乱。以礼治政，则政可简，和可至，和乐于其间。为政者更是因为礼政，最终可无为而治。船山曰："大道之行，民淳则政可简，为之上者恭己无为，而忠信亲睦之道自孚于下土。三代以降，时移俗异，民流于薄而精义不足以喻，故王者敷至道之精华制为典礼，使人得释回增美而与于道，盖其术之不同，由世之升降，而非帝王之有降汙也。能逮夫三代之英，则大道之行不远矣。"⑤ 以礼治政，则礼行天下，民能化民成俗，则为政者可无为而治，此乃最佳状态的和合之境。在这个极乐的和谐社会中，礼乐是检验和谐社会的"试金石"。人是否有礼，则知其政是否得以平治；闻人

①　《礼运》，《船山全书》（第四册），岳麓书社，1991，第 556 页。
②　《礼运》，《船山全书》（第四册），岳麓书社，1991，第 535 页。
③　《大学》，《船山全书》（第四册），岳麓书社，1991，第 1503 页。
④　《王制》，《船山全书》（第四册），岳麓书社，1991，第 323 页。
⑤　《礼运》，《船山全书》（第四册），岳麓书社，1991，第 536 页。

之乐，则可知这个国家人之德行、人是否和乐。在这个和谐社会中，礼宜乐和是这个社会是否和谐之音符，因为"大凡见人之礼，则可以知其政，闻人之乐，则可以知其德"①。由此过渡到检验和谐社会的下一环节："礼宜乐和"的和谐社会理想。

第二节 "礼宜乐和"乃和谐社会之理想

如前文所述，在礼之调适下，船山和谐社会的建构遵循着由内而外之理路：由礼以和内以利于个人内心世界的和谐，到礼以和立以实现人之身心和谐；再到礼以和立则能实现人际、群己之和；本仁行礼、礼待自然则能实现人与自然之间的和谐。以礼治政，则能成乎平治之气象，大经正则自得其和。船山和谐社会之建构在于以礼之调适人之心、性、情，调适人际、群己、群际、人与自然之间的和谐，最终必将实现普世和谐。通过礼之调适，礼之和合哲学价值充分展现出来，亦恢复了礼之价值的原初含义。以礼治政，则政通人和，这是一种理想的和谐状态。

以上是建构船山和谐社会的第一步：礼宜，也即礼在调适中因合宜而达到理想的和谐状态。礼之合宜而后则是乐和，礼之调适而后的和谐社会，其基本价值宗旨为乐和。乐既是对礼宜的肯定，同时乐亦能陶冶人之性情，在礼之调适之时实现更高的和谐之美，最终达到船山所说的乐备而和昭的和合之境。

一 礼行而序著

以礼之调适所实现的和谐，不论是人之内心世界的和谐，还是人与人、人与自然、人与社会的和谐，这种和谐的最终状态，皆表现为社会的和谐有序。何谓"序"？"序"即是社会秩序的井然有序，是和谐之序的代名词，船山对这种和谐之序发表了自己的看法。他说："'序'者，地承天以成物而品汇分也。"② 太和是宇宙万物和谐的本体层次的原因，通

---

① 《公孙丑上》，《船山全书》（第八册），岳麓书社，1990，第181页。
② 《乐记》，《船山全书》（第四册），岳麓书社，1991，第907页。

过"理一分殊"，万物禀不同层次之气而形成不同的宇宙万物，不同层级的宇宙万物。"序"即是不同层级的划分，引申为次序、顺序，礼的最初含义是建立在等级名分基础上的不同层阶。礼的基本价值在于立和，建立在正名基础上因序得和：即以礼之调适方能凸显出其和谐价值。船山曰："礼乐所自生，一顺乎阴阳不容已之序而导其和，得其精意于进反屈伸之间，而显著无声无臭之中，和于形声，乃以立万事之节而动人心之豫。不知而作者，玉帛钟鼓而已。"① 以礼之调适为中心，使人之视、听、言、动等行为皆得以规约，此时和谐之迹象得以凸显，有序之家得以彰显。因此，船山认为礼为和之体，礼为社会和谐有序之根，礼是为有序而设。"天之物，人之事，无有成乎恶者，皆礼以为之体；唯无礼则祸生。"在和谐社会的构建中，以礼能成就优序良俗，无礼则人与人之间必然引发争端，社会生活中的各种矛盾与冲突皆自然而发，无礼则由有序进入无序。礼的基本价值在于使人能遵礼、守礼、运礼，如是和谐可至。一切必将在礼之文饰之下，一切皆因礼而和因礼而有序。因为"文之以礼乐则安"②。社会的和谐，离不开礼对社会的规约；在礼的规约之下，则能造成整个社会的和谐有序。无礼，则无从调适人之心、性、情，亦无从调适人之行为，无礼则无以构筑人之身心和谐，无礼则失序。船山曰："无礼以治身，则身趋苟安而心从之，易慢之念乘之而起，以堕其心之大用。"③ 礼之调适，对人之行为的调适最为关键。如若人之行为不在礼之规约之下，则必然造成对其他人的不同程度的伤害：或是身体语言的伤害，或是精神层面的伤害、或是人之肉体上的伤害……亦即造成了人与人之间的无序与极端不和谐，无礼而引发的各类矛盾与冲突，各自都将在内心世界留下阴影，特别是内心世界的矛盾与冲突不可能在短时间内得以消停。可见，无礼则必然造成人之内心世界与身心的不和谐。如若人人身心不和谐，内心世界与身心不和谐，必将推动整个社会的矛盾与冲突，危害大矣。故此，有礼则能使整个社会和谐、有序，无礼则促使整个社会处于矛盾与冲突的无序状态中、社会皆处于矛盾与冲突之中，化民成俗亦成了问题，以礼治

---

① 《神化篇》，《船山全书》（第十二册），岳麓书社，1992，第95页。

② 《俟解》，《船山全书》（第十二册），岳麓书社，1992，第483页。

③ 《乐记》，《船山全书》（第四册），岳麓书社，1991，第949页。

政亦难以实现。无礼，则整个社会必然无序。古代社会主张礼治德教，以德治国，有礼则为和谐有序之象征，见人之礼，则知社会之和，亦可知其和政。船山说："大凡见人之礼，则可以知其政。"① 由礼则见社会和谐有序之迹象，无礼则见社会之无序与衰乱，和谐社会的建构与运礼是同一的：有礼，则整个社会礼让之风盛行，你礼我让，社会风俗何尝不美。礼让之风盛行，社会和乐，政治和谐，船山曰："逊让之教立而天下化之，则风俗和美。"② 可见礼与和谐同质，有礼则社会和谐有序，无礼则社会混乱无序。

礼是社会和谐的"金钥匙"，是天下得以平治的不可或缺的价值理性工具。为确保社会的普遍和谐有序，船山提出了维护社会和谐之价值工具——礼的永恒性，提升礼的合理性，确保礼的普世性，船山说："教有本，治有宗，立国有纲，知人有道。"③ 教有本，其实表达的是礼乃教育之本，背后事实上关注的是礼之基本价值。礼的基本价值的彰显，和谐社会的实现，与礼之教化是分不开的。社会的平治，百姓生活的和谐，皆归之于礼。可见，船山对礼之关注，对礼之教化的重视，凸显船山对普世和谐的关注，礼的基本价值即在于和与有序，因为"为教之大体，而其所自制，本与圣王之德盛治隆，故以建中和之极，为化民成俗之至教，而人不可废也"。④ 礼之价值的彰显是和谐社会建构的前提，欲有礼之价值的彰显，礼之教化不可或缺。在礼之教化的关照之下，其乐融融的和谐社会指日可待。人之心、性、情的和谐，在人的内心世界表现为人心之和；人以礼和立，表现出人之身心的和谐；以礼和处，则表现出人际关系的和谐；礼待自然，仁在其中，则表现出人与自然之间的和谐；礼之调适所能实现的和谐，最终皆表现为社会的合宜，这是和谐社会的较高境界，具体表现为政通人和：也即礼宜，礼宜则和之以乐，礼宜乐和。礼宜而和，作乐（yue）而乐（le），此乃对以礼之调适并建构和谐社会的肯定，同时亦是和谐社会深层次和谐的巩固与加强。

① 《公孙丑上》，《船山全书》（第八册），岳麓书社，1990，第181页。
② 《祭义》，《船山全书》（第四册），岳麓书社，1991，第1141页。
③ 《叙》，《船山全书》（第十二册），岳麓书社，1992，第549页。
④ 《经解》，《船山全书》（第四册），岳麓书社，1991，第1175页。

二 和者乐之所由生

礼之调适实现了人之内心世界、人与人、人与自然、人与社会的全面和谐与有序。社会和谐而后，人们往往以乐（yue）和之：乐之出现，一方面表现出对和谐社会的向往，另一方面亦表现出对和谐之境的盛赞，此其一；其二，乐在和谐社会的出现，亦在一定层面上更高地体现出和谐之境中的乐以和情，并在此层面上实现更高和谐，也即以礼调适实现天下大同的和谐社会理想。

船山礼宜的和谐社会中，礼之调适是实现和谐社会的必然途径，以乐和之是对美好和合之境的赞誉。《礼记·乐记》中有"礼节民心，乐和民声"的提法，乐的出现是民众真情实感的流露，是民众和谐心声的吐露。"礼节民心"，表明了礼是和谐社会的调适工具，"乐和民声"在于对和谐社会的赞颂，进而表达内心世界之愉悦。"乐"是人们心中对和谐社会之崇敬的心理情感，是当下因和而悦所产生的情感体验，表现出人们对和谐社会的称颂，"秩叙明则礼乐兴"① 是也。秩叙明乃和谐社会的彰显，亦说明了和谐社会而后的礼乐兴起，充分流露了人们对礼之调适而实现和谐社会而喜悦的情感流露。乐之产生，表达了人们对礼之调适而后的和谐社会的敬仰与生活在和谐世界中无限幸福的生存满足。诚如船山所言："乐者，人情欣畅之极致也，可以得人情焉，即可以知王道焉。"② 人情欣畅，在一定程度上说明了人们对礼之调适视域中的美好和谐社会的无比欣慰与高兴之情，是对和谐社会的情感表达，是和谐而后的愉悦情感的真实流露，并以乐和之。

据心理学解释，人在得到某种现实层面的物质刺激并得以满足之后，必将产生心理愉悦，并以乐表达这种愉悦之情。因之，在礼之调适而后所实现的和谐社会，人之内心世界亦将产生愉悦的情感体验，情感体验的最佳表达方式为乐。人之乐感的产生，情感的流露，凸显了人之本性，是人与生俱来的一种情感体验，是先验的。船山曰："礼以秩序乎万物，而乐以和人神、移风俗，皆吾心固有之实，而即吾性俱生之理。"③ 以礼之调

---

① 《大易篇》，《船山全书》（第十二册），岳麓书社，1992，第291页。
② 《梁惠王下》，《船山全书》（第八册），岳麓书社，1990，第90页。
③ 《离娄上》，《船山全书》（第八册），岳麓书社，1990，第480页。

适而实现的和谐社会是礼宜的和谐社会，是天下众生和和美美的情感体验；乐的产生是对和谐社会的盛赞，是人之真情实感的流露，乃内心世界因和谐之美而激起的一抹涟漪，是对和谐社会的敬仰与尊崇，是先验的内在情感在美好和谐社会的"引诱"之下而凸显的情感。乐之产生，从其深层含义来说，体现了人之内在情感的外化，外在和谐之美是其诱因。此外，在船山看来，乐之产生应是自然而然之事，因为乐由感而生，局外人看来，如雾里看花，只能体悟，乐确实悄然而成，于虚静之中而成。"无师而感，因应而受，情相得而和则乐兴，理不可违而节具则礼行。故礼乐皆生于虚静之中。"① 乐乃在虚静之中悄然而成，是人之情感自然而然地流露，是人之真情实感的表达，因为"性有其则而因其以发，情所必发，乐由之生，若其以至于命而致中和者，则先王立乐之尽善者为之也"②。人之乐的产生，本应是人之性内在的本质使然，人身临和谐之境，因和谐社会之美而"发情"，于是乎产生了乐，也即因乐（le）而乐（yue）。

乐之产生是因外界之和而生，若从发生学意义上来说，礼宜的和谐社会是乐产生的诱因，与船山"和者乐之所由生也"③ 相符。船山所肯定的是乐所产生的和谐之基，乐的产生，"和"是其哲学基础。和是乐之本，和是乐之基。"和而生乐，乐之体也。"④ 乐所产生的动力机制在于外界之和，外界之和成就了人之乐，从动力因的角度发掘了乐产生的深层次原因。在船山看来，礼之调适下的人的内心世界处于和谐之境地，心处于和之状态，然后人之快乐情感外在表现为以乐彰显之。如此，内和则外以乐（le）显，乐（le）显则乐（yue）以成，遵循着由内而外的路径。"心和而后乐（yue）以作。"⑤ 在船山看来，心和作乐，主要源自人心之感，人心之感，则乐以成。诚如船山所言："凡人目之于色，耳之于声，皆应感起物之几，而声音之感，不待往取而自入，故感人心者莫深如乐。"⑥ 和谐社会的人心之感，是乐得以生的重要原因，乐的产生，是应

---

① 《贲》，《船山全书》（第一册），岳麓书社，1988，第877页。
② 《乐记》，《船山全书》（第四册），岳麓书社，1991，第954页。
③ 《学而第一》，《船山全书》（第七册），岳麓书社，1990，第267页。
④ 《梁惠王下》，《船山全书》（第八册），岳麓书社，1990，第94页。
⑤ 《乐记》，《船山全书》（第四册），岳麓书社，1991，第902页。
⑥ 《乐记》，《船山全书》（第四册），岳麓书社，1991，第921~922页。

感礼之和而起。

和者乐之所由生，乐为人听，表达的基本方式则是以钟鼓生乐，此乃古代社会乐所由生的具体方式。船山说："和而发之以钟鼓，则为乐。"[1] 可见，乐乃和谐社会的表征，因和有乐，发之于钟鼓，人们对和谐社会的那种喜悦之情难言于表，以乐称之而著其功。船山言曰："功成，则天下安而民心悦，故作乐以昭其功。"[2] 乐之成的现实机制在于礼之调适视域中的和谐社会的大功告成，以乐欢庆之；此外，和谐社会中，乐亦能陶冶人之性情，此乃和谐社会中的人们更高层次的精神追求，是和谐社会的更高境界。礼之调适之下的和谐社会，是以规范伦理的方式调适以实现人间的普世和谐，亦不是自然而然的普世和谐。乐之陶冶，是在更高层次上对和谐之境的深刻体悟，是更高意义上的和谐，是人发自肺腑的对和谐盛世的称颂。船山曰："治定制礼，功成作乐，圣人而在天子之位，乃建中和之极。"[3] 以乐建中和之极，此乃乐备而和昭的凸显，反映了船山对和谐之境的更高追求。

三　乐备而和昭

乐之产生，原初是为显和谐美好之境而成，表达的是礼宜而和的喜悦之情。从发生学来说，乐之产生，来自外界和谐之境对人之内心世界的激荡，乐乃因和而成；此外，乐而后，则乐备而和昭，以乐陶冶人之性情，以实现更高、更理想的和合之境、更好地彰显了"和"。乐既是礼之调适而后的和谐社会的表达，同时乐亦是在更高层面上和谐的"助推器"；乐既是礼之调适而后的和谐社会的终点，也是乐以和情在更高意义上和谐的起点。乐备而和昭是因乐而彰显更高意义之和。故此，礼乐乃成就和谐的内外调节器，礼乐各有所成。船山曰："节文之实，固有于心，治之所自生也。仪文之具，皆以反尽其心之实也。文以开治，武以止乱，攻之所自成也。歌舞之文，皆以序其成功之由而乐之也。礼所自生者心，而心为事之节，故礼之制，乃以中乎事之则；乐成于事效之绩，

---

[1]《阳货第十七》，《船山全书》（第七册），岳麓书社，1990，第 916 页。

[2]《乐记》，《船山全书》（第四册），岳麓书社，1991，第 908 页。

[3]《三十篇》，《船山全书》（第十二册），岳麓书社，1992，第 238 页。

而事缘志立，故乐之作，宣道其拨乱致治之始志，以著立功之有本，盖内外交相为效也。"① 乐乃成就礼之调适而后的和谐文明，是对礼之调适而后的和谐社会的称颂。乐以发情，乃人之真情实感的流露，是和谐而后的愉悦，故此成就更高意义上的和谐。哲学总是关注的是事物背后的原因，缘何以乐能实现更高层面的和谐——乐备而和昭因为礼乐能成就人之德性而凸显其和谐；乐既是对以礼之调适所实现的和谐社会的反馈，又是在更高层面上和的彰显。

（一）礼乐互用以致和

礼之调适以应人之和，乐的基本价值在于彰显和。成就礼宜乐和的和谐社会理想，"礼乐不可斯须去身"②，说明了礼乐与和谐社会的因果关系，礼乐是和谐社会建构基本因子，离礼乐则不可有和谐社会产生与彰显。礼乐在构建和谐中的基本价值是不一样的：礼的基本价值虽然与构建和谐社会相挂搭，但礼之价值在于调适人之行为，外显，也即以礼治外；而乐则是因和而彰显，所凸显的是人之内心世界的活动，乐治内。"盖从用而言之，则礼治外而乐治内，固不嫌乎分言；从体而言之，则和因已发之情而礼本未发之节，固不可离而二之也。"③ 无论是从"体"，抑或是从"用"之角度，礼与乐的基本价值皆在于调适人之行为，终极价值归之于和。礼因调适而彰显其和谐价值，而乐则是因和而乐的更高境界的和谐。礼乐可辨，礼乐又不可分。礼治外，以礼调适人与人、人与社会、人与自然之间的矛盾与冲突，礼主动、主阳；乐主要是调适人之心、情，则乐主阴、主静。乐是在礼之调适而后的全面和谐的延续与展开，是和谐而后的乐庆，是更高层面的和谐。"一动一静，互用以成化，故礼必得乐以和，乐必依礼以节，圣人必合言之。"④ 礼虽以外在的方式求得人心之和，但这种和的方式的获得却是因为制度层面之礼而获得，多少带有外在弱强制而得和；乐乃制度和谐而后的更高之和，是对礼之调适获得全面和谐的深入。礼乐价值虽然与和谐的本质一致，但礼主中，乐主和，也即礼中乐和，其价值旨

---

① 《礼器》，《船山全书》（第四册），岳麓书社，1991，第610页。
② 《三十篇》，《船山全书》（第十二册），岳麓书社，1992，第238页。
③ 《乐记》，《船山全书》（第四册），岳麓书社，1991，第950～951页。
④ 《乐记》，《船山全书》（第四册），岳麓书社，1991，第915页。

归均在和。船山曰："'恭敬'，礼之验；温文，乐之验。礼中乐和，各有其徵，而和怿一也。"① 礼乐虽皆指向于和谐，是礼乐互为功用下的价值指向和谐。船山曰："礼乐同原而互用，中非和不行，和非中不立，唯古者礼乐始制之时则专官以求其独至，后世礼明乐备，学者当旁通曲尽以交修于礼乐，不可以古人自恕也。"② 以礼之调适铸就和谐，无乐则无以彰显和谐；同时，乐以和，是在礼之调适基础之上的和谐。由此，礼之调适之和是乐之和的基础，乐之和乃礼之和的升华，二者不可离也。

礼乐之价值指向为和谐，二者所构建的和谐乃礼乐价值的彰显。礼乐在构筑和谐社会之时，主要是在抑情与发情基础之上的和谐。礼之调适主要倾向于抑情、抑人之欲；乐以发情主要倾向于发情，发因礼而和之情，发因和而乐之情。礼主乎减，乐主乎盈，二者皆是构筑和谐社会的基本因子。"礼主乎减，所以裁抑形神而使不过；然必进以为文者，鼓动其欢欣畅达之情以行礼，则无强制不安而难继之忧。乐主乎盈，以舒志气而使乐于为善；然必反以为文者，收敛神情，如其自得者而乐之，则无随物以靡、往而不复之伤。盖礼乐互相为节而成章，习其数，精其义，得其合同而化，神斯须不去饿节自著，故乐之不厌。"③ 礼抑情，乐发情，二者之间动态过程不一，但殊途同归于和。礼抑情，则礼为阴；乐发情，则乐为阳。和之凸显，皆以礼乐而成，虽然其路径不一，但其价值指向和。"阴礼阳乐，礼主乎减，乐主乎盈，阴阳之撰可体验者，莫此为显。"④ 总之，礼乐之价值旨归为和，虽然各自在和谐社会建构中的路径有所差异，但礼乐皆是通过"情"而得和：礼以抑情，乐以发情。礼乐皆以情为之中心，礼抑情，乐发情，船山皆称之为礼乐正情以立和。"教亦多术，而先王之所以尚者唯礼乐，其以正情而饬性者密矣。"⑤ 正情则能成就和，凸显了礼乐之价值。无论是礼以治情，还是乐以发情，皆从侧面反映了"礼乐为修己治人之本务"⑥。礼既可使人修身，同时亦可治人之情，礼乐

① 《文王世子》，《船山全书》（第四册），岳麓书社，1991，第515页。
② 《仲尼燕居》，《船山全书》（第四册），岳麓书社，1991，第1200页。
③ 《有德篇》，《船山全书》（第十二册），岳麓书社，1992，第254页。
④ 《思问录内篇》，《船山全书》（第十二册），岳麓书社，1992，第405页。
⑤ 《文王世子》，《船山全书》（第四册），岳麓书社，1991，第514页。
⑥ 《乐记》，《船山全书》（第四册），岳麓书社，1991，第950页。

之通过修己治人以立和。通过修己治人，修习礼乐，修身养性，安命达德，成就人之德性，因为"礼乐为成德之实，尤为宏深而切至"①。由修身、齐家、治国平天下，天下至和，成就德性视域下的普世和谐。

礼、乐的和谐哲学价值各有侧重，礼之调适以立和我们讨论甚多，那么乐究竟如何成就和谐，乐备和昭何以可能？乐以发情而和与乐以治心而和是乐备而和昭的两种途径。乐昭而和之路径，不是与礼之调适而后的和谐社会的简单回归，而是对礼之调适而后的和谐社会的称许与颂扬，是更高境界的和谐。

（二）乐以发情以立和

礼以调适人与人、人与社会、人与自然之间的关系而和，乐以"发情"而和。儒家哲人、尤其是宋明理学家注重抑情，认为礼以抑情是最好的平衡天理与人欲的基本模式，亦是实现和谐社会不可或缺的手段，乐之和合哲学价值却在于"发情"，礼乐均是因情而和。"礼乐为顺性饰情之美，则因此推之人事之繁，吉凶常变，皆礼乐以为之经，原本性情而为天下之达道，不可须臾离也。"② 礼乐在建构和谐社会之时，皆以"顺性饰情"以立和，只不过"情"之内涵不一而已。"发情"之"情"则是人之真情实感、高兴喜悦之情，抑情之"情"则既有人之欲，还有人之情感之意。"发情"凸显的是礼之调适而后对和谐社会的喜悦之情，是对礼之和合哲学的价值肯定。鉴于乐以"发情"而和，乐主阳。"乐以发情而和，其德阳；礼以敛形而肃，其德阴。"③ 此类和是在礼之调适而后的更高层次之和，是对美好和谐社会的赞许、附和而和，乃人之内心世界的喜悦之情的外显，因人之精神境界的提升而和。乐以发情而和，是因礼之调适而后的和谐的情感世界的肯定，乐和乃礼和之升华，礼先乐后；乐以发情，彰显的是人之性的稳定，发情之目的是人之性的平复乐亦可先于礼。船山说："乐以移情，礼以贞性，情移而后性可得而正，故乐先于礼。"④ 船山此言，似乎与前者礼先于乐相互矛盾，其实不然，发情而和

---

① 《文王世子》，《船山全书》（第四册），岳麓书社，1991，第503页。
② 《乐记》，《船山全书》（第四册），岳麓书社，1991，第920页。
③ 《郊特牲》，《船山全书》（第四册），岳麓书社，1991，第626页。
④ 《内则》，《船山全书》（第四册），岳麓书社，1991，第718页。

指的是礼之调适而后的喜悦之情，这是和合之结果，礼在前；而在乐以移情而至和、礼以贞性之时，则乐之和在前，礼在后，乐先于礼。关于礼乐孰先孰后的讨论，并无确切的先后关系。礼乐孰先孰后，其终极价值在于"和"，乐则表现为和上之和。

（三）乐以治心

乐的基本价值在于"发情"以立和，乐以发情，心主性情使然。从深层次的原因来看，乐以发情与乐以治心紧密关联。由乐以达致人心之和，在于以乐熏陶之，使人之内心世界处于和谐之境地。人之内心世界的平静，必然导致人之情的稳定与平衡，并因之而显和。乐以"发情"而和，"发情"之原动力在心，因此，寻找乐发情而和，从发生学角度是为了寻找人之内心之和。因为"心者，人道之所自立，动于心而感，人心无不格矣"①，发情而和，其基础在人心。乐是人之内心世界真情实感的流露，内心世界之和，是乐产生的直接原因，同时乐之产生，亦是人之内心世界和谐与否的决定性因素。乐感的产生，源自乐之声；乐之声，源自人之心声。船山云："荒、陂、忧、哀、危，五音之失其理也。一音不正则四音交累而不和矣。凡治乱之数皆先见于音，音之或和或乖，感人情物理而必应之。"② 音不全→乐理散乱→失和，这种内在逻辑，使人感觉到和之失乃是音不和谐使然。乐之产生，决定于音。音和则乐和，音和则人之内心世界亦和。正常之全音→和谐之乐→使人情平→情平则事有其序→事有其序→政通人和→社会全面和谐；反之，音不全→乐不和→人之情感的失序→事无其序→治乱发生。船山对乐之全与不全的价值进行了辩证，得出乐乃治政之关键。他说："安乐之感，情平而事得其序，政益和矣。怨怒之感，情激而上下相戾，政益乖矣。哀思之感，情疲而偷，民益困矣。音由世之治乱而异，而还感人心，复生治乱。"③ 乐之音，是人之真情实感的流露，乐之音和，则可知政和，人之情平；乐之音失和，则可知人之政亦不和，人之情亦激。由音乐之得失可知政治之成败，礼治身、乐治心，正是"礼宜乐和"的和谐社会所必需的阴阳、动静的显露。其中

---

① 《乐记》，《船山全书》（第四册），岳麓书社，1991，第930页。
② 《乐记》，《船山全书》（第四册），岳麓书社，1991，第893页。
③ 《乐记》，《船山全书》（第四册），岳麓书社，1991，第892页。

乐修其心，这是社会和谐的关键所在。由乐而产生的人之情感。因为"乐生于心之动几，动而正则声和，动而邪则声淫，各象其所乐也"①。乐的产生，是人之内心世界的真实映射。如若内心和，则声和，愉悦之情感流露于声；内失和，则声亦失和，各种情感的流露，表现出不和之音。可见，乐是人之心声之表达。由乐则人之真情实感亦可流露，人之情感亦可表达，尤其是在和谐社会之中，这种和谐之境的表达就尤为深刻。

乐之基本价值在于让人安人之心修人之性，使人安命达德，导心之和。乐之和合哲学价值因化民成俗而显，"'乐'以化民成俗，刑以止恶向善，皆教也，而'乐'以导其心之和，刑以正其心之悖"。② 乐之化民成俗之价值与礼之化民成俗之价值一致：只不过乐之化民成俗之价值是通过音乐以陶冶人之性情并以此增进人之德性而化民成俗的，乐重德；礼则通过规范伦理以规约人与人、人与社会、人与自然的关系而化民成俗的，重行。船山曰："'默而成之'，乐也。'不言而信'，礼也。乐存乎德，礼存乎行，而乐以养德，德以敦行，礼乐德行，相为终始。故君子之于礼乐，不以斯须去身。然则无礼之则而言尚行，无乐之意而言养德者，其为异端可知也。"③ 以乐熏陶而使人化民成俗，乐主要是养人之德，通过成德而和，通过人之德性增长、德以敦行而趋和；礼主要通过规范人之行为而和，日积月累，礼则自然而然长存于人们心中，让人们不言而信，并践行之以立和。礼乐价值的侧重点虽有差异，但礼乐之终极价值则是殊途同归——即礼乐达和。但如若无乐以治心，则人更容易陷入私欲，则和谐之境则会被打破，乐亦不可化民成俗。船山曰："无乐以治心，则失心之真乐而缘于私欲，故鄙诈之习入主于中，以夺其心之本体。"④ 此言甚是。

（四）乐以彰和

礼之和，是在礼之规制之下之和；乐之和，其起点在于礼之调适而和之后的更高层面之和，是对和谐之境的深层次提升与盛赞，乐之和主要通

---

① 《乐记》，《船山全书》（第四册），岳麓书社，1991，第929页。
② 《祭义》，《船山全书》（第四册），岳麓书社，1991，第1130页。
③ 《思问录内篇》，《船山全书》（第十二册），岳麓书社，1992，第425页。
④ 《乐记》，《船山全书》（第四册），岳麓书社，1991，第949页。

过音乐的陶冶实现的。如前所述，礼之和主要通过人心之敬而达和，礼乐达和，其终极价值是一致的。船山说："礼以修外，而威仪既饬，则入而感其庄敬之心，以安于节而志意欣畅，斯敬和一矣。"① 礼乐之价值表现为调适人之情，使人能安于情，达于乐，利于和。礼乐的基本价值在于和，原因何在？船山说："自尽其节文之宜者则至乎礼矣，自其调万物之和者则至乎乐矣。"② 礼乐对和谐社会的建构具有不同价值：礼之价值在于节人之情，去人之私；乐之基本价值在于对礼之调适而后的和谐社会的和乐，在和乐的基础之上，才能更好地推行礼，亦能更好地彰显礼之合哲学价值。先王制礼作乐，是为和谐之建构而制礼作乐。船山说："礼乐修之于身而必根之于心，得其主以尽其实，立其制以成其质，此先王所以议道自己，建中和之极而为制礼作乐之本也。"③ 制礼作乐，其目标为和，和而外，则无礼乐存在之空间。在礼宜乐和的和谐社会的建构之中，中和是其终极目标，礼乐不可斯须离以成就和。船山视域下的和谐社会，应是礼宜乐和的和谐社会。船山说："礼之所以然者敬也，乐之所以然者和也。以序配和，乃就礼乐之已成而赞其德。礼行而序著，乐备而和昭。"④ 建构和谐社会之时，礼乐不可离，为礼宜乐和的和谐社会的建构奠定了基础。礼之价值的彰显在于日常生活中调适人之行为，和之途径则是通过"敬"；乐之存有，为和而设。以序配和，表现为以礼配乐，是对礼宜乐和的和谐社会的肯定与赞赏。礼之后的和谐社会的存有，则是乐，因乐则更能凸显社会的和谐。缘何能以礼配乐，乐备和昭，船山说："勉其不足之谓文，裁其有余之谓节。节文具而礼乐行，礼乐行而中和之极建。"⑤ 礼乐终极价值为中和，礼之调适而后，乐以和昭，乐在更高层面因乐（yue）而乐（le）彰显人世间的和谐。乐以成和，在于乐感对人之情感的震撼而和，不同人有不同乐感，因乐感差异，彰显出政治上的治乱，因乐可知和，因乐彰和。船山说："安乐之感，情平而事得其序，政益和

---

① 《文王世子》，《船山全书》（第四册），岳麓书社，1991，第 515 页。

② 《孔子闲居》，《船山全书》（第四册），岳麓书社，1991，第 1204 页。

③ 《乐记》，《船山全书》（第四册），岳麓书社，1991，第 907～908 页。

④ 《阳货篇》，《船山全书》（第六册），岳麓书社，1991，第 866 页。

⑤ 《乾》，《船山全书》（第一册），岳麓书社，1988，第 831 页。

矣。怨怒之感，情激而上下相戾，政益乖矣。哀思之感，情疲而偷，民益困矣。音由世之治乱而异，而还感人心，复生治乱。"① 因乐可知和，因和可知政，因此，因乐可知政。安乐则能情平事得其序，如此则知政通人和。如若政局不稳、动荡不安，乐所表达之情亦是浮躁的，哀思生于乐中，由音乐之哀，可反窥政事不利，政不通、人不和。可见乐之和乃政通人和基础之上的乐，是更高基础之上的和谐。乐之和与礼之和相称，是由礼之和的深层次发展 "声乐之道，动而伸出，虚而致和，皆阳之用也。养称其礼，斯养道纯而礼有秩也。"② 音乐之道，日常所能听到的是乐之声，乐感的背后实际上是和的凸显，是人之情感的真实写照，与船山所说的 "达之以乐，所以大顺人情之和也"③ 相一致。乐备而和昭，暗含着礼与乐是不可离的，离礼乐无以成和，离乐亦不能彰显礼，离乐也不能彰显和。故此，船山所说的乐，背后则反映了政治和谐与否的结论。知人之乐，则知政治之得失；知政治之得失，则知政治上是否运礼。"乐以知政之得失，唯礼之合否，知乐则亦知礼矣。"④ 礼乐之间是相互协调，是相互联系、相互影响、相互制约的，因礼而和、因乐彰和。船山建构的礼宜乐和的和谐社会，礼乐和合。 "礼之度，乐之数，不疾不徐，始终恰合。"⑤ 乐备和昭之时，正好是和谐社会的最佳状态。礼乐和合，都是我们所向往的和谐社会实践之路。乐造就礼之和而后的大和，礼明乐备不是一蹴而就的事情，因为礼之和而后才有乐之备，有乐之备才有乐之和，乐之备彰显礼之和。船山说："择天理之过不及，而礼乃得其大中；察人心之节与不节，而乐乃得其大和；礼明乐备，如斯之难矣。故见其礼则知其政，礼之升降，政之醇疵也；闻其乐而知其德，乐之美善，德之隆杀也。"⑥ 礼宜乐和，可以成就天下万物之和。具体途径有幽明两种路径："幽"之路径是通过神道设教，以正神之权威，对神之敬以树立礼之权威；"明"之路径则是通过神道设教以示民，让民尊礼、崇礼自觉遵礼、

---

① 《乐记》，《船山全书》（第四册），岳麓书社，1991，第892页。

② 《郊特牲》，《船山全书》（第四册），岳麓书社，1991，第624页。

③ 《礼运》，《船山全书》（第四册），岳麓书社，1991，第572页。

④ 《乐记》，《船山全书》（第四册），岳麓书社，1991，第896页。

⑤ 《郊特牲》，《船山全书》（第四册），岳麓书社，1991，第625页。

⑥ 《公孙丑上》，《船山全书》（第八册），岳麓书社，1990，第200～201页。

守礼，以礼为标准、检验人之行为是否与礼相合，在礼之调适之下实现和。"礼之用，和为贵"（《论语·学而》），在礼之用而后，则有乐之成。船山曰："乐成礼备，幽以格神而明以示民，有司得而习之，百姓得以见之，此则礼乐之用，行之天下后世而与民共由之矣。盖德肇于独知，而道昭于众著也。"① 礼乐之和合哲学价值的彰显是通过树立礼乐之权威，使大众了解礼，懂乐：以礼之用以显和，以乐之用以昭和，礼宜乐和的大和之状态，亦是天下平治之气象，船山将此类之和称之为与天地同和。"与天地同和，则天地所以曲成万物之理在焉，以之感和平而遂民物，无有遗焉者矣。"② 礼宜乐和，是船山视域中的和谐社会理想，船山向往的是与天地同和的大同理想。这种大同理想，是对所有人皆有的一种较高理想，是人皆向往的一种和合之境。

第三节 和合之境：小康与大同

基于礼之调适而实现的和谐社会，因和而乐，因乐促和我们可称之为礼宜乐和的和谐社会。儒家哲学讲求对和合之境的追求，礼宜乐和，只是礼之调适视域中的和谐社会理想。船山所言及的是更高层次的社会理想——大同理想。大同社会理想是船山所向往的和谐社会高级阶段，是古代和谐社会的高级理想，亦是礼之调适而后所实现的和谐社会的最高理想。任何社会理想的实现，均有一个逐步提升的过程，和谐社会的大同社会理想，是由小康之世逐渐向大同之世过渡完成的，可以称之为梯次发展的社会理想，这种梯次发展区分了小康之世与大同之世。

一 船山视域中的小康与大同之差分③

小康与大同社会的提出，非船山首创。早在《礼记·礼运》中就将小康与大同社会区分开来，认为小康与大同所指称的是礼治状态下的两种社会形态，这两种社会形态是儒家创始人孔子所追求的社会理想。孔子

---

① 《乐记》，《船山全书》（第四册），岳麓书社，1991，第 908 页。
② 《乐记》，《船山全书》（第四册），岳麓书社，1991，第 904 页。
③ 陈力祥：《王船山礼学思想研究》，巴蜀书社，2008，第 432～466 页。

曰："大道之行也，与三代之英，丘未之逮也，而有志焉。"① 小康与大同社会，是儒家创始人所追求的理想社会，孔子为了实现这一目标而不懈努力，体现了理想与立志的统一。由儒家创始人所开辟的小康与大同之路，儒家创始人及其后继者都为此作出了不懈努力。

那么，"小康"与"大同"社会既然是作为两个概念提出来的，其间必然有所区别与联系。儒家创始人孔子对小康与大同这两种社会状况进行了辨别。关于小康社会，孔子描述为："今大道既隐，天下为家，各亲其亲，各子其子，货力为己。大人世及以为礼，城郭沟池以为固。礼义以为纪，以正君臣，以笃父子，以睦兄弟，以和夫妇，以设制度，以立田里。以贤勇知，以功为己。故谋用是作，而兵由此起。禹汤文武成王周公，由此其选也。此六君子者，未有不谨于礼者也。以著其义，以考其信，著有过，刑仁讲让，示民有常。如有不由此者，在埶者去，众以为殃，是谓小康。"就大同社会而言，孔子对描述为："大道之行也，天下为公。选贤与能，讲信修睦，故人不独亲其亲，不独子其子，使老有所终，壮有所用，幼有所长，矜寡孤独废疾者，皆有所养。男有分，女有归。货，恶其弃于地也，不必藏于己；力，恶其不出于身也，不必为己。是故，谋闭而不兴，盗窃乱贼而不作，故外户而不闭，是谓大同。"② 从孔子关于小康与大同社会的描述可以看出，小康与大同社会是人类所向往的两种理想社会，代表着社会发展的两个不同阶段。通过对小康与大同社会描述的比较，可以发现船山所确立的两种社会状况是有差别的，这种差别主要表现为以下几方面。

其一，"大道既隐"与"大道流行"的差分。"小康"一词的出现，除了在《礼记·礼运》中出现之外，"小康"一词还出现在汉贾谊《新书·忧民》中："五岁小康，十岁一凶，三十岁而一大康，盖曰大数。"③ "小康"之意，乃是小儿安康、幸福、顺利之意，后来引申为礼治社会早期时期，人们和谐、幸福美满的家庭生活。小康社会，是"大道既隐"之时代；"大同"中的"同"字，（汉）许慎《说文解字》中解释为："同，合会也。从，从口"。（清）段玉裁注曰"口皆所覆之下，是

---

① 《礼记·礼运》，（清）阮元《十三经注疏》，中华书局，1980，第1413页。
② 《礼记·礼运》，（清）阮元《十三经注疏》，中华书局，1980，第1414页。
③ 《百子全书》，岳麓书社，1993，第342页。

同之意也"①，《礼运》中的大同社会，则是"大道流行"之时代。何谓
"大道流行"？船山云："大道之行，民淳则政可简，为之上者恭己无为，
而忠信亲睦之道自孚于下土。"② 这是大同社会的典型标志，大同社会即
是后礼治阶段，在这个阶段，为政者完全可以做到"无礼"而治，也即
老子所说的"无为而治"。因为人们能够通过前期的礼治而逐渐将礼内化
为人内心道德自觉的原动力，这种原动力是不能言说、也不能名状的，完
全是人内心的一种道德自觉以及由此而唤醒的道德良知，继而转化为良
能。如若言说出来，或者是名状出来，则表明这种礼治的道德力量还没有
完全内化为人们的道德自觉，而相应的外化为外部世界也不可能成为大同
社会，大同社会讲求的是道德的自律而已。小康社会是人类的礼治阶段，
而大同社会则是人的道德良知的慎独阶段。小康社会则是我们通常所说的
礼治阶段、他律阶段，此时人类还不能较为自觉地、无意识地将礼治内化
为人们内心的道德自觉，礼治仍然是为政者实施政治统治的工具，还不能
无"礼"而治。礼治时期，大道"流俗弊锢，人不能著明之也"③。在礼
治的小康阶段，礼之人生哲学价值与政治哲学价值仍然活跃，只有达到一
定阶段，即礼治已经内化为人们内心道德自觉的时候，人类才能逐渐度
越。到大同社会，也即实现从"大道既隐"到"大道流行"的度越。

其二，孔子所描绘的小康与大同社会相互区分的第二方面即是"天
下为家"与"天下为公"的区分，也即任人唯亲与任人唯贤的区分。"天
下为家"是孔子对小康社会的描绘，是从"私"的角度阐释人才选拔；
而"天下为公"则是对大同社会的描绘，是从"公"的角度阐明人才的
提拔。船山对"天下为家"与"天下为公"进行了界定。他说："'天下
为家'，传子也。大道不著则好恶私而风俗薄，故禹欲授益而百姓不归，
周公总己而四国流言虽欲公天下，不可得已。"④ 而"'天下为公'，谓五
帝官天下，不授其子……选贤能而授之"⑤。从船山对"天下为家"与

① （汉）许慎撰、（清）段玉裁注《说文解字注》，浙江古籍出版社，2006，第 353 页。
② 《礼运》，《船山全书》（第四册），岳麓书社，1991，第 536 页。
③ 《礼运》，《船山全书》（第四册），岳麓书社，1991，第 538 页。
④ 《礼运》，《船山全书》（第四册），岳麓书社，1991，第 538 页。
⑤ 《礼运》，《船山全书》（第四册），岳麓书社，1991，第 537 页。

"天下为公"的界定，可以发现二者是从选才的角度来区分小康与大同社会的。小康社会是"任人唯亲"，这是私欲流行的表现；大同社会是任人唯贤，这是天下为公的表现。在"天下为家"的小康社会中，私心决定了人都是以其家为重，而不是以其国为重，人"各亲其亲，各子其子。"而在"天下为公"的大同社会当中正好相反，"人不独亲其亲，不独子其子，使老有所终，壮有所用，幼有所长，矜寡孤独废疾者，皆有所养。"在"天下为家"与"天下为公"的社会当中，爱人的方式也不同，前者是爱其家人，后者是爱其国人；前者是一种狭隘的爱，而后者是一种仁爱、众爱、泛爱。

其三，小康社会与大同社会治国方式不一。在小康社会，儒家强调的是礼主刑辅的德教论，强调礼法并用，主张仁政与吏治。正如《礼记·礼运》所记述的"大人世及以为礼，城郭沟池以为固"。船山对此有着自己的看法。他说："'礼'，常也。三代之王知民情若此，故制世及之法以止乱，不足，又为之城郭以守之。"① 船山解"礼"为"常"，而"常者其德"②，即是说，"常"是人之德性。在船山看来，小康社会的治国方式是德治，同时也兼有法治。而在大同社会，治国之方式就不一样了。船山曰："修明和睦之教而人自亲，不待兵刑也。"③ 在大同社会，治国主要依靠礼意流行以治国，而不是依靠严刑酷法以治国。所谓礼意流行，是礼治观念已经内化为人内心的道德自觉，也即是前面所说的无"礼"而治之意，讲求的是慎独，是不治而治。易言之，在大同社会，法治观念已经完全丧失，而礼治观念已经深入人心，即礼治的基本功能开始弱化，但又不是真正的弱化，无怪船山说大同社会"民俗之厚，不待教治，而无非礼意之流行也"。④ 简而言之，船山对小康与大同社会关于治国方式的界定是：小康社会礼治为主，兼有法治；而就大同社会而言，治国方式是以"礼意流行"，治国方式的改变主要靠人们心中的道德律，是无"礼"而治、无为而治。治国方式的不同，进而形成了礼的价值在小康与大同社会状况的不同。

---

① 《礼运》，《船山全书》（第四册），岳麓书社，1991，第538页。
② 《系辞下传第八章》，《船山全书》（第一册），岳麓书社，1988，第1058页。
③ 《礼运》，《船山全书》（第四册），岳麓书社，1991，第537页。
④ 《礼运》，《船山全书》（第四册），岳麓书社，1991，第537页。

　　其四，礼之价值在小康与大同社会里表现的方式不一。孔子所说的小康与大同社会，礼在构建两类社会中的价值不一。在小康社会，《礼记·礼运》认为礼的价值表现为"礼义以为纪，以正君臣，以笃父子，以睦兄弟，以和夫妇，以设制度，以立田里。"在小康社会，礼的基本价值在于分，在于和，即君臣、父子、兄弟、夫妇和。船山对小康社会礼之价值持肯定态度，"君臣、上下、父子、兄弟、夫妇、制度、井疆，皆待礼义以行于天下，谋作兵起，强者干犯之而弱者不能自尽"①。礼在小康社会的基本价值在于分与和，分是等级上的差分，而和则是促使不同等级层次上的和；而在大同社会，礼的基本价值完全弱化，此处弱化即是不治而治之意，礼的基本价值不是不存在，而是已经内在化为人们内心的一种道德自觉，即船山所说的"礼意之流行"。

　　最后，在小康与大同社会，人们对待财富和劳动的基本态度不一。在小康社会，人们对财富的基本态度是"货力为己"，这是礼治与法治占据统治地位的产物；在大同社会，则"货，恶其弃于地也，不必藏于己；力，恶其不出于身也，不必为己"。个人所创造的财富不必据为己有。在对待劳动力的问题上，如若为社会创造财富贡献力量不必吝啬，要讲求奉献精神。船山对大同社会的这种观点持肯定态度，对财富是"不欲以有用置无用而已"，对于未来劳动的态度则是"可以有为则不偷也"②。

　　礼的政治哲学价值在于是治国平天下，"礼所以运天下而使之各得其宜"。小康与大同社会，也是礼使之各得其宜的产物。在礼之价值角度，礼之政治哲学价值在小康社会与大同社会中不一，这正表明了礼之政治哲学价值的"各得其宜"。船山认为，礼之终极价值在于"合小康之世而为大同"③。

二　合小康之世而为大同

　　"礼之既立，政即行焉"，是船山对礼之政治哲学价值的充分肯定。船山认为，礼之政治哲学价值在不同的历史时期具有不同的价值，具体表现为礼之价值在小康与大同社会的作用不一。但是礼的和合哲学价值最终

---

　　① 《礼运》，《船山全书》（第四册），岳麓书社，1991，第539页。
　　② 《礼运》，《船山全书》（第四册），岳麓书社，1991，第537页。
　　③ 《礼运》，《船山全书》（第四册），岳麓书社，1991，第559页。

是有一定归宿的，即船山所说的"合小康之世而为大同"，这反映了礼之和合哲学价值的曲折发展之历史进程，但其最终的历史方向是不变的，即为实现无"礼"，也即礼意流行的大同之世。

小康与大同社会，是儒家政治哲学思想中的两个理想阶段。船山作为宋明理学的总结者，他延续了先秦以来关于小康与大同社会是社会发展的不同阶段的学说。值得肯定的是，船山认为小康与大同是社会发展的理想阶段，是社会和谐发展的不同阶段。船山政治哲学是礼治哲学，不是法治哲学。船山认为小康与大同是以其礼而实现其和合哲学价值的不同阶段而已。小康社会是礼治社会之初级阶段，而大同社会是礼治社会的高级阶段，也可以说是后礼治阶段。礼治，是进入小康社会的基本前提：从船山礼学思想的人学价值来说，船山礼学思想能促进人的内心世界的和谐；从船山礼学思想的和合哲学价值来说，船山礼学思想能促进人与社会之间的和谐，化解各民族之间因文化冲突而带来的矛盾。船山之礼与社会和谐息息相关，人类的经济、政治、文化都能大力发展，据此，礼治是当下进入小康社会的基本前提。随着生产力的进一步发展，礼治的政治哲学价值逐渐削弱，礼治的文化文明价值逐渐提升。伴随着经济的发展、政治文明的提升，人类可能过渡到大同社会。在大同社会，礼治之功能已经逐渐衰落，更为确切地说，应该是礼治已经内化为人们的精神力量，也就是无"礼"之治了。"无礼"之治，并非不需"礼"而治，而是在这个大同社会当中，礼治的社会功能已经内化为人们内在的道德自觉，人们已经由他律而转化为自律了。人们所奉行的是慎独，凸显出无礼而治的政治局面。大同社会的礼治，已经弱化了。礼之治教功能已经在人之内心世界深处，也即船山所说的大同社会是"礼之流行"。

关于小康与大同的区分，船山继承孔子从以上五个角度进行了分辨，并对小康与大同之世的区分进行了价值开新。船山所要肯定的基本观点是，小康之世必然向大同社会过渡，船山认为在由小康向大同转变的过程当中，礼是实现和谐的理论工具。船山曰："礼达分定而人无不专致于上之情，无不可效用于上之材，合小康之世而为大同者，唯有礼以治其情也。"① 在由

---

① 《礼运》，《船山全书》（第四册），岳麓书社，1991，第559页。

小康社会向大同社会转变的过程当中，礼治之价值不可低估。如前，礼的人生哲学价值总的说来在于"立礼为则，以礼立身"。具体说来，礼之人生哲学价值在于矫情复性，在于依仁行礼，从人的内在世界界定了修身。礼之政治哲学价值在于"立礼为则，有失自见"，礼以统治，礼以宜民，以礼治政而民用成俗。凡此种种，如果"立礼为则"，则必然"有失自见"。船山认为礼的价值在于调节人之情，人之情未发是社会安定、政治稳定的重要因素。因此，以礼治情，则能为实现礼之和合哲学价值提供"原动力"。

　　船山强调礼的和合价值，凸显礼治在实现小康与大同社会中的作用。礼在小康社会的价值在于让人明了制度，确定人间之道，明确人之所以为人的基本道理，唯其如此，则能实现礼的和合哲学价值。不以礼立政，则难以实现小康社会，更不用说实现大同社会了。船山认为无礼而治，以纯法而治，则整个社会将陷入混乱之局面。船山云："唯夫上所并法，不因先王品节裁成之宜而以礼制度；则下所揣摩，不务先王《诗》《书》礼乐之典而学以明道；于是而乱政以行，邪说益逞，贼害斯民之徒兴起在位，以坏国法而敛民怨；则虽有坚城利兵，而财充乎府库，众散民离，丧无日矣。"① 如若无礼而治的话，则整个国家政治混乱，和谐之网破裂。船山认为：礼治社会当中，如果以礼治政，修身、齐家、治国平天下会终归为现实。此种政事不但只发生在小康社会，在大同社会更是如此。船山还对大同社会的美好进行了描绘："天下之人忘名忘分，呴呴然相爱于食色之中，则是非泯，而顺逆之理皆所不设，谓可以相安于大同之世。"② 在大同社会，人人都忘了自己的身份，不计个人之名利，也不计个人之得失，以礼待人，人间温情脉脉。在大同社会，人人足食、足衣，物质上有所满足，精神上也得以慰藉。船山为人类美好的未来描绘了一幅美好的蓝图，并激励着人们为大同社会而奋斗，无怪船山高呼：礼以"合小康之世而为大同"。船山之礼治思想，是对明末清初的混乱战局而作出的直接挑战，表达了船山对美好和平的未来生活的孜孜追求，同时也表达了船山对未来社会发展的层级、梯次发展的哲学抽象与哲学思辨。

---

① 《离娄上》，《船山全书》（第八册），岳麓书社，1990，第 415 页。
② 《告子上》，《船山全书》（第八册），岳麓书社，1990，第 688～689 页。

船山建构和谐社会的贡献及当代价值

礼乃中国传统文化之表征，中国被称为"礼仪之邦"，得益于中国传统文化之礼。礼在古代社会与法有着同等重要的历史地位，甚至比法有着更高的社会影响。古代社会隆礼重法，礼先于法，德主刑辅，礼之价值甚至超越了法之价值。中国古代社会所遗留下来的几千年的古代文化之礼，使得中国传统文化更加辉煌。礼之和合哲学价值的凸显，亦使人更为深刻地了解到中国古代礼文化思想的博大精深。西方哲人说中国古代社会只有思想，没有哲学，在某种层面上亦难以服人。礼在某种层面上既具有哲学层面的和合价值，亦具有西方思想的深邃。礼在哲学层面的价值，往往是"中国特色"的。以西方哲学之眼光审视中国哲学，有削足适履之嫌。礼乃中国文化之表征，亦是中国哲学区别于西方哲学的关键所在。

在中国哲学史上，由孔子所开创的以儒家文化为核心的传统文化在中国本土生根发芽、发展壮大。以礼为表征的中国传统文化，不仅在中国本土产生了深远影响，而且在朝鲜、日本乃至东欧诸多国家皆产生了深刻的影响。中国传统文化所彰显的深刻的社会影响，主要从礼之和合哲学价值凸显出来。礼之和合哲学价值因礼而存在，因礼而和谐。漫长的中国古代社会，有礼则社会和谐，僭礼则社会动荡，礼之存在与否，是社会和谐与否的"试金石"。

社会之和谐与礼不可分离，礼之有无，是社会和谐与否的重要分水岭，礼是社会和谐的表征。船山提出了以礼之调适并建构和谐社会，这在中国哲学史上是一次历史性的贡献。船山所建构的和谐社会，是以礼之调适为基础的，主要在于以礼调适人之心、性、情；以礼调适人与人、人与社会、人与自然之间的矛盾与冲突。一言以蔽之，一切皆以礼之调适为中心，并由此而建构礼宜乐和的和谐社会。以礼之调适并建构的和谐社会，动必以礼，有扭曲人性之嫌。

一　礼之调适是否扭曲人性

古代社会和谐的实现，是与礼之调适所不能分离的。鉴于礼对社会和谐的建构均是建立在礼之调适的基础之上。因此有学者提出了疑问，也即礼之调适是否扭曲人性？古代社会，率先对礼之价值予以否定的是老子，老子认为礼之存在是社会和谐的祸害。老子曰："上礼为之而莫之应，则攘臂而仍之。故失道而后德，失德而后仁，失仁而后义，失义而后礼。夫礼者，忠信之薄，而乱之首。"（《老子·道德经三十八章》）老子认为礼使人失仁义、失德。礼之亡存，是人之仁义存亡的原因，是人之道德存亡的根据。在老子看来，礼之存在，反而在一定意义上让人失去了仁义道德。故此，礼的存在毫无必要。换言之，老子认为礼之存在是人类道德沦丧的重要原因。由此，有人亦提出了类似话题：船山礼宜乐和的和谐社会的建构以礼之调适人之心、性、情，调适人之行为，调适人与自然之间的关系，社会和谐建立了，同样面临着过分的礼之调适是否扭曲人性的问题。

礼之调适，必将实现人之内心世界、人与人、人与社会、人与自然之间的和谐。以礼治政，最终必将导致人类社会的全面和谐。和谐是建立在礼之调适的基础之上，礼之调适能否造就人性之扭曲呢？

船山首先针对老子贱礼的问题给予了回答。船山将老子之学视为异端之学，而将儒家之学称为正学。老子所谓的异端之学，是与正学相对立的。"正学"指的是正统的儒家学说相互对待的，是与曲学相对应的。《史记·儒林列传第六十一》指出："公孙子，务正学以言，无曲学以阿世。"老子的贱礼之学，船山将它视为曲学，与正学相对。船山之正学是在曲学的基础之上的正学，是通过对老子等异端之学的批判，最终成就自己的儒家之学①。船山认为道家之学有"三失"："天下之言道者，激俗

---

① 谭忠诚：《王船山的格道返儒说》，《衡阳师范学院学报》2010 年第 4 期。

而故反之，则不公；偶见而乐持之，则不经；凿慧而数扬之，则不详。三者之失，老子兼之矣。"① 老子之学，在很大程度上与儒家之正学格格不入。因此，老子的贱礼之学，有其局限性，也是儒家之学所反对的。老子所提倡的贱礼之学，亦在"三失"之列。

以礼之调适并建构和谐社会，首要的是针对老子贱礼行为进行辨正，否则，则礼之调适并建构和谐社会将无以成行。船山学术正统的确立，正是"和各种所谓异学斗争中产生出来的"②，船山始终肩负着历史重任，将异端之学作为确立自身学术之前提。"辟异端者，学者之任，治道之本也。"③ 作为一名有责任、有担当的儒家学者，船山树立儒家哲学为正学，并确立儒家哲学在建构和谐社会的基础性地位，"守正道以屏邪说"④ 必不可少。船山以礼之调适并建构和谐社会，是先辟异端，发扬道统，如此以礼之调适并建构和谐社会才有可能。

针对异端，船山对老子贱礼行为进行了批判，指出老子的贱礼行为是浅薄之行为。船山曰："天德王道初无二理，而异端以礼为忠信之薄者，其浅鄙而不足道，不待辨而明矣。"⑤ 将老子贱礼之学视为异端之学进行批驳，从反面确立了儒学的正统地位，也就确立了礼的正统，以礼之调适并建构和谐社会才有可能性。如何规避过多的礼之调适而导致人性之扭曲，船山说："若君人者必使其民法冠深衣，动必以礼，非但扰民无已，而势亦不可行矣。"⑥ 船山以"动必以礼"为例，说明礼并非扭曲人性之"礼"，船山反对繁文礼节，因为繁缛之礼，"扰民无已"：就行礼者本人而言，因为礼之繁，施礼者之行为多且繁，使人身心疲惫；就受礼者而言，因受繁缛之礼而累，导致施礼之人与受礼之人身心疲惫，进而导致人之身心不和谐。

行礼之时，为防止礼之调适使人之行为的不合宜，必然注意两点：其一，要注意施礼之度的问题；其二，施礼之时要注意礼之权变问题。如此

---

① 《老子衍·自序》，《船山全书》（第十三册），岳麓书社，1993，第 15 页。
② 嵇文甫：《王船山学术论丛》，三联书店，1962，第 39 页。
③ 《后汉和帝》，《船山全书》（第十册），岳麓书社，1988，第 279 页。
④ 王敔：《船山全书》第十六册，岳麓书社，1996，第 73 页。
⑤ 《礼器》，《船山全书》（第四册），岳麓书社，1991，第 593 页。
⑥ 《雍也篇》，《船山全书》（第六册），岳麓书社，1991，第 664 页。

才能实现礼之调适恰到好处，则不会出现繁缛礼节扭曲人性的问题。礼之"度"的问题是礼之调适并建构和谐社会是否扭曲人性的关键。船山认为，以礼之调适并实现和谐社会，应该关注礼之度的问题：礼之"过"与礼之"不及"必将影响行礼之效果，被人称为礼之伪也。因为礼之过与不及必然导致人之行为的不和谐，深层次的原因归结为扭曲人性问题。故此，礼之调适，用礼合宜，则不会扭曲人性，礼之合宜，让人感觉到身心舒畅，礼之"宜称"是礼之调适的"黄金规则"，因为运礼之时，"备而皆当，唯其称也"①。"称"即"合宜"之意，运礼之合宜，则礼之调适所建构的和谐社会亦必然合宜，建构和谐社会，定要以合宜为其最高标准。礼之是否合宜，关键在于以运礼主体的价值判断为其标准，合宜的标准亦在于"道"，在于人之行为是否合乎"道"。"礼之称者称其道之当尽，非徒以称人情之所便利者也。"② 行礼之时，以是否合乎道为其标准，则运礼将不会产生或"过"或"不及"之现象。运礼合乎道之行为即是合乎礼（理）性之行为，人之行为皆合乎理性，则运礼将不会出现扭曲人性之现象。在船山看来，以礼调适人之行为并建构和谐社会是否扭曲人性，先王制礼之时业已考虑了这个问题，先王制礼就以宜称为其标准。"三代之王者，率乎人心之实然，求其宜称以制为典礼，虽有损益，其致一尔，非出于三王之私意以为沿革，故天下乐用而不违。"③ 先王制礼作乐之时，早就考虑了礼之调适是否扭曲人性问题。礼之作，其道德基础或是道德理性称之为"宜称"。制礼而后，人之行为也必然在合理的范围之内运礼。船山列举三代制礼，其实质在于阐明"礼之用，和为贵"，礼之用不会扭曲人性。礼能调适人之心、性、情，使人心怡，礼使人矫情，礼使人复性。礼之用是合理的，也是合乎礼性的，礼之用不会导致人性的扭曲，故此，天下之人用礼"乐用而不违"。礼之所以能流行于天下，必然有其合理的地方。如若人皆以为礼之存在是扭曲人性之工具，礼之流行势必为"空中楼阁"。礼之流行于世，说明礼有存在的必要性与可能性，礼之存在并不会扭曲人性。

---

① 《礼器》，《船山全书》（第四册），岳麓书社，1991，第 596 页。
② 《礼器》，《船山全书》（第四册），岳麓书社，1991，第 601 页。
③ 《礼器》，《船山全书》（第四册），岳麓书社，1991，第 600 页。

先王制礼作乐，从理论上说明制礼作乐不会扭曲人性。船山还强调了礼在运作之时，掌握其度，适其称，则必然能实现礼之调适行为的合理性。礼之用，其"多寡、大小、高下、文素之各有尚；非故为丰杀，皆求其称而已也"①。一切皆以"称"为其标准，如此则能真正实现"礼之用，和为贵"的目标。唯其如此，以"称"为标准，则能实现人之行为合乎礼性，则人之行为在礼的规约之下将不会扭曲人性。因为"一皆因天地之美以事天地，致其义而无不称也"②。

礼之用，求其称，以此则不会导致人之行为扭曲人性。另外，人之行为是否合乎理性，用礼之时，还应注意礼之经权问题。礼之用关键在于用礼之经，行礼之权，如此则亦可规避过多地使用礼而导致人性之扭曲。经权问题的提出，是中国哲学史上古老的话题。这个话题主要源自孟子与淳于髡的一段对话，男女授受而亲，非礼也；嫂溺水，救还是不救，关键在于彰显礼之经权问题的魅力了。救嫂，则有授受之亲，非礼也；不救嫂，则嫂溺水亡，不合乎人道，亦非礼也。孟子与淳于髡的对话，彰显了礼之经权思想中的一大难题，船山成功地解决了这个两难问题。船山曰："夫礼定于道之贞一，而权因于事之轻重。故君子审经以定礼，而因礼以达权。故男女授受不亲，礼也；礼定而理得，可以达情。嫂溺援之以手，权也；权审而初不失礼。盖先王制礼，尽权度之宜于得为之际。而方溺之时，非行礼之日，故权伸而不损于礼。"③ 船山对孟子与淳于髡关于礼之经权问题进行肯定，并提出了"因礼以达权"与"权伸而不损于礼"两个核心命题，成功解决了在礼与非礼之间的道德悖论。如若见嫂溺水而不救，则亦非礼，不合乎人道，不是以人为本；如若见死不救，不救嫂之人，实则是地道的扭曲人性。礼之经权问题的提出，为我们解决礼之调适人之行为是否扭曲人性的问题提供了关键性解答，关键在于礼是否求其"称"。要能"循礼之经，行礼之权"④，才能真正解决关于礼之调适扭曲人性之问题。礼之调适是否扭曲人性之问题，还在于我们灵活掌握与运用

---

① 《礼器》，《船山全书》（第四册），岳麓书社，1991，第 591 页。
② 《礼器》，《船山全书》（第四册），岳麓书社，1991，第 607 页。
③ 《离娄上》，《船山全书》（第八册），岳麓书社，1990，第 459 页。
④ 《万章下》，《船山全书》（第八册），岳麓书社，1990，第 650 页。

礼之经权思想，运用"称"去平衡礼，才能真正实现礼之和合哲学价值。

当然，具体关涉到礼之调适是否扭曲人性的问题，还可从心理学的角度来解决这个问题。有礼之人与无礼之人的心理状态是不一样的：有礼之人，其心理状态处于和谐之境地，有礼者能求得人心之和，能取得人之内心世界的宁静，以取得人之内心世界的和谐。"行礼者以求遂其心之所安，而无拘牵苦难之意，贵礼者贵此礼也。"① 从施礼者之动机来说，行礼即是求得其本人内心世界的宁静与和谐，解除由于无礼而导致人之内心世界的矛盾与冲突，进而获取审美愉悦。"有礼则心泰而行亨，无礼则心歉而行竞。"② 故此，从心理学的角度看来，有礼之人，其内心世界和谐，人之内心世界是愉悦的，施礼者会导致人性之扭曲的说法事实上是站不住脚的。行礼者其内心世界会处于和谐之境地，并取得内心世界的愉悦。因为在施礼者看来，"以礼存心而不忧横逆之至者也"③。有礼之人，行礼之人不会导致人性之扭曲；相反，行礼之人能取得人之内心世界的愉悦，获得一种怡然自得的超然美感。同样，受礼之人同样能取得审美愉悦。从这两个方面可以说明：其一，受礼之人，所获得的是施礼之人带给他们的方便与舒适，受礼之人明显会因施礼方的彬彬有礼而获得愉悦，这种快乐是无与伦比的，因为礼多不为怪。施礼之人的彬彬有礼，不会导致人误认为他是怪异，不认为其行为是扭曲人性的；其二，就受礼之人而言，他获取了施礼方在施礼之时的那种和谐之境地，视觉上产生了那种行为的和谐之美，也即产生了因为对方施礼而产生的审美愉悦。故此，施礼之人与受礼之人皆不会因礼的问题而产生人性扭曲；相反，施礼之人与受礼之人皆会因由彬彬有礼而产生审美愉悦。船山以礼之调适并建构的和谐社会，并非扭曲人性，从审美层面上来说，应该是礼之调适下获得的审美愉悦。

总之，以礼之调适并建构和谐社会，是时势所需，并非扭曲人性。相反，在以礼之调适所处理的人际关系之时，施礼者因彬彬有礼，其行为最终取得了以礼待人而获得内心世界的愉悦；而他人在受礼之时，亦获得了

---

① 《学而第一》，《船山全书》（第六册），岳麓书社，1991，第164页。
② 《曲礼上》，《船山全书》（第四册），岳麓书社，1991，第19页。
③ 《系辞下传第八章》，《船山全书》（第一册），岳麓书社，1988，第1058页。

因礼而得的"恩惠",实际上亦获取了因礼而来的道德之美。故此,礼之践行不会扭曲人性,相反,礼之践行在一定的范围之内,将导致人之身心愉悦,这种愉悦,源自因礼之调适而实现的和谐之美而产生的审美愉悦。

二 船山以礼之调适并建构和谐社会之贡献

中国哲学史宛如一部如何建构和谐社会的哲学史。儒家主张成圣、成贤,让人进行道德修养,以彬彬之礼而取得人世间的和谐;道家讲求得道成仙,超越现实,得道是获取人世间的和谐与稳定的基本前提。释家试图通过得道成佛,通过"报应"说,从反面攫取社会和谐稳定之资源。中国哲学之智慧,为和谐社会建构奠定了基础。

儒家哲人尤为关切和谐社会的建构。儒家哲学在某种层面上就是以道德为核心的儒学思想,故此,儒家哲人总是试图通过道德理想的实现最终实现和谐社会理想。船山作为明末清初的旷世大儒,他对和谐社会理想的渴求是常人难以企及的,因船山所处的特殊时代使然。船山对和谐社会建构的贡献主要表现为三个方面:其一,船山对和谐社会建构的方法上的创新;其二,船山对和谐社会建构的内容方面的创新。其三,船山提出了礼之调适以建构和谐社会的限度与条件。

首先谈谈船山对和谐社会建构在方法论上的贡献。追求社会的普世和谐,是每一个时代都必须面对的现实性问题,亦是一个永恒的历史性话题,历代哲人都在为追求社会的和谐而孜孜以求之。对和谐社会的渴求关涉到一个最为基本的方法论上的问题,即如何建构和谐社会的问题,以什么工具作为建构和谐社会的基本手段的问题。历代统治者皆在琢磨实现和谐社会的手段或者说是工具问题,并希图以之实现和谐社会。船山对和谐社会建构的历史性贡献在于他试图以礼之调适并以之建构和谐社会。在中国哲学史上,以礼之调适建构和谐社会,非船山首创。《论语》中有"礼之用,和为贵",在《易经》、《礼记》中皆有关于以礼之调适建构和谐社会的提法。鉴于前文皆有所阐释而不再赘述。船山以礼为基本价值工具,并提出了以礼之调适建构和谐社会的基本思路,是承续了以往以礼之调适并建构和谐社会的基本想法。在和谐社会建构的基本工具方面,船山有着返本开新的思路，船山以礼之调适并架构社会和谐的宏伟蓝图，是旧瓶装新酒的和谐社会的方法论的转换。

在古代社会，和谐社会的建构主要通过两种基本途径，一是通过道德魅力的扩张，通过内圣外王的途径以取得社会的和谐；还有一种方法即是通过隆礼重法的途径取得，通过外在的方式以礼调适取得社会的和谐。礼与法皆是通过外在方式获取和谐之路径，法是通过外在暴力强制的方式获得暂时的和谐，包括人际和谐、人与社会之间的和谐。相对法而言，礼之强制性约束性程度比法小得多，但其效果却比法强得多。以礼调适而建构的和谐社会，人们更多关注的是人之慎独践行，在遵礼、守礼以及践行礼的基础之上实现社会的和谐。调适并建构的和谐社会，是对传统礼之价值的返本与开新，也是船山构建和谐社会在方法上继承与超越的贡献。

其二，和谐社会的建构在内容上的创新。在儒家哲学史上，和谐社会的建构大多是在礼之调适下的泛泛而谈，尚未找到与船山和谐社会建构的具体践行路径相媲美的实践路径。先哲们关于和谐社会的建构，事实上他们已有建构和谐社会的基本方法，但总体说来没有阐释清楚如何以礼建构和谐社会。船山不但选择了建构和谐社会的基本价值工具，还恰当地说明了礼之调适并建构和谐社会的具体内容，这不能不说是船山关于和谐社会建构的历史性贡献。这项贡献可以从船山关于和谐社会建构的具体内容方面进行梳理。船山和谐社会的建构中总体遵循着以礼之调适建构和谐社会之路径，即由内而外，由礼之立己到以礼而实现人己之和，到人与自然之间和谐的实现，再到人与社会之间和谐的实现。船山所建构的和谐社会，可谓关涉到和谐的方方面面，思路是由内而外，推己及人，由部分和谐到全面和谐。船山以礼之调适所建构的和谐社会，可谓是对以往和谐社会建构的全面时新。船山还提出了建构和谐社会的阶段说，并在前贤们所提出的社会阶段之说的基础上继续深入，深化了小康与大同之说，打破了和谐社会建构的突变论，推行了和谐社会建构的渐变论。

其三，船山提出了和谐社会建构的条件、目的与限度创新。以礼调适人之行为并建构和谐社会，船山提出了建构和谐社会的条件：人性为善是实现礼之调适并实现和谐的前提与基础。以往哲学家诸如孟子等的人性为善的思想，往往是偏向一种独断论式的人性论学说。船山则不然，船山认为人性为善，并从本体层面阐释了人性缘何为善，善为人之独的思想。船山关于人性为善思想的论证与说明，为礼之调适并建构和谐社会提供了理论上的可能，对以往独断论式的人性思想进行了消解。船山关于人性为善思想的论证与说明，为礼之调适提供了可能，此乃船山关于礼之调适并实现和谐可能性的一大创新，亦为和谐社会之建构提供了人性论保证。此外，船山和谐社会建构的核心主旨在人，可谓船山和谐思想的又一大创新。在宇宙这个大生命场，船山以礼建构和谐社会。礼乃人之所以为人的集中体现，由礼所建构的和谐社会，其核心主旨为人。船山亦从本体论层次说明了船山以礼之调适并建构和谐社会的核心主旨，又称之为船山和谐社会的核心主线——人，船山在和谐社会的核心主旨方面亦作出了自己历史性的贡献。

船山所建构的和谐社会，在历史上有着巨大的历史性贡献。另外，船山所建构的和谐社会方法上的创新、和谐社会内容上的创见，对当今社会主义社会建构和谐社会依然有着重要的参考价值，因为建构社会主义和谐社会，必然要从中国传统文化中汲取营养。

三　回归传统以更好地建设社会主义和谐社会

船山以礼之调适而建构的和谐社会，在方法上、实践层面为社会主义和谐社会的建立提供了丰富的营养资源。对待传统文化，历史上曾存在诸多歪曲与误解，如何理性地应对中国传统文化并实现其在现代社会践行之转换，需要我们审慎地进行哲学反思。建设社会主义和谐社会必然要从传统文化中汲取营养，因为中国传统文化中有着丰富而厚重的道德文化资源可以利用。由于时空条件的限制，我们不能机械照搬、生吞中国传统文化。建设社会主义和谐社会，需要充分发掘传统文化之价值，有必要对中国传统文化进行正学与价值开新，唯其如此，才能使传统文化在建设社会主义和谐社会中彰显出其独特魅力。

在社会主义和谐社会的建构过程中，我们必须正视传统，任何忽视、逃避甚或是否定传统文化的行为都将有损于社会主义和谐社会的建构。社会主义和谐社会的建立必然从中国传统文化中吸取其精华，因为"人们自己创造自己的历史，但是他们并不是随心所欲地创造，并不是在他们自己选定的条件下创造，而是在直接碰到的、既定的、从过去承继下来的条件下创造"①。离开马克思主义的指导，和谐社会的建立就会失去正确的方向；离开传统文化对和谐社会建构的充实，社会主义和谐社会的建立就会濒临空中楼阁。任何否定中国传统文化魅力的行为，都会导致极为严重的后果。"否定中国文化传统的结果，最终酿成了一系列恶果，造成了'断裂的一代'、'西化的一代'，造成了对传统文化没有温情和敬意、失落迷茫的一代人。"② 社会主义和谐社会的建立，是在传统文化基础之上的延续与开新，任何否定传统文化的所谓新文化、新价值观都不能继续将文化延续下去，其必将对社会主义和谐社会的建构毫无裨益。

在建设社会主义和谐社会之时，不能否认传统文化在建设社会主义和谐社会中的重大价值。中国传统文化在长期发展过程中，形成了独具中国特色的五大原则与五大功能：理想主义的道德原则、慎独的道德原则、实事求是的道德原则、民本主义的原则、忧患意识和艰苦奋斗的原则；教育教化的功能、辐射同化的功能、整合的功能、凝聚的功能、规范导向的基本功能。中国传统文化所形成的独具特色的文化，铸就了中华民族精神，为建立社会主义和谐社会提供了可资借鉴的文化资源。因为"这些东西至今仍然具有其顽强的生命力和永恒的价值，在维护国家统一、调解社会矛盾、改善人际关系中发挥着巨大的精神作用"。③ 传统文化基本价值的凸显，正是构建社会主义和谐社会所必需的基本元素。

从历史发展的脉络来看，当人们仰望苍穹，回顾过去，展望未来，优秀传统文化为人类社会的和谐发展做出了巨大贡献，故此，我们有必要对传统文化进行历史的、哲学的反思。

---

① 《马克思恩格斯选集》（第 1 卷），人民出版社，1995，第 585 页。
② 张友谊等：《中国传统文化与社会主义核心价值体系》，《中国党政干部论坛》2007 年第 5 期。
③ 于文军：《弘扬传统美德的思考》，《求是》1997 年第 13 期。

（一）传统文化中厚重的道德文化资源是和谐社会建设不可或缺的

中国传统文化中具有深刻而厚重的道德文化资源，这是建设社会主义和谐社会不可或缺的。张岱年先生说："民族凝聚力还有其精神基础，亦即思想基础，这就是能维系人心、增强民族团结的思想意识，就中国而论，这就是中国文化中的优秀传统。"① 国外哲学界对此也持相同的观点："中国高度发达的文化曾像一座光芒四射的灯塔照亮了世界的东方，影响了世界文明的进程。"② 这足以说明中国传统文化的价值。中国传统文化中的优秀道德文化资源能为社会主义和谐社会的建设提供可资借鉴的道德文化资源，而礼正是这种道德文化资源之一。

社会主义和谐社会虽然有道德文化资源可资借鉴，但道德文化资源需要在批判中继承，在继承中批判。社会主义和谐社会的建设，必然要从中国道德文化中汲取营养。因为中国传统文化，从其本质来说即是一种道德文化资源。"各国的文化都重视道德，但是没有哪一种文化，能像中国传统文化这样把道德作为自己的基础，让道德观念渗透一切；也没有哪一种文化，能像中国传统文化这样，系统强调个人的品德修养，不仅把实践道德视为人性的体现，而且把它看得比生命更可贵"③。正是这种道德文化资源，可为社会主义和谐社会的建设提供充足的养料。通过汲取优秀道德文化资源，从而充实社会主义和谐观的基本要素。船山以礼调适人之心、性、情，调适人与人、人与社会、人与自然之间的矛盾与冲突，正是道德文化资源发生作用的体现，有值得我们借鉴与利用的基本价值。

另外，建设社会主义和谐社会，必然以马克思主义为指导。马克思主义是发展的马克思主义，它必然要汲取我们几千年来的优秀文化传统，因为"传统是社会的一种自然机制，借助它各代人互相联系起来，并将前代人的经验传递给后代人"④。中国优秀传统文化能为马克思主义提供厚重的文化资源，亦能为社会主义和谐社会建设提供必要的文化资源，离开

---

① 张岱年：《文化与价值》，新华出版社，2004，第235页。
② 裘士京：《试论中国文化的特征》，《安徽师范大学学报》1999年第2期。
③ 郑师渠：《中国传统文化漫谈》，北京师范大学出版社，1990，第38页。
④ 〔苏联〕波波夫、休休卡洛夫：《社会认识与管理》，思想出版社，1983，第256页。

传统文化的精华，马克思主义得不到充实，社会主义和谐社会的建设将成为空中楼阁。此外，通过社会主义和谐社会的建设，传统文化中的精华价值才能得以凸显。"文化传统就是在社会上有组织地重复模仿中反映出来的群体经验，它通过时空传递，在各不相同的人的集体中积累并得到再现。"① 优秀传统文化是建设社会主义和谐社会不可或缺的资源，传统文化的精华必然会对我国社会主义和谐社会的建立产生重大而深远的影响。因为"中国传统文化的价值系统是以道德价值为核心，由它向外衍射，影响并扩及所有的价值活动"②。社会主义和谐社会的建设，必然会受到优秀传统文化的深度影响，因为社会主义和谐社会的建设需要深厚的传统文化底蕴。在探索社会主义和谐社会建设的模式当中，传统文化的承继必不可少，只有那些称得上是文化精神的传统文化，才能内化为社会主义和谐社会模式的一部分。张岱年先生说："文化的基本精神必具有两个特点：一是具有广泛的影响，为大多数人民所接受领会，对于广大人民起了熏陶作用。二是具有激励进步、促进发展的积极作用。必具有这两个方面的表现，才可以称为文化的基本精神。"③ 故此，社会主义和谐社会的建设必然依靠传统文化的核心精华，才能支撑起社会主义和谐社会建设的高楼大厦。船山礼之和谐价值的凸显，正是传统礼之和合哲学价值发生重组与开新的表现。

（二）马克思主义者一贯高度重视传统文化在建设和谐社会中的作用

马克思主义者高度重视传统文化的价值，并认为社会主义和谐社会的建立与传统文化息息相关。以马克思主义为指导的社会主义国家，表现出对传统文化的浓厚兴趣，并认为传统文化在建设社会主义和谐社会中有着不可低估的价值。马克思主义者列宁认为："马克思主义这一革命无产阶级的思想体系赢得了世界历史性的意义，是因为它并没有抛弃资产阶级时代最宝贵的成就，相反却吸收改造了两千多年来人类思想和文化发展中一

---

① 〔苏联〕马卡里扬：《文化理论与现代科学》，莫斯科出版社，1983，第 153～154 页。
② 李中华：《中国文化概论》，华文出版社，1994，第 104 页。
③ 张岱年：《文化与价值》，新华出版社，2004，第 212 页。

切有价值的东西。"① 马克思主义者的和谐社会思想体系，不是孤立存在的，它的完善与发展，必然吸收一切有利于自身发展的积极因素，唯其如此，它才能在世界文明的进程中熠熠发光，才能在不断发展过程中充实自己。以马克思主义为指导的社会主义和谐社会的建立，本身亦汲取传统文化中的优秀道德文化资源，这是马克思主义本身的要求使然。

在建设中国特色的社会主义的过程中，凡是传统文化中有利于社会主义和谐发展的一切有利因素都是我们所推崇的。中国特色的社会主义事业之所以能够欣欣向荣，一个重要的因素在于中共领导人对我国优秀传统文化的深切关怀与把握。中共四代领导集体都表现出对传统文化浓厚的兴趣。毛泽东说："学习我们的历史遗产，用马克思主义的方法给予批判的总结，是我们学习的另一任务。我们这个民族有数千年的历史，有它的特点，有它的许多珍品。""从孔夫子到孙中山，我们应当给以总结，承继这份珍贵的遗产。"② 珍视中国传统文化，这是中共第一代领导集体摸索中国特色的社会主义事业所取得的巨大成就，并做出了深刻回应，也是马克思主义者一脉相承的对待优秀传统文化的延续。正因为马克思主义者对传统文化的重视，中国特色的社会主义事业才蒸蒸日上。党的第二代领导集体同样重视中国的传统，小平同志认为中国传统文化是一个前后相续的过程，任何一种文化的发展，最终都必然得益于前人所奠定的文化根基。小平同志说："我们的人民勤劳勇敢，坚忍不拔，有智慧，有理想，热爱祖国……几千年来，特别是五四运动以后的半个多世纪以来，他们满怀信心，艰苦奋斗，排除一切阻力，一次又一次写下了历史上光辉灿烂的篇章。"③ 小平同志此语深刻揭示了中华民族在传播优秀传统文化的过程中所起的作用。人们所创造的优秀传统文化，我们应当更好地加以利用以促进马克思主义和谐观的发展。党的第三代领导集体也强调珍视中国传统文化，亦强调吸取中国传统文化中的精华，注重从优秀的传统文化中汲取营养，为马克思主义指导下的阳光事业作出贡献。江泽民说："我们民族历经沧桑，创造了人类发展史上灿烂的中华文明，形成了具有强大生命力的

---

① 《列宁选集》（第4卷），人民出版社，1995，第362页。
② 《毛泽东选集》（第2卷），人民出版社，1991，第533~534页。
③ 《邓小平文选》（第2卷），人民出版社，1994，第209页。

传统文化。我们要取其精华，去其糟粕，很好地继承这一珍贵的文化遗产。"① 珍视传统，能为社会主义和谐社会的建设提供理论上的来源。以胡锦涛同志为总书记的第四代领导集体在建设社会主义核心价值的关键时刻同样也重视传统文化在建设社会主义和谐社会中的作用。他说："当今时代，文化越来越成为民族凝聚力和创造力的重要源泉、越来越成为综合国力竞争的重要因素"，要"弘扬中华文化，建设中华民族共有精神家园"。② 此外，在党的十七大报告当中，胡锦涛同志还针对社会主义和谐社会的建设问题，提出了建设社会主义和谐社会的路径与方式："全面认识祖国传统文化，取其精华，去其糟粕，使之与当代社会相适应、与现代文明相协调，保持民族性，体现时代性。"③ 马克思主义者都高度重视中国的传统文化，注重汲取营养以充实马克思主义理论、发展马克思主义理论，以期在社会主义现代化建设中能够真正运用马克思主义理论、丰富与发展马克思主义理论体系。

国内外学术界和马克思主义者都十分重视传统文化，注重汲取其营养，以期丰富与发展马克思主义理论。因此，和谐社会的建设，优秀传统文化是其不可或缺的资源。王船山作为宋明理学的总结者与开新者，他本人以礼之调适并建构和谐社会，为和谐社会的建构提供了传统文化之模式。亦为和谐社会的建立提供了理论上的支撑，是中国特色和谐社会建设不可或缺的文化资源。

建设社会主义和谐社会，必然要从传统文化中吸收优秀的道德文化资源，唯其如此，我们才能真正丰富与发展马克思主义理论，建设中国特色的社会主义。由于特定的历史背景，传统文化曾经被人歪曲与误解，甚至采取全盘否定的态度，所有这些行为都给中国人民带来了深重的灾难。但我们不能否定的是：传统文化中有着优秀的道德文化资源，这些道德文化资源能为我们建设社会主义和谐社会提供必要的营养。历代马克思主义者

---

① 中共中央文献研究室：《十四大以来重要文献选编》（上），人民出版社，1996，第658页。

② 胡锦涛：《高举中国特色社会主义伟大旗帜为夺取全面建设小康社会新胜利而奋斗——在中国共产党第十七次全国代表大会上的报告》，人民出版社，2007，第18页。

③ 胡锦涛：《高举中国特色社会主义伟大旗帜为夺取全面建设小康社会新胜利而奋斗——在中国共产党第十七次全国代表大会上的报告》，人民出版社，2007，第18页。

都重视优秀的文化传统在建设社会主义和谐社会的重大作用，中共四代领导集体亦重视中国传统文化在建设与发展社会主义中的重大价值。传统文化是当时社会历史条件的产物，它具有双重性，我们只有对中国传统文化进行辨正，汲取其精华以丰富与发展社会主义和谐社会。船山作为坐集千古的第一人，他的和谐社会构建之理论，必然为当代和谐社会的建构提供不可或缺的文化资源，这正是我们研究船山礼宜乐和的和谐社会之初衷。

参考文献

一　马克思主义经典著作

1. 《马克思恩格斯选集》（第 1 卷），人民出版社，1995。

2. 《马克思恩格斯选集》（第 2 卷），人民出版社，1995。

3. 《马克思恩格斯选集》（第 3 卷），人民出版社，1972。

4. 列宁：《列宁选集》（第 3 卷），人民出版社，1995。

5. 《毛泽东选集》（第 2 卷），人民出版社，1991。

6. 邓小平：《邓小平文选》（第 3 卷），山东人民出版社，1994。

7. 江泽民：《论"三个代表"》，中央文献出版社，2001。

8. 江泽民：《江泽民"5. 31"重要讲话学习读本》，中共中央党校出版社，2002。

9. 《江泽民文选》（第 3 卷），人民出版社，2006。

10. 邓小平：《邓小平文选》（第 2 卷），人民出版社，1993。

11. 江泽民：《论党的建设》，中央文献出版社，2002。

12. 江泽民：《在中国共产党第十六次全国代表大会上的报告》，人民出版社，2002。

13. 《保持共产党员先进性教育读本》，北京党建读物出版社，2005。

14. 胡锦涛：《在"三个代表"重要思想理论研讨会上的讲话》，人民出版社，2003。

15. 胡锦涛2003年9月3日在省部级主要领导干部学习贯彻"三个代表"重要思想专题研讨班上的讲话。

16. 胡锦涛：《高举中国特色社会主义伟大旗帜，为夺取全面建设小康社会新胜利而奋斗——在中国共产党第十七次全国代表大会上的报告》，人民出版社，2007。

二　王船山原典

《船山全书》，船山全书编辑委员会编校，岳麓书社 1988～1996 年陆续校勘出版，共十六册。

三　中国古代其他典籍

1. 朱熹：《四书章句集注》，中华书局，1983。

2. 朱熹：《家礼》，《四库全书》本。

3. 张载：《张载集》，中华书局，1978。

4. 孙诒让：《周礼正义》，中华书局，1987。

5. 陈澔：《礼记集说》，上海古籍出版社，1987。

6. 李觏：《李觏集》，中华书局，1981。

7. 程颢、程颐：《二程集》，中华书局，1981。

8. 陆九渊：《陆九渊集》，中华书局，1980。

9. 周敦颐：《周敦颐集》，岳麓书社，2002。

10. 黄宗羲：《明儒学案》，中华书局，1985。

11. 黄宗羲：《宋元学案》，中华书局，1986。

12. 阮元：《十三经注疏》，中华书局，1980。

13. 黎靖德：《朱子语类》（第1～8册），中华书局，1986。

14. 郭庆藩：《庄子集释》（上、中、下），中华书局，1961。

15. 刘钊：《郭店楚简校释》，福建人民出版社，2005。

16. 韩婴撰、许维遹校释《韩诗外传集释》，中华书局，1980。

17. 王先谦：《荀子集解》（上、下），中华书局，1988。

18. 黎翔凤：《管子校注》（上、中、下），中华书局，2004。

19. 王先慎：《韩非子集解》，中华书局，1998。

20. 苏舆：《春秋繁露义证》，中华书局，1992。

21. 高明：《帛书老子校注》，中华书局，1996。

24. 王阳明：《王阳明全集》（上、下），上海古籍出版社，2006。

22. 朱熹：《朱子语类》，上海古籍出版社，四库全书本。

23. 许慎撰、段玉裁注《说文解字注》，浙江古籍出版社，2006。

24. 孙希旦：《礼记集解》，中华书局，1989。

25. 陈皓：《礼记集解》，中国书店，1994。

26. 《百子全书》，岳麓书社，1993。

四 礼学研究著作

1. 陈力祥：《王船山礼学思想研究》，巴蜀书社，2008。

2. 彭林：《〈周礼〉主体思想与成书年代研究》，中国社会科学出版社，1991。

3. 蔡尚思：《中国礼教思想史》，中华书局，1991。

4. 王启发：《礼学思想体系探源》，中州古籍出版社，2005。

5. 刘丰：《先秦礼学与社会的整合》，中国人民大学出版社，2003。

6. 金尚理：《礼宜乐和的社会理想》，巴蜀书社，2002。

7. 陈其泰、郭伟川、周少川：《二十世纪中国礼学研究论集》，学苑出版社，1998。

8. 陆建华：《荀子礼学研究》，安徽大学出版社，2004。

9. 常金仓：《周代礼俗研究》，黑龙江人民出版社，2005。

10. 勾承益：《先秦礼学》，巴蜀书社，2002。

11. 华友根：《西汉礼学新论》，上海社会科学出版社，1998。

12. 唐雄山：《贾谊礼治思想研究》，广州中山大学出版社，2005。

13. 林存阳：《清初三礼学》，社会科学出版社，2002。

14. 陈戍国：《中国礼制史》（全五卷），湖南教育出版社，2002。

15. 赖换初：《儒家礼育思想研究》，中南大学出版社，2004。

16. 杨华:《先秦礼乐文化》,湖北教育出版社,1997。

17. 杨向奎:《宗周社会与礼乐文明》,人民出版社,1997。

18. 梅珍生:《晚周礼的文质论》,湖北人民出版社,2003。

18. 邹昌林:《中国礼文化》,社会科学文献出版社,2000。

19. 钱玄:《三礼通论》,南京师范大学出版社,1996。

20. 高明:《礼学新探》,台湾学生书局第3版,1978。

21. 马小红:《礼与法》,经济管理出版社,1997。

五 研究王船山的相关著作

1. 侯外庐:《船山学案》,岳麓书社,1982。

2. 陆复初:《王船山学案》,湖北人民出版社,1987。

3. 嵇文甫:《王船山哲学论丛》,中华书局,1962。

4. 嵇文甫:《王船山学术论丛》,中华书局,1962。

5. 嵇文甫:《王船山史论选评》,中华书局,1962。

6. 蔡尚思:《王船山思想体系》,湖南人民出版社,1985。

7. 许冠山:《王船山致知论》,香港中文大学出版社,1981。

8. 李季平:《王夫之与〈读通鉴论〉》,山东教育出版社,1982。

9. 曾昭旭:《王船山哲学》,台湾远景出版事业公司,1983。

10. 张立文:《正学与开新——王船山哲学思想》,人民出版社,2001。

11. 萧箑父:《王夫之辩证法引论》,湖北人民出版社,1984。

12. 萧箑父:《明清启蒙学术流变》,辽宁教育出版社,1995。

13. 萧箑父:《船山哲学引论》,江西人民出版社,1995。

14. 唐凯麟:《六经责我开生面——王船山伦理思想研究》,湖南出版社,1992。

15. 谢国桢:《明末清初的学风》,人民出版社,1982。

16. 何冠彪:《明末清初学术思想研究》,台湾学生书局,1991。

17. 杨廷福:《明末三大思想家》,生活·读书·新知,三联书店,1955。

18. 郑万耕:《明清之际三大思想家》,新华出版社,1992。

19. 胡楚生:《清代学术史研究》,台湾学生书局,1988。

20. 陈祖武：《清代学术思辨录》，中国社会科学出版社，1992。

21. 杜惟运：《清代史学与史家》，中华书局，1988。

22. 冯天瑜：《明清文化散论》，华中工学院出版社，1984。

23. 朱义禄：《逝去的启蒙——明清之际启蒙学者的文化心态》，河南人民出版社，1995。

24. 王泽应：《船山伦理与西方近代伦理比较》，国际展望出版社，1991。

25. 罗光：《王船山形而上学》，辅仁大学出版社，1993。

26. 邓潭洲：《王船山传记》，湖南人民出版社，1982。

27. 邓辉：《王船山历史哲学研究》，岳麓书社，2004。

28. 陈远宁：《王船山认识论范畴研究》，湖南人民出版社，1982。

29. 刘建春：《王夫之学行系年》，中州古籍出版社，1989。

30. 萧箑父、许苏民：《王夫之评传》，南京大学出版社，2002。

31. 章启辉：《旷世大儒——王夫之》，河北人民出版社，2001。

32. 陈来：《诠释与重建——王船山哲学的精神》，北京大学出版社，2004。

33. 陈玉森、陈宪猷：《周易外传镜铨》（上、下），中华书局，2000。

34. 胡发贵：《王夫之与中国文化》，贵州人民出版社，2000。

35. 陈赟：《回归真实的存在》，复旦大学出版社，2002。

36. 吴海庆：《船山美学思想研究》，河南人民出版社，2004。

37. 林安梧：《王船山人性史哲学之研究》，东大图书公司印行，1991。

38. 曾昭旭：《王船山哲学》，台湾远景出版公司，1983。

39. 邓辉：《王船山道论研究》，湘潭大学出版社，2010。

六　其他相关研究著作

1. 汤一介：《儒学与廿一世纪》，华夏出版社，1996。

2. 田广清：《和谐论——儒家文明与当代社会》，中国华侨出版社，1998。

3. 刘述先：《儒家思想开拓的尝试》，中国社会科学出版社，2001。

4. 张立文：《和合文化——21世纪文化战略的构想》，首都师范大学出版社，1996。

5. 张立文：《和合概论》（上、下卷），首都师范大学出版社，1996。

6. 张立文：《中国和合文化导论化战略的构想》，中共中央党校出版社，2001。

7. 张立文：《和合与东亚意识——21 世纪东亚和合哲学的价值共享》，华东师范大学出版社，2001。

8. 蒙培元：《理学范畴系统》，人民出版社，1989。

9. 宋志明、向世陵、姜日天：《中国古代哲学研究》，中国人民大学出版社，1998。

10. 方立天：《中国古代哲学问题发展史》（上、下），中华书局，1990。

11. 冯契：《中国古代哲学的逻辑发展》，上海人民出版社，1983。

12. 张世英：《天人之际：中西哲学的困惑与选择》，人民出版社，1995。

13. 葛荣晋：《中国哲学范畴史》，黑龙江人民出版社，1987。

14. 葛荣晋：《中国实学文化导论》，中共中央党校出版社，2003。

15. 姜日天：《君子国智慧：韩国哲学与 21 世纪》，华东师范大学出版社，2001。

16. 方克立：《中国哲学史上的知行观》，人民出版社，1982。

17. 姜日天：《朝鲜朝后朝北学派实学思想研究》，民族出版社，1999。

18. 张立文：《中国哲学逻辑结构论》，中国社会科学出版社，2002。

19. 张立文：《宋明理学研究》，中国人民大学出版社，1987。

20. 潘富恩：《中国理学》（1~4 卷），东方出版中心，2002。

21. 王杰：《儒家文化的人学视野》，中共中央党校出版社，2000。

22. 陈来：《宋明理学》，华东师范大学出版社，2004。

23. 《中国大百科全书·哲学卷》，中国大百科全书出版社，1987。

24. 〔韩〕卢仁淑：《朱子家礼与韩国之礼学》，人民文学出版社，2000。

25. 高兆明：《制度公正论：变革时期道德示范研究》，上海文艺出版社，2001。

26. 陶师承：《荀子研究》，大东书局，1926。

27. 马振彪：《周易学说》，花城出版社，2002。

28. 向世陵：《中国哲学智慧》（第二版），中国人民大学出版社，2006。

29. 葛荣晋：《中国哲学范畴通论》，首都师范大学出版社，2001。

30. 李泽厚：《论语今读》，安徽文艺出版社，1998。

31. 冯友兰：《中国哲学史新编》（第一册），人民出版社，1982。

32. 林惠祥：《中国民族史》（上），商务印书馆，1985。

33. 张志伟：《西方哲学史》，中国人民大学出版社，2002。

34. 陈济：《甲骨文字典》，长征出版社，2004。

35. 唐君毅：《中国哲学原论原教篇》，《唐君毅先生全集》（卷十九），台湾学生书局，1984。

36. 钱穆：《朱子新学案》（第四册），巴蜀书社，1986。

37. 蔡方鹿：《朱熹经学与中国经学》，人民出版社，2004。

38. 朱汉民：《湖湘学派史论》，湖南大学出版社，2004。

39. 陈来：《古代宗教与伦理——儒家思想的起源》，生活·读书·新知，1996。

40. 陈瑛、温克勤：《中国伦理思想史》，贵州人民出版社，1985。

41. 朱贻庭主编《中国传统伦理思想史》，华东师范大学出版社，1996。

42. 陈少峰：《中国伦理学史》（上、下册），北京大学出版社，1996。

43. 杨国荣：《善的历程——儒家价值体系的历史衍化及其现代转换》，上海人民出版社，1994。

44. 唐凯麟、张怀诚：《成人与成圣：儒家伦理道德精粹》，湖南大学出版社，1999。

45. 张锡勤：《中国传统道德举要》，黑龙江教育出版社，1996。

46. 夏伟东：《道德本质论》，中国人民大学出版社，1991。

七　与本文写作有关的论文

1. 陈力祥：《船山履卦的礼学意蕴》，《衡阳师范学院学报》2006年第12期。

2. 陈力祥：《王船山义利观辨正》，《江淮论坛》2006年第6期。

3. 陈力祥：《王船山教育哲学思想新探》，《船山学刊》2007年第2期。

4. 陈力祥：《王船山礼之形上属性辨正——以礼即气之礼与礼即理之礼之辩为视角》，《中南大学学报》2008年第6期。

5. 陈力祥：《王船山夷夏观辨正——以礼以分殊人禽与夷夏为视角》，《湖南科技大学学报》2009 年第 1 期。

6. 陈力祥：《以礼以分殊辨别人禽管窥船山"礼"性》，《船山学刊》2008 年第 3 期。

7. 陈力祥：《从王船山礼之经权思想管窥传统道德悖论的解决》，《衡阳师范学院学报》2008 年第 6 期。

8. 陈力祥：《王船山之法治观——以礼法之辨为视角》，《宝鸡文理学院学报》2008 年第 4 期。

9. 陈力祥：《王船山礼宜乐和的和谐社会理想》，《船山佛教文化论丛》2009 年第 7 期。

10. 陈力祥：《王船山人本主义哲学思想之形而上学批判》，《船山学刊》2010 年第 2 期。

11. 李秀娟、陈力祥：《人性为善何以可能——王船山关于人性为善思想的形而上学批判及其人文价值》，《中南大学学报》2010 年第 1 期。

12. 陈力祥：《德到优时横天际地——王船山"德"论探究》，《衡阳师范学院学报》2010 年第 4 期。

13. 陈力祥：《本仁行礼：王船山仁之理念与礼之践行模式探析》，《巢湖学院学报》2011 年第 2 期。

14. 陈力祥：《和为性情之"德"何以可能——王船山关于性情之德的形而上学批判》，《长沙理工大学学报》2011 年第 6 期。

15. 陈力祥：《王船山天人合一思想何以规约为人与自然之间的和谐》，《船山学刊》2012 年第 2 期。

16. 陈力祥：《王夫之礼以化民成俗与乐以移易性情的礼乐教化思想》，《衡阳师范学院学报》2012 年第 8 期。

17. 王维先、宫云维：《朱子家礼对日本近世丧葬礼俗的影响》，《浙江大学学报（社会科学版）》2003 年第 6 期。

18. 张奇伟：《礼的起源的历史思考》，《陕西师范大学继续教育学报》2001 年第 3 期。

19. 蒙培元：《孔子与中国的礼文化》，《湖南社会科学》2005 年第 5 期。

20. 宋志明：《关注人生是传统哲学的特色》，《湖南大学学报（社科版）》2006 年第 3 期。

21. 范军：《文质论》，《华中师范大学学报》1995 年第 2 期。

22. 胡发贵：《王夫之夷夏新论》，《船山学刊》2005 年第 1 期。

23. 梅珍生：《王夫之'因〈易〉以生礼'的源流论》，《船山学刊》2004 年第 2 期。

24. 衷尔矩：《因名以劝实　因文以全质——王夫之的名实论、文质论试探》，《船山学刊》2004 年第 4 期。

25. 韩凤祥：《礼的产生和文明的起源》，《河海大学学报（哲社版)》2005 年第 9 期。

26. 彭林：《金沙溪〈丧礼备要〉与〈朱子家礼〉的朝鲜化》，《中华文化研究》1998 年夏之卷。

27. 杨志刚：《〈司马氏书仪〉和〈朱子家礼〉研究》，《浙江学刊》1993 年第 1 期。

28. 陆建华：《郭店儒简之礼学——兼与孔子礼学比较》，《哲学研究》2005 年第 4 期。

29. 杜伟：《略论两宋礼学思想》，《沙洋高等专科学校学报》2005 年第 2 期。

30. 谢子平：《贾谊的礼义论》，《贵州大学学报》2002 年第 3 期。

31. 詹子庆：《对礼学的历史考察》，《东北师大学报》1996 年第 5 期。

32. 张松辉：《论老子礼学思想》，《中国哲学史》2005 年第 2 期。

33. 高春花：《论荀子的礼法价值观》，《河北大学学报》2005 年第 4 期。

34. 杨志刚：《中国礼学史发凡》，《复旦学报（哲社版)》1995 年第 6 期。

35. 王凤云：《〈司马氏书仪〉和〈朱子家礼〉研究》，《浙江学刊》1993 年第 1 期。

36. 惠吉兴：《近年礼学研究综述》，《河北学刊》2000 年第 2 期。

37. 华友根：《司马迁的礼乐思想及其历史地位》，《学术月刊》1996 年第 8 期。

38. 安国楼：《朱熹的礼仪观与〈朱子家礼〉》，《郑州大学学报（哲社版)》2005 年第 1 期。

39. 林存阳：《西汉礼学略论》，《聊城大学学报（哲社版)》2003 年第 5 期。

40. 林存阳：《清代礼学散论》，《学术述评（哲社版）》2003 年第 4 期。

41. 汪学群：《王夫之的释〈易〉学风》，《开封大学学报》1998 年第 4 期。

42. 章启辉：《船山礼学的时代精神》，《船山学刊》2001 年第 1 期。

43. 熊吕茂：《论王夫之的教育哲学思想》，《内蒙古师范大学学报（教育科学版）》2004 年第 1 期。

44. 徐孙铭：《船山人学论纲》，《衡阳师范学院学报》2004 年第 4 期。

45. 屠成先：《论朱熹哲学在王船山哲学形成过程中的作用》，《甘肃社会科学》1995 年第 1 期。

46. 王兴国：《希张横渠之正学》，《船山学刊》1999 年第 2 期。

47. 张秀红、沈进：《试论王夫之的教育方法论》，《教育科学》1999 年第 1 期。

48. 张学智：《王夫之对礼学的理学疏解——以〈礼记·乐记〉为中心》，《中国哲学史》2005 年第 4 期。

49. 胡发贵：《王夫之夷夏新论》，《船山学刊》，2005 年第 1 期。

50. 曾翠萍、刘兴豪：《论王夫之对张载气本论的继承与发展》，《湖南大学学报（社会科学版）》1999 年第 9 期。

51. 陈望衡：《王夫之的'理欲'观》，《船山学刊》1998 年第 2 期。

52. 郭瑞林：《试论王夫之的人文精神》，《船山学刊》2000 年第 1 期。

53. 朱迪光、谢美萍：《王夫之学术研究及其分类》，《船山学刊》2002 年第 2 期。

54. 吴怀祺：《王夫之的易学与史论》，《安徽大学学报（哲社版）》2000 年第 6 期。

55. 周辉湘：《船山思想与湖湘文化的近代化》，《湘潭大学社会科学学报》2002 年第 6 期。

56. 胡健生：《"船山"别号考》，《船山学刊》2001 年第 3 期。

57. 周慧杰：《王夫之教育思想述论》，《河南大学学报》1992 年第 3 期。

58. 赵载光：《王船山对性道之学总结、批判与弘扬》，《衡阳师范学院学报》2005 年第 4 期。

59. 章启辉等：《王夫之以有为性的人性论》，《湖南大学学报（社科版）》2003 年第 2 期。

60. 王煜：《王夫之的〈易〉学及其现代意义》，《汕头大学学报（社科版）》1996 年第 1 期。

61. 肖时义：《王船山"天人合一"思想与"因机设教"原则》，《船山学刊》2000 年第 1 期。

62. 文平志：《船山学术思想研究论著、资料索引》，《船山学刊》（创刊号）1989 年第 2 期。

63. 熊吕茂：《论王夫之的文化思想》，《郑州轻工业学报（社科版）》2005 年第 5 期。

64. 陈宝国：《王夫之哲学思想述评》，《福州大学学报》1998 年第 3 期。

65. 张立文：《势的历史世界的和合诠释》，《船山学刊》2002 年第 3 期。

66. 彭泽华、萧汉民：《二十世纪最后十年船山学研究》，《船山学刊》2004 年第 1 期。

67. 熊考核：《船山仁人之道》，《船山学刊》2000 年第 3 期。

68. 邹昌林：《关于中国礼文化研究的几个问题》，《中国社会科学院研究生院学报》2003 年第 1 期。

69. 纪兴等：《试论礼与中国传统文化模式》，《燕山大学学报（哲社版）》2000 年第 1 期。

70. 惠吉兴：《宋代礼治论》，《史学月刊》2002 年第 9 期。

71. 黄德昌：《儒家与夷夏之辨》，《四川大学学报（哲社版）》2003 年第 4 期。

72. 刘新春：《王夫之夷夏之说的精神内核》，《船山学刊》2003 年第 4 期。

73. 张学智：《王夫之太和观念的诚与变合》，《中华文化论坛》2004 年第 1 期。

74. 严寿澄：《庄子、重玄与相天——王船山宗教信仰述论》，《中国文哲研究集刊》1999 年第 15 期。

致　谢

本书成稿之际，有幸获得国家社科基金后期资助、中国博士后基金资助，此乃学术前辈对本人的提携与褒扬，本人亦受莫大的鼓舞，同时也感到研究船山思想责任之重大；这种褒扬是我不断前行、深入研究船山思想的内驱力。

本人从事船山研究，得到了志同道合的各位师友的支持与鼓励。他们是：湖南大学朱汉民教授，湖南省社科院王兴国教授，湘潭大学邓辉教授，湖南农业大学李长泰教授，衡阳师范学院朱迪光教授和张齐政教授，衡阳市社科联熊考核研究员，西南大学周兵教授，中国人民大学的冯琳博士等。他们都在学术上默默耕耘，收获颇丰。有的提供了一些建设性参考意见，有的赠送资料，有的予以精神上的鼓励，不一而同，拙著得以完成，离不开各位师友的无私帮助，在此表示衷心的感谢！

拙著写作期间，我的爱人一边上班，一边承担繁琐的家务，照顾、教育孩子，还负责帮我校对，没有她的支持与理解，我想拙著的完成会更为艰辛。我的父母双亲、岳父岳母时刻关注我的成长，与我同欢乐，他们的牵挂、关爱是我不断前行、取得进步的不竭动力。拙著作为礼物献给默默关心和支持我的家人，这也是我对他们的最好回报。

拙著写作过程中，得到了中南大学哲学系各位领导、同仁的大力支持与帮助。特别是吕锡琛教授、刘立夫教授以及谭忠诚博士等，他们为人谦和，学术功底深厚，亦师亦友，为我的写作提出了一些建设性意见，在此致以衷心的感谢。

我的博士生导师姜日天教授一直关注我的成长。不仅在校期间关心我的成长，毕业后，更是关注我的点滴进步；我的每一步前行，都离不开他老人家的关爱。就恩师而言，非一"谢"字。此次成果出版，也许是对恩师的最好回报。

最后，拙著得以问世，与社会科学文献出版社的领导和编辑的努力是分不开的，在此，本人对冯立君编辑表示诚挚的谢意！

但愿礼宜乐和的和谐之花开遍神州大地！

陈力祥

2013 年 11 月 8 日于绿雅园静思书屋

图书在版编目（CIP）数据

王船山礼宜乐和的和谐社会理想：以礼之调适为中心/
陈力祥著. —北京：社会科学文献出版社，2014.3
（国家社科基金后期资助项目）
ISBN 978 - 7 - 5097 - 5128 - 2

Ⅰ.①王…　Ⅱ.①陈…　Ⅲ.①王夫之（1619～1692）-
哲学思想 - 研究　Ⅳ.①B249.25

中国版本图书馆 CIP 数据核字（2013）第 234983 号

·国家社科基金后期资助项目·

王船山礼宜乐和的和谐社会理想
—— 以礼之调适为中心

著　　者／陈力祥

出 版 人／谢寿光
出 版 者／社会科学文献出版社
地　　址／北京市西城区北三环中路甲 29 号院 3 号楼华龙大厦
邮政编码／100029

责任部门／全球与地区问题出版中心　　　责任编辑／冯立君
　　　　　（010）59367004　　　　　　 责任校对／岳爱华
电子信箱／bianyibu@ ssap. cn　　　　　 责任印制／岳　阳
项目统筹／祝得彬
经　　销／社会科学文献出版社市场营销中心（010）59367081　59367089
读者服务／读者服务中心（010）59367028

印　　装／北京季蜂印刷有限公司
开　　本／787mm×1092mm　1/16　　　印　　张／17.75
版　　次／2014 年 3 月第 1 版　　　　　字　　数／217 千字
印　　次／2014 年 3 月第 1 次印刷
书　　号／ISBN 978 - 7 - 5097 - 5128 - 2
定　　价／69.00 元